山东社会科学院　主办　　·2016年创刊·

中国文化论衡

主编　涂可国

CHINESE CULTURE RESEARCH

2016年第2期　总第2期

社会科学文献出版社
SOCIAL SCIENCES ACADEMIC PRESS (CHINA)

《中国文化论衡》学术委员

《中国文化论衡》编委会

目　录

（2016年第2期 总第2期）

专　稿

生活儒学

墨家文化

文化价值

文学文化

学术动态

CONTENTS

(No.2 2016)

Special Article

Life Confucianism

Mohist Culture

Cultural Value

Literary Culture

Academic Trends

专　稿

“伏羲至纯厚，作《易》八卦”

——论伏羲与《易》

谢祥皓*

摘　要　顾颉刚言：“所谓很有荣誉的四千年古史，自三皇以至夏商，整整齐齐的统系和年岁，精密的考来，都是伪书的结晶。”“伪书”说的要害在于它是一个伪命题。它以汉代今古文经学学派政治斗争的恶意攻击为起点，以经学典籍在流传转抄过程中所必然出现的差误为依据，以“以偏概全”的思想方法为手段，制造了一大批“伪书”“伪经”，试图完全抹杀中国古史。“易”字的原初内涵是日月运行，“日月为易”。而“日月运行”是人类生存环境中最突出、最鲜明的天象，是人类须臾不可脱离的生存条件。为了生存，人类必须认识以“日月运行”为突出特征的整个天体的自然运行及自然的物质存在。以“易”命名“八卦”，表明伏羲画卦的初衷正是通过认识人类生存环境的演变规律，服务于人类的生存斗争。以“阴”“阳”爻画为八卦的根基，是对物质世界变化发展规律的精确认识。以天、地、雷、风等八种物质形态为基本卦象，表现了对客观物质世界的充分尊重与依托。伏羲开创了中华民族的认识史与思想史，是中国上古最伟大的思想家，是当之无愧的中华文明的开创人。

关键词　伏羲　《易》八卦　伪书　日月为易

---

*　谢祥皓（1937～），山东社会科学院研究员，主要研究领域：儒学、易学和中国兵学。

本文标题所引的“伏羲至纯厚，作《易》八卦”是西汉司马谈教诲其子司马迁的一句话，见载于《史记·太史公自序》。此语既表现了司马谈对伏羲的深刻了解，更表现了司马谈对伏羲的深沉感情与由衷的缅怀。可惜的是，司马迁终生勉力，完成了中国历史上第一部伟大的纪传体通史——《太史公书》（《史记》），却未能对其父临终前仍然念念不能忘怀的伏羲点赞一辞。

读司马谈之语，总能让人隐隐感受到其语背后必有深刻、丰厚的内涵，然而如何开掘，却难以入手。一是年代久远。关于伏羲的资料，少之又少，有些十分著名的学者几乎连“《易》八卦”三字都予以否认；二是近百年来近代“疑古派”对中国古史的攻击造成了巨大而恶劣的影响。时至今日，“东周之前无史论”、中国上古为“传说时代”论、“三皇五帝”为“传说人物”论，甚至将伏羲、神农表述为“神话”人物的言论，不但依然充斥于各种各样甚有“权威”的“工具”书之中，而且被通行的“义务教育课程标准实验教科书”所采纳。[①] 近代，有些著名学者竟然公开声言：“伏羲其人的历史根据等于零。”作为中国学术史上，特别是儒家经学史上，本是今古文经学学派为争夺“政治利益”而形成的“伪书”说，至今仍被许多学人作为“严肃”的学术流派予以推崇，而且至今未见学术界给予应有的回应。

在这种形势之下，要想深讲伏羲，谈何容易！有人也许一看这个题目，就要排斥。本文借司马谈之语为标题，亦想借助古人之力。

一 《易》——中华文化的主流与大宗

“易”是中国古代文化中最核心的概念之一，也是中国上古文化的基本源头之一。

上古时代，伏羲“作《易》八卦”（《史记·太史公自序》）；殷、周之际，周文王“重《易》六爻，作上下篇”；春秋后期，“孔氏为之《彖》《象》《系辞》《文言》《序卦》之属十篇”；“故曰：《易》道深矣，人更三圣，世历三古。”（《汉书·艺文志》）“三圣”者，伏羲、文王、孔子也。“三古”者，上古、中古、下古也，或称远古、中古、近古。从伏羲至孔

① 参见中学教材《中国历史》七年级上册。

子，恰有二千五百余年，正好居于中华五千年文明史的前半部分。在这前二千五百余年中，《易》学正居于中华文明的主流地位。

自春秋时期孔子创建儒家学派，编订《六经》，《六经》就成为中国儒家学派思想传承的基本典籍，也是中华主流文化之文脉传承的基本典籍。

《六经》者，《易》《书》《诗》《礼》《乐》《春秋》也。战国中期，庄周曾有“《诗》《书》《礼》《乐》《易》《春秋》”的排序（见《庄子·天运》）。进入汉代，特别是汉武帝“罢黜百家，独尊儒术”之后，《易经》就稳稳地占据了《六经》之首的位置。以刘向《别录》、刘歆《七略》为基础，“删取其要”形成的《汉书·艺文志》，赫然列于卷首的，就是儒家《六经》，称《六艺略》。这一安排既是两汉经学居于统治地位的必然反映，也是其后两千余年中国文化发展基本格局的自然规划。在《六艺略》中，《易》居其首。之后，东汉蔡邕“一体石经”所刻《七经》，唐陆德明《经典释文》、徐坚《初学记》等所列《九经》，唐开成年间所刻石经之《十二经》，宋明时代合成的《十三经》，以及《四库全书》之“经部”等，均以《易》居首位，而且皆伴有大量的阐释性著述。《易》学已在事实上成为中华文化的主流与大宗。而且，在这一发展过程中，《易》的思想学说，已经渗透到中华文化的方方面面，与其相关的“卜筮”技艺，更广泛传行于民间。称《易》学为中华文化的“龙头”与“主体”，也不为过。这正反映了《易》在中华文化传承过程中的特殊地位。

在此我想提出的问题是：当初伏羲所画“八卦”为什么称为“易”？“易”字的原初内涵或原初意义究竟是什么？由此又要思考：伏羲“作《易》八卦”的初衷何在？创制“《易》八卦”要实现什么样的目标？——从而真切理解伏羲“作《易》八卦”，对我中华民族，对我中华五千年文明的起始、传承与发展，究竟有多么重大而深远的意义。

二　关于伏羲氏的一般性载录

伏羲氏，在中国古籍中异称、异字甚多，最常见者有：太昊帝、太皞、太皓、宓羲氏、伏羲、虙羲、庖牺氏、羲皇、天皇、人皇、泰帝、泰氏、炮牺、伏戏、戏皇等。其称谓之来由，或曰：“言圣德伏物，教人取牺牲以供庖厨。”[1]综观史籍载录，伏羲的基本情况是：伏羲，风姓，母曰华胥，于雷泽（今山东省鄄城、菏泽一带古有雷夏泽，亦称雷泽），履巨人迹而有孕，以十月四日生于成纪（今甘肃省天水市）。成人后，以智慧与功德受到各氏族首领的拥戴，成为中华大地第一位“天皇”，立都于陈（今河南省淮阳县）。当时与伏羲共治天下的氏族首领有：共工氏为上相，柏皇氏为下相；昆连氏主兵，居于西；赫胥氏居南；昊英氏，伏羲命为潜龙氏，造甲历；朱襄氏，伏羲命为飞龙氏，造六书；葛天氏，权天事，伏羲命居东；阴康氏，伏羲命主水土，居下；大庭、柏皇、昊英、朱襄等十五氏，均接受了伏羲之封号，当皆为伏羲之臣。伏羲在位百六十四载，年百九十有四，终葬宛丘（即古陈国）。自春秋时代，在河南淮阳就有伏羲陵。[2]

《左传》昭公十七年载：“太皞（即太昊）氏以龙纪，故为龙师而龙名。”又曰：“陈，太皞之虚也。”虚，即大丘，为古人居处之地，亦指人居所留下的废墟。今河南省淮阳县，正是上古时代政治、经济活动的中心地带。诸籍所言虽略有差异，但基本的史实是清晰的。

在社会生产与生活方面，伏羲时代也有重大进展。结网罟以备渔猎，是社会生产方面的重大发明；以“俪皮”（两张鹿皮）定“嫁娶之礼”，并以女娲“职昏姻，通行媒”，则是华夏先民实行对偶婚的开始，这对社会的发展、民族的进化，显然有特殊的意义。前述昊英氏、朱襄氏的职责，表明文字的创造、历法的制定在伏羲时代都已存在；而昆连氏主兵事，则表明当时已经存在族群的斗争。伏羲氏之所以能实现“教而不诛”（《商子·画策》），绝不是因为当时不存在利益的纷争，主兵官员的存在就是利益纷争存在的明证，而最关键的因素是伏羲以其高超的智慧使众多的氏族首领心服，以其对社会发展的重大贡献赢得了众多氏族首领的拥戴。尤其突出的是，伏羲以其质朴而伟大的现实精神，敢于面对现实的物质世界，勇于探索客观世界的内在规律，并力图利用对客观规律的认识为人类的生存斗争服务。“《易》八卦”成为伏羲折服人心的无可阻挡的利器。

对于伏羲的历史功绩，从民间到官方，得到了一致认可。清朝咸丰年间，一位许姓学人在为“家塾”撰写的一部《课功三字鉴》中，曾这样叙说伏羲：

伏羲氏，官纪龙：春青龙，又苍龙；
夏赤龙，秋白龙，冬黑龙，中黄龙。
始建辅，立二相：上共工，下柏皇。
因河图，负龙马；观天地，画八卦。

命朱襄，造书契；代结绳，以纪事。
作网罟，教佃渔；养六畜，充庖厨。
制嫁娶，别男女；以俪皮，为之礼。
通媒妁，正姓氏；民不黩，人伦始。
弦桐桑，造琴瑟；作荒乐，歌扶徕。

此《三字鉴》所叙，未必十分准确、全面，但应该承认：其一，文中所书必有文献依据，“家塾”所教决不会凭空臆说。其二，所书内容大致反映了伏羲时代社会生活与文化发展的基本事实。伏羲影响的范围之大，不仅限于华夏族群居处的中原地区，而且波及边远的少数民族。“作荒乐，歌扶徕”，古之扶徕，在今广西境内，大致为苗、瑶、壮诸族的先人。[①]

至于官方的认可，大致是随着“伏羲陵”的沿革而展现的。据《陈州府志》记载，太昊陵在春秋时已有陵，汉以前有祠。唐太宗贞观四年（630）颁诏“禁民刍牧”，宋太祖乾德四年（966）诏立陵庙，置守陵户，以朱襄、昊英配祀。元朝不修，明洪武三年（1370），明太祖访求帝王陵，太昊陵列为第一。从明正统十三年（1448）至清乾隆十年（1745）历代修葺，方成现代规模。

新中国成立后，亦多次修葺伏羲陵。1998 年大修时，又增立高 1.2 米、长 36 米的青石浮雕《伏羲圣迹图》，画面依次为：履巨人迹、伏羲出世、都于宛丘、结网罟、养牺牲、兴庖厨、定姓氏、制嫁娶、画八卦、刻书契、作甲历、兴礼乐、造干戈、诸夷归服、以龙纪官、崩葬于陈。

史籍与民间，对伏羲事迹的载录基本是一致的。

三　近代“疑古派”对中国古史的攻击

20 世纪 20 年代兴起的“疑古”思潮，代表人物颇多，姑以胡适、顾颉刚对中国古史的抹杀，高亨、李镜池对伏羲的否定为例，进行简单说明。

（一）胡适、顾颉刚对中国古史的抹杀

自 20 世纪 20 年代以来，“疑古”思潮兴起，以胡适、顾颉刚等为代表

---

① 今广西壮族自治区西北部隆林县，邻近贵州与云南，辖境较大时，涵盖广西凌云以西的广大地区，大致为“扶徕”之所居。“徕”字参见《中华大字典》。

的一批学人，秉承宋明以来兴起的“伪书”说，全面否定中国东周以前的历史。

胡适说：

> 大概我的古史观是：现在先把古史缩短二三千年，从《诗三百篇》做起。将来等金石学、考古学发达上了科学轨道以后，然后用地底下掘出的史料，慢慢地拉长东周以前的古史。[3]

顾颉刚则进一步明确说：

> 照我们现在的观察，东周以上只好说无史。现在所谓很灿烂的古史，所谓很有荣誉的四千年古史，自三皇以至夏商，整整齐齐的统系和年岁，精密的考来，都是伪书的结晶。[4]

这些论断，明确否定了中国上古三皇、五帝以及夏、商时代的历史。自此，学术界明确定性中国上古是“传说时代”。

（二）高亨、李镜池对伏羲的怀疑与否定

对于伏羲，着力研究《周易》的学者们有更为具体的论述。20 世纪 20 年代之后，《易》学名家辈出，高亨、李镜池等先生可谓其中的佼佼者。看一看他们如何判断。

高亨先生在《周易古经今注》中写道：

> 作八卦者为包牺，此乃先秦以来相传之故说，向无异议。包牺乃原始时代之人物，彼时尚无文字，自无史籍，故此相传之故说，是否史实，殊难论定。吾人只能肯定八卦作于远古时代，相传为包牺所作而已。[5]

“包牺”就是“伏羲”。高亨先生尚未完全否定其存在，只是年代久远，而“创作八卦”，只是“相传之故说”而已。

李镜池先生在《周易探源》中则进一步写道：

八卦究竟是谁作的？六十四卦究竟是谁重的？这些问题我们已无从考定。这些传说的真实性是很少的，我们宁可怀疑，不敢盲信，伏羲其人的历史根据等于零，何况这个凭空构造的创作八卦之说。[6]

李镜池先生一语“伏羲其人的历史根据等于零”，便彻底否定了伏羲其人的历史存在；一句“这个凭空构造的创作八卦之说”，更把“《易》八卦”的来源断成了“无头案”。李先生在具体的“伏羲”与“八卦”方面，彻底地“落实”了胡、顾中国上古无史的论断。

上引胡、顾、高、李之说，胡、顾全面否定了中国上古史籍记载的存在，特别是三皇、五帝的存在；高、李则具体否定了伏羲及“《易》八卦”的起源。

下面将分别予以回应。

四　对“疑古派”的回应（一）——驳“伪书”说

对于东周之前的历史，胡适先生的方法是直接“剪掉”，不予理睬，不予承认；顾颉刚先生则完全归咎于“伪书”，“自三皇以至夏商，整整齐齐的统系和年岁，精密的考来，都是伪书的结晶”，便是其“东周以上无史”论点的基本依据。所以，“伪书”说就是其立论的关键所在。若能破解“伪书”说，其论断自无立足之地。

（一）“伪书”说是汉代今古文经学学派斗争的产物

所谓“伪书”之说，源于两汉今古文经学的斗争，它既是经学中今古文学派斗争的产物，也是今文学派攻击古文经学的一大“利器”。它自诞生起，就裹挟着今文经学家们的“学派利益”。由于今文学者为一己之私利而抹黑客观事实，理所当然地遭到了古文学家的强力反击。

古文经学的初倡者刘歆，在汉哀帝时倡立古文经，欲立《左氏春秋》《毛诗》《逸礼》《古文尚书》等皆为博士，汉哀帝诏令刘歆与今文《五经》博士讲论其义，今文博士们竟避而不理，刘歆乃移书太常博士，大加责让，这就是著名的《移太常博士书》。此“书”既是刘歆讨伐今文学派的一篇檄文，也是兴立古文经学的宣言。

刘歆认为今文经书并非完美无瑕，实为残缺不全；而古文经书正可校正今文之错漏，补其所缺；今文经只凭师徒口耳授受，古文经则是既存的古代典籍，当更加可信。

刘歆写道：

> 往者缀学之士，不思废绝之阙，苟因陋就寡，分文析字，……信口说而背传记，是末师而非往古。至于国家将有大事，若立辟雍、封禅、巡狩之仪，则幽冥而莫知其原。犹欲保残守缺，挟恐见破之私意，而无从善服义之公心。或怀妒嫉，不考情实，雷同相从，随声是非。（《汉书·楚元王传》）

然而，今文博士们却“深闭固距（拒）而不肯试，猥以不诵绝之”。

刘歆乃再次深情相劝：

> 若必专己守残，党同门，妒道真，违明诏，失圣意，以陷于文吏之议，甚为二三君子不取也。（《汉书·楚元王传》）

由于刘歆所书，情深意切，言辞犀利，又切中要害，故其“书”一出，就在今文学者中引发了强烈的反响。当世名儒光禄大夫龚胜竟上疏“深自罪责”，愿“乞骸骨”告老还乡；而以大司空师丹为首的一批今文儒者则勃然大怒，“奏（刘）歆改乱旧章，非毁先帝所立”，急欲加罪，致使刘歆不敢留在京城，请出为太守。看似“学术斗争”，实则几乎危及生命。直至汉哀帝崩，平帝立，王莽主政，刘歆借助王莽之力，才得立《左氏春秋》《毛诗》《逸礼》《古文尚书》为博士。由此，古文经学才开始真正进入中国封建时代意识形态领域中的统治层级。而诬称古文经系刘歆“伪造”之说亦由此而起。

（二）“政治利益”贯串于今古文学派斗争的全部历程

汉代今古文经学学派的斗争，本质是政治利益的争夺。

在西汉时代，由于今文经学善于迎合统治者的需求，故一直居于统治地位，尤其是以董仲舒为首的《春秋》公羊学派。他们所宣扬的，全是适应统治者需求的“微言大义”，由《春秋》之“微言”，引出符合统治者需求的“大义”，如董仲舒“《春秋》大一统”之说，就引发了汉武帝“罢黜百家，独尊儒术”的政治举措，而平民公孙弘，亦由“治《春秋》”而“白衣为天子三公”。然而，如果所引“大义”违背了统治者的利益，则会被杀头，汉昭帝时霍光杀睢弘，即其例。由于今文经学的理论学说脱离历史真实，故终难持久。

古文经学虽然后起，但全力追求史实之真。西汉之后，经过古文经学家的激烈斗争，如西汉末年刘歆与太常博士们的斗争，东汉初年陈元与范升的斗争，以及其后贾逵与李育、郑玄与何休的斗争之后，古文经学终于占了上风。古文大师郑玄兼通今古，能“括囊大典，网罗众家，删裁繁诬，刊改漏失”（范晔语），使今古文合为一体。史称“东汉多硕儒”，具体所指，如贾逵、马融、许慎、郑玄等，尽为古文大家。

之后，在儒家经学文献的流传过程中，今文经多数佚散，而古文经则得到了认可。至唐太宗时，孔颖达、颜师古正定《五经正义》，颜师古考定文字，孔颖达正定义理，古文经已经在事实上居于主流地位。颜师古考定经文之事，旧、新《唐书》均有记载。

《新唐书》载：

> 帝尝叹《五经》去圣远，传习浸讹，诏师古于秘书省考定，多所厘正。既成，悉诏诸儒议，于是各执所习，共非诘师古。师古辄引晋、宋旧文，随方晓答，谊据该明，出其悟表，人人叹服。……帝因颁所定书于天下，学者赖之。（《新唐书·颜师古传》）

由于颜师古深谙经籍流传的历史，故所定得到了诸家一致认可，而孔颖达所正经义，亦为上下赞许，故唐太宗时代所定《五经正义》，成为官方认定的标准读本。而《五经正义》，证明“古文经”居于主导地位。当时，人们并无“疑伪”之辞。

然而，事情总会有曲折反复。至宋代，随着宋明“义理之学”的兴盛，针对东汉古文经书的“疑古”之风随之兴起。有人抓住古文经书在流传转抄过程中所出现的字句差误，极力攻击古文经书为“伪书”。宋人吴棫开疑孔安国传《古文尚书》之先河，明梅鷟著《尚书考异》，承宋人吴棫、朱熹、吴澄之说。至清初阎若璩撰《古文尚书疏证》，即将《古文尚书》定为“伪书”，并被同好视为“铁案”。姚际恒复撰《古今伪书考》，辨书九十余种，被其完全判为“伪书”者近七十种，《易系辞传》《古文尚书》《周礼》

《大戴记》等尽在其中。由于姚际恒之书影响颇大，凡被其判为“伪书”者，后世许多学人确乎不敢轻信。

至晚清，又有康有为撰《新学伪经考》，更全力攻击刘歆、郑玄，以刘歆曾臣于王莽，故称刘歆之学为“新学”（王莽国号“新”）。康有为言：“始作伪、乱圣制者，自刘歆；布行伪经，篡孔统者，成于郑玄。”（《新学伪经考》序目）对于古文经的兴盛、流传，康有为又攻击曰：“刘歆之撰伪经也，托于通人，传于校书，统一于郑玄，布濩衍溢于魏、晋、六朝之儒，决定于隋、唐之陆德明、孔颖达、贾公彦，遂至于今。……故魏、晋、六朝之学尽伪经矣。”又曰：“刘歆创之以居首，郑玄行之以居中，孔颖达、贾公彦、陆德明大定之以居终。”（《新学伪经考·伪经传授表》）其弟子梁启超在《清代学术概论》中又说：“《新学伪经考》之要点：一、西汉经学，并无所谓古文者，凡古文皆刘歆伪作。二、秦焚书，并未厄及《六经》，汉十四博士所传，皆孔门足本，并无残缺。……五、刘歆所以作伪经之故，因欲佐莽篡汉，先谋湮乱孔子之微言大义。”康有为把“伪经”“伪书”说推到了极致，而且鲜明地举起了“微言大义”的旗帜，直接承接了西汉今文学派的衣钵。康氏之大骂刘歆，显然是将今文学派与康氏自身的“政治利益”放到了最高的位置。而与康有为同时代的今文学家皮锡瑞，更直接以“封建正统”的立场攻击刘歆，称“歆党王莽篡汉，于汉为不忠，于父为不孝”，又以王肃“党司马氏篡魏”，便大骂“二人党附篡逆，何足以知圣经！”（见皮锡瑞《经学历史·经学中衰时代》）皮氏以政治观点与学派利益来判定学术是非，显然是不可取的。

从西汉的师丹到清末的康有为，都是公开地维护学派的政治利益，有什么资格来讲学术的“真、伪”？而这也正是今文学家们宣扬“伪书”说之所以错误的根源与症结所在。

至于胡适、顾颉刚所高举的“疑古”旗帜，不过是捡起了汉代今文学家以及清代姚际恒、康有为等人的余论而已。故其论一出，古文大家章炳麟等即给予了猛烈抨击。章炳麟在 1922 年 6 月 15 日致柳翼谋（诒徵）的信中写道：

> 胡适所说《周礼》为伪作，本于汉世今文诸师；《尚书》非信史，取于日本人；六籍皆儒家托古，直窃康长素（康有为）之余唾。此种议论，但可哗世，本无实证。……长素之为是说，本以成立孔教；胡适

之为是说，则在抹杀历史。[7]

章炳麟的评论，可谓字字入骨，切中要害。

（三）“刘歆伪造”说背离文献载录之史实

所谓“刘歆伪造”之说，与历史载录格格不入。稍稍翻阅《史记》《汉书》诸籍，便可明了“古文经”的来历。其来历有二：

其一，是河间献王刘德搜求民间之书。

刘德，汉景帝之子，为人修学好古，实事求是，为搜求古籍，不惜重金：“从民间得善书，必为好写与之，留其真，加金帛赐以招之。由是四方道术之人不远千里，或有先祖旧书，多奉以奏献王者，故得书多，与汉朝等。”（《汉书·景十三王传》）

刘德所得先秦古文旧书，如《周官》《尚书》等，尽在其中。其所得书之数量，竟能与汉朝中央政府所得之书相当。

其二，是“孔壁逸书”。

汉景帝之子刘馀，先封淮阳王，后徙鲁为鲁恭王。汉武帝年间，鲁恭王为扩大其宅，拆毁紧相毗连的孔子之宅，而在孔宅夹壁中竟得到大批古书，有《尚书》《礼记》《论语》《孝经》等，尽为古文（见《汉书·艺文志》）。后来，此书尽为孔安国所得，孔安国为之传注解读。被今文学者攻击最力的“孔传本《古文尚书》”，即由此而来。

另有少数系民间流传之书，如《毛诗》《费氏易》等。

可见，古文经典在汉武帝时代就已大批出现，何待生活于两汉之际的刘歆去“伪造”？又，刘歆不但协同其父整理古籍，又为兴立古文经典而奔走，其人在数学、天文、历法等方面亦多有贡献，又何暇“伪造”古文经典？而由汉至唐古文经学的兴盛，正是对刘歆努力的最大回报！至于东晋梅赜“献书”“伪造”之说，下文还要言及。

（四）“以偏概全”是“伪书”说在思想方法上的致命缺陷

宋代之后所兴“疑古”之风，主要来自古籍在流转传抄过程中所产生的文字差异。这些差异，有些是传抄中所产生的不可避免的差错。如河间献王刘德在搜求民间之书时，皆“必为好写与之，留其真”，纵然“好写与之”，也难免出现差错，故“留其真”。这显然表明，传抄中出现差错是不可避免的。有些则是传抄者依时代的变迁所进行的有意识的改动，如临沂银雀山汉墓竹简《孙子兵法》卷末出现了战国时期苏秦的活动，这显然是时代错误。此类错误，则是转抄者有意为之。有些则是转刻者明言有所改动。如清人孙星衍转刻宋吉天保《十家孙子会注》，则明言其所改动、补充、勘正三百余条。此书仍称《孙子十家注》，数十年间后人翻刻三十余次，无人诬称其为“伪书”。这些在流传过程中都是无法避免的，问题在于阅读者能否正确对待。

疑古学者的基本方法是“以偏概全”，以个别字句否定整体，否定全书。如，顾颉刚先生的一个重要观点就是，只要定为“伪书”，书中内容自是“全伪”：“因为伪书上的事实自是全伪，只要把书的伪迹考定，便使根据了伪书而成立的历史，也全部失其立足之点”（《自述整理中国历史意见书》）。顾颉刚先生的逻辑顺序是：“伪迹”定“伪书”，“伪书”定全部。这就是“疑古”派“以偏概全”的理论依据。立足于此，疑古派就完全可以“攻其一点，不及其余”。

所以，“疑古派”关于“伪书”判断的错误，远远大于原书中个别字句的错误。如姚际恒等人的论断，基本如此。就总体与实质而论，“伪书”“伪经”之说本身就是一个伪命题：它以汉代今古文经学学派政治斗争中的恶意攻击为起点，以经学典籍在流转传抄过程中所必然出现的差误为依据，以“以偏概全”的思想方法为手段，硬是凭空制造了一大批“伪书”“伪经”，这些所谓的“伪书”“伪经”，并没有相应的实体存在，存在的只有传抄过程中所必然出现的差误而已。这个“伪”字，正在于制造“伪书”说者自身的“伪命题”。岂有他哉！至于胡适、顾颉刚先生所倡导的“疑古”，其主观上是受姚际恒、康有为等人的影响太深，或确有“哗众取宠”之意；客观上则是损害了中国数千年的文明史。

（五）顾颉刚“伪书结晶”说完全背离历史事实

下面，还要再具体分析一下顾颉刚先生“伪书结晶”说的具体论断，可更明确其错误之所在。

顾颉刚先生“伪书结晶”说的具体指向，就是《史记》中的《三代世表》。顾颉刚先生说，“自三皇以至夏商，整整齐齐的统系和年岁”都是“伪书的结晶”。“统系”，即父子相继的世系传承；“年岁”为具体纪年。纵观中国古代典籍，能记述“三皇”至“夏商”“整整齐齐的统系和年岁”

者，只有一家，就是《史记》中的《三代世表》和《十二诸侯年表》。

《三代世表》《十二诸侯年表》与“伪书”有什么联系？可谓“风马牛不相及”。

1. 司马迁《史记·三代世表》有明确的字文传承依据

对《三代世表》的资料来源，司马迁有明确的交代。

《三代世表》虽称“三代”，实际起点在黄帝。表中具列了黄帝、颛顼、帝喾、唐尧、虞舜、夏禹、殷、周八项世系传承。皆父子相承，各有系统。其资料所据，司马迁在《太史公自序》中写道：

> 维三代尚矣，年纪不可考，盖取之谱牒旧闻，本于兹，于是略推，作《三代世表》第一。(《史记·太史公自序》)

《三代世表》的前言中记载：

> 余读谍记，黄帝以来皆有年数。稽其历谱谍终始五德之传，古文咸不同，乖异。夫子之弗论次其年月，岂虚哉？于是以《五帝系谍》《尚书》，集世纪黄帝以来讫共和，为《世表》。(《史记·三代世表》前言)

两处交代，均言其基本史料为“谱谍”。谍，即牒，“纪系谥之书也”(司马贞语)。又，《说文》：“牒，札也。”“札”即小木片，厚者为牍，薄者为牒。谱牒确为上古“纪系谥”之书。司马迁所依据的，就是上古流传下来的谱牒文字，何“伪”之有？而且，这些谱牒文字还记载了具体年代。中国的“甲子”纪年，创自黄帝之师大桡，对此，《吕氏春秋·尊师》及《汉书·律历志》等都有记载，故“黄帝以来皆有年数”是完全可信的。那么，既有“年数”，司马迁为什么不作“年表”而作“世表”呢？原因就在于，当时见到的多种谱牒载录有差异，即司马迁说的“古文咸不同，乖异”。如何处理“乖异”？没有依据，不可盲从某家，只有学习孔子的办法——避开。孔子教导弟子“习礼”的时候，曾形成了许多笔记，《汉书·艺文志》所载“《记》百三十一篇”等，就是指这些笔记。西汉宣帝、元帝时期所形成的《大戴记》《小戴记》(即后来的《礼记》)，均源于此。《大戴记》中的《五帝德》《帝系》，都是孔子回答弟子宰我的谈话记录，均只叙世系，未明年数，司马迁就是受此影响而未作“年表”，只作“世表”。这充分反映了司马迁的严谨态度与实事求是的精神。“共和”之后，年岁确凿，故司马迁作《十二诸侯年表》。至秦汉之际，不但事情变化纷繁，而且时间也更为清晰，司马迁还作了《秦楚之际月表》，以“月”为纪。严格依据史实，坚持实事求是，就是司马迁撰写《史记》的基本态度。何“伪”之有？

2.《大戴礼记》及梅赜所献孔传本《尚书》均与司马迁毫无干系

那么，前述司马迁所据《五帝系谍》《尚书》是否有“伪”呢？同样缺乏依据。

“疑古”派攻击最力的莫过于《周礼》《古文尚书》《大戴记》《易传》等。司马迁时代，“大、小戴记”均尚未出现，那是“宣、元时代”的事。故司马迁所据篇名为《五帝系谍》，是原始的谱牒材料，而不是《五帝德》《帝系》等单篇文字，何“伪”之有？

至于《古文尚书》，在司马迁生活的时代，孔安国刚刚将“孔壁逸书”拿到手，还曾直接向司马迁传授过（参见《汉书·儒林传》），何“伪”之有？后世所攻击的“伪《古文尚书》”，为东晋豫章内史梅赜所献。后人的攻击是否正确，我们姑且不论，就算阎若璩、姚际恒等所论正确，然而它无论如何也不可能“结晶”到司马迁的书中。司马迁与梅赜，二者前后相距三四百年！

可见，顾颉刚先生的“伪书结晶”论是完全站不住脚的。建立在“伪书结晶”论之上的“东周之前无史论”，中国上古为“传说时代”论，自然也就失去了根基。

五　对“疑古派”的回应（二）——关于伏羲的存在

掀翻了疑古派的立论根据，还要具体再论证伏羲的存在。首先是“三皇”的存在，其次是关于伏羲的具体记载。举其大要，《周礼》《易传》《左传》《史记》《汉书》以及《说文》诸籍，均有载录。

（一）《周礼》载录

《周礼》即《周官》。其第三篇《春官宗伯》中记载了“外史”一职。“外史”的职责是“掌书外令，掌四方之志，掌三皇五帝之书”。《周官》

既设此职，表明西周初年“三皇五帝之书”依然存在，并有专人掌管。“三皇”之书存在的前提自然是“三皇”其人曾经存在。如无其人，何来其书？依郑玄注，“三皇”之书就是《三坟》。

（二）《左传》载录

《左传》系左丘明专门为释《春秋》而作。左丘明与孔子是相互敬重的师友，对孔子弟子的发展走向，左丘明深为关注。（关于左丘明与孔子的关系，及左丘明的家世，请参阅孔府珍藏《左传精舍志》。）

孔子晚年作《春秋》，此书虽系鲁国的编年史，但孔子在行文之中，以“笔削褒贬”之法，鲜明地体现了其政治观点，故“《春秋》之义行，则天下乱臣贼子惧焉”。（《史记·孔子世家》）孔子亦言：“后世知丘者以《春秋》，而罪丘者亦以《春秋》。”在孔子向弟子传授《春秋》时，其政治意蕴只能“口授其传旨”，“为有所刺讥褒讳挹损之文辞不可以书见也”。书成后，“鲁君子左丘明惧弟子人人异端，各安其意，失其真，故因孔子史记具论其语，成《左氏春秋》”（《史记·十二诸侯年表》序）。为使孔子弟子能正确理解《春秋》的真义，左丘明述录了大量的史实，以展现《春秋》所隐含的真确的历史事实及其意蕴。所以，追求史实之“真”，正是《左传》的灵魂所在，也正是《左传》一书的严肃与伟大之处。《左传》所叙，虽是春秋时代的编年史，由于其事理、人物、语言都十分丰富，在人物的言谈之中，也记录了与三皇、五帝相关的许多史实。姑录几例。

1. 昭公十二年，楚灵王关于左史倚相的一段赞语：

> 左史倚相趋过。王曰：“是良史也，子善视之。是能读《三坟》《五典》《八索》《九丘》。”

孔安国《尚书序》云：

> 伏羲、神农、黄帝之书谓之《三坟》；少昊、颛顼、高辛、唐尧、虞舜之书谓之《五典》；“八卦”之说谓之《八索》；九州之志谓之《九丘》。（见《十三经注疏·尚书正义》）

昭公十二年为公元前530年，左史倚相是左丘明的祖父（参见孔府珍藏

《左传精舍志》)，时任楚之左史。《左传》的这一载录表明，《三坟》《五典》《八索》《九丘》等典籍当时依然存在。如无典籍，左史倚相何能阅读？又，楚灵王以“能读”诸籍来赞誉倚相，既以“能读”此书为莫大的荣誉，故此书之难识、难读，恐非同一般，或如同今人之读籀文、甲骨文，非文化高深者莫可识也。此又表明，《三坟》《五典》年代之久远，更可佐证孔安国对各书作者与内容的判断是可信的。

又，公元前530年，孔子已22岁，约晚左史倚相一代人。倚相身居文化相对落后的楚国，尚能读到《三坟》《五典》，孔子身居当时文化相对丰富、发达的鲁国，能够看到三皇五帝时代的文献，当在情理之中。孔子在整理《礼记》《书传》的过程中，手中的资料必然包含了三皇五帝时代的文献。如果无此资料，何以“上纪唐虞之际”？

2. 昭公十七年，记载了郯子访问鲁国的故事。郯子与鲁臣叔孙昭子的一段对话，透露了三皇五帝时代的诸多信息。《左传》写道：

> 秋，郯子来朝，公与之宴。昭子问焉，曰：“少皞氏鸟名官，何故也？”
>
> 郯子曰：“（少皞氏）吾祖也，我知之。昔者黄帝氏以云纪，故为云师而云名。炎帝氏以火纪，故为火师而火名。共工氏以水纪，故为水师而水名。大皞氏以龙纪，故为龙师而龙名。我高祖少皞挚之立也，凤鸟适至，故纪于鸟，为鸟师而鸟名。”

为说明少皞氏何以以鸟名官，郯子由其祖少昊依次上溯，经黄帝、炎帝、共工而至太昊，这正是由下溯上而叙的三皇时代的主政顺序。到《汉书·律历志》，在叙说中就将这一顺序完全倒换了过来。

又，《左传》昭公十七年，还记载了“陈，太昊之虚也”一语。《说文》：“虚，大丘也。”即大土堆，指曾经居住之地，或指废墟。陈，即今河南省淮阳县，此为伏羲故都，太昊陵至今依然在此。这正是伏羲在上古存在并为帝王的确证。

（三）《易传》载录

《易·系辞传》中，自“古者包牺氏之王天下也”至“以通神明之德，以类万物之情”间之57字，是中国古代典籍中关于伏羲画“八卦”之最具体、最准确的叙说，也是关于“伏羲作《易》八卦”最权威的记载。其文曰：

> 古者包牺氏之王天下也，仰则观象于天，俯则观法于地，观鸟兽之文，与地之宜，近取诸身，远取诸物，于是始作“八卦”，以通神明之德，以类万物之情。

凡欲否定伏羲者，必然要对《易传》进行最猛烈的攻击，尤其是《系辞传》。“疑古”论者，“伪书”论者，从宋代欧阳修、清代姚际恒到近代李镜池等，皆如此。所以，欲讲伏羲画卦，必先确定《易传》的可信性，必先脱去《易传》“伪书”的帽子。

关于《易传》的来龙去脉，史籍载录还是十分清晰的。《易传》又称《易大传》或《十翼》，是今存《周易》的一个组成部分，是孔子综论《易经》的一部著作。对于孔子作《易传》，史籍载录十分明确，《史记》《汉书》二史记载尤为确凿。

《史记·孔子世家》言：

> 孔子晚而喜《易》，序《彖》《系》《象》《说卦》《文言》。读《易》，韦编三绝。曰：“假我数年，若是，我于《易》则彬彬矣。”

唐张守节《正义》曰：“夫子作《十翼》，谓《上彖》《下彖》《上象》《下象》《上系》《下系》《文言》《序卦》《说卦》《杂卦》也。”可见，司马迁之言，十分肯定，无任何疑贰之辞，张守节《正义》更明确具体。

对此，《汉书·艺文志》再次予以确认：

> 《易》曰：“宓戏氏仰观象于天，俯观法于地，观鸟兽之文，与地之宜，近取诸身，远取诸物，于是始作八卦，以通神明之德，以类万物之情。”至于殷、周之际，……文王……于是重《易》六爻，作上下篇。孔氏为之《彖》《象》《系辞》《文言》《序卦》之属十篇。故曰：《易》道深矣，人更三圣，世历三古。

《汉书·艺文志》所载，取自刘歆《七略》，《七略》则源自刘向之

《别录》，故上述论断，实为刘氏父子的论断。从汉成帝河平三年（前26年），至汉哀帝建平元年（前6年）刘向去世，刘向一直主持这次中国历史上第一次大型的文献整理工作，前后达二十余年。对于《周易》之经传，刘向曾亲自校理，此事在《艺文志》《六艺略》之《易》部后序及附注中均有记载。其时之严肃、认真，实非同寻常。（请参阅张舜徽《文献学论著辑要》中刘向的《书录》，陕西人民出版社，1985。）司马迁、刘向均为极其尊重史实的学者，其所论断，是无可怀疑的。

自宋明疑古之风产生以来，《易传》的“作者”开始成为“问题”。宋欧阳修首先发难，清姚际恒撰《古今伪书考》，判“伪书”近七十种，首当其冲的便是《易·系辞传》。由于姚氏之作影响甚大，后世疑古学者多从其风。近人李镜池先生谈及《易传》，更断然否定其作者为孔子。其言曰：

> 《易传》的作者，二千年来都认为是孔子，甚至现在还有人这样说。其实这个问题很简单，我们可以肯定地说，《易传》不是孔子作的。宋欧阳修已经指出：“《系辞》而下非圣人之作，以其言繁衍丛脞而乖戾也。”（《易童子问三》）……《易传》的内容思想，跟《论语》所载的孔子的思想不一样，证明它不会出于孔子之手。孟子私淑孔子，极力为孔子宣传，但他只说孔子作《春秋》，不说孔子著《易传》。先秦儒家也没人这样说过。这些，近人论证已详（见《古史辨》第三册上编），已成定案。（见李镜池《周易探源》序，中华书局，1978）

李镜池先生的序言写于1963年，《周易探源》出版于1978年。

在对上述论断进行评说之前，应该先明确几项背景情况：

其一，在《易传》出现之前，对伏羲“作《易》八卦”及“六十四卦《易经》”的评说，早就存在，《左传》载楚左史倚相所读《八索》，就是其中之一。此书既是孔子说《易》的资料与基础，也是孔子评判“《易》八卦”并以己意进行增删的主要对象。孔安国说孔子“赞《易》道以黜《八索》”，就是讲孔子对《八索》的批判继承。

又，《左传》襄公九年（前563）记有鲁穆姜释《易》经《随》卦卦辞“元亨利贞”之语，其言与今存《易传·文言》之释语基本相同，而当时孔子尚未出生。可见，孔子之前已有多种关于《易》的评论或解说，而且多有可取之处。

其二，孔子自言：“述而不作，信而好古，窃比于我老彭。”（《论语·述而》）朱熹注曰：“述，传旧而已。作，则创始也。……孔子删《诗》《书》，定《礼》《乐》，赞《周易》，修《春秋》，皆传先王之旧，而未尝有所作也。故其自言如此。”（《论语集注》卷四）可见，《易传》之撰写，既不是孔子的创作，更不是像兵圣孙武撰写“《孙子》十三篇”一样，精心设计，精心谋篇，十三篇由总而分，由大而细，层层递进，前后勾连，从而形成“浑然一体”的一部专著、一套理论系统。孔氏《易传》之成书，实为孔子在悉心研读《易经》之际，向弟子们讲述心得而已。其中既有旧时的成说，又有孔子的新见。孔子研《易》能“韦编三绝”，既可见其用心之勤，亦可见其兴奋之甚。纵然如此，孔子犹感不足，还要“假我数年”，“我于《易》”，方可“彬彬”矣。“彬彬”者，文质浑然一体也，从形式到内容，皆了然于胸也。故在传授《易传》之时，孔子并未认为自己已达到“炉火纯青”之境界。《易传》之成书，当由其弟子记录孔子言论整理而成。

其三，《论语》系孔门弟子记述孔子的言行，弟子非一，场合各异，历时甚久，其自身就多有矛盾、重复之处，如弟子问“仁”、问“孝”，孔子所答各因人、因事、因时地之不同而异。《论语》的内容主体在于社会人伦，《易传》的内容范围在于天地万物，对象本身就存在重大差异，为什么一定要强求《易传》与《论语》思想一致？而且孔子是“晚而喜《易》”，早年、晚年思想有差异的情况，几乎人人都存在，何以独非孔子？

可见，李镜池先生否定孔子为《易传》作者的几条理由是站不住脚的。

至于孟子只说孔子作《春秋》，未讲孔子作《易传》，这只能表明《春秋》在孔子撰述中的特殊地位，孔子自己也特别看重《春秋》，岂能由此而否定《易传》？孟子只是借《春秋》来宣传自己的主张而已，他并未认真地宣传或讲述孔子的所有撰著。

所以，后人的所有议论，都未能撼动《史记》《汉书》的记载，《易传》仍当归于孔子。至于现存的《易传》行文，同样是刘向、刘歆父子整理后的产物。《汉书·艺文志》著录：“《易经》十二篇，施、孟、梁丘三家。”唐颜师古注曰：“上下经及十翼，故十二篇。”这就是今人所见到的《易经》与《易传》。《汉书·艺文志》在后序中对其撰写人交代得十分明确。如果将“作者”理解为今之“手书”，未免太迂腐了。所以，《易传》

的可信性不容怀疑。

（四）《史记》载录

《史记》是中国第一部纪传体通史，记载了上自黄帝下至汉武帝时代两千五百余年的中国历史。

《史记》未作《三皇本纪》，而以《五帝本纪》居首，起始为黄帝，具列黄帝、颛顼、帝喾、唐尧、虞舜五人。“表”之第一为《三代世表》，亦以黄帝为始，除具列“五帝”之统系外，具列夏、殷、周三代之世系，皆父子相承，各有统系。

司马迁未叙及黄帝之前，完全是出于对史实的尊重，态度严谨。在司马迁生活的时代，谱牒旧闻存世尚多，然诸家所记，年岁多有差异，难以协调统一，为使所书可靠、信实，故对上古截取自黄帝。在《三代世表》前言中，司马迁说：“余读谍记，黄帝以来皆有年数。”只是由于各家所记“年数”“乖异”，故司马迁未作“年表”，而作了“世表”。这也表明，黄帝之前虽未有“年数”，但谱牒载录还是有的。《五帝本纪》开篇言：“轩辕之时，神农氏世衰，诸侯相侵伐，暴虐百姓，而神农氏弗能征。于是轩辕乃习用干戈，以征不享，诸侯咸来宾从。”据此，可知神农氏是先于黄帝的一代帝王，神农氏的存在同样是确凿的。

《史记》是否讲到了伏羲？虽未见直接记载，而在正文所录他人的言论中，有两处提及：

其一，《日者列传》中引司马季主之言：

> 述而不作，君子之义也。今夫卜者，必法天地，象四时，顺于仁义，分策定卦，旋式定棋，然后言天地之利害，事之成败。……自伏羲作《八卦》，周文王演三百八十四《爻》而天下治。

古时之占候卜筮者，通称“日者”。司马季主是西汉初年的占筮名家，此文虽系褚少孙所补，然司马季主之言当是可信的。

其二，《太史公自序》中，司马迁引述其父司马谈之言：

> 余闻之先人曰：“伏羲至纯厚，作《易》八卦。”

两段引文，均明确提到了伏羲“作《易》八卦”之事。尤其是司马谈之言，称伏羲“至纯厚”，几乎像叙说交往甚笃的老朋友一样，司马谈对伏羲的了解，显然非常人可比。

既有如此载录，怎能妄说“伏羲的历史根据等于零”？

（五）《汉书》载录

《汉书》是中国第一部断代史，其主体内容，均在西汉一代。然而，为理清事类的脉络，特别是文化现象的发展传承，许多内容亦有贯通今古之势。其中，明确叙及伏羲者，主要有两项，一是《古今人表》，一是《律历志》中的《世经》。

《古今人表》序曰：

> 自书契之作，先民可得而闻者，经传所称，唐虞以上，帝王有号谥，辅佐不可得而称矣，而诸子颇言之。虽不考虖孔氏，然犹著在篇籍，归乎显善昭恶，劝戒后人，故博采焉。

书契即文字。自有文字载录以来，从“经传”到“诸子”，凡有“显善昭恶”之效用者，均予以采录。所录人物计分九等：上上圣人，上中仁人，上下智人，及中上、中中、中下，下上、下中、下下，只有“下下”为“愚人”。

表中所列的第一位就是“上上圣人太昊帝宓羲氏”。

这显然表明，伏羲氏就是中国有文字记录以来的第一位圣人。

另外，作为伏羲之辅佐者，如女娲氏、共工氏、容成氏、大廷氏、柏皇氏、赫胥氏、昊英氏、朱襄氏等，并有载录，均列于“上中仁人”之等级。

《律历志》列于诸“志”之首。其开篇即言：

> 《虞书》曰：“乃同律度量衡，所以齐远近立民信也。”自伏戏（伏羲）画八卦，由数起，至黄帝、尧、舜而大备。

“律、度、量、衡”皆为以“数”标识其量的不同类别的准则、尺度，而它们的起点就是伏羲之“画八卦”。这表明中华文化的起点就在伏羲时代。

在《律历志》下篇的《世经》部分，乃据《左传》昭公十七年所载郯子的一段谈话，叙说了中国上古社会演变的历程。郯子所叙，系由其先祖少昊逆时上推，由少昊、黄帝、炎帝、共工，上及太昊；而《律历志》所叙，则倒转其顺序，依时序而先叙太昊。其言曰：

> 太昊帝。《易》曰："炮牺氏之王天下也。"言炮牺继天而王，为百王先。首德始于木，故为帝太昊。作网罟以田渔，取牺牲，故天下号曰炮牺氏。

炮牺，即庖牺、伏羲。这也明确说明伏羲氏为中国上古之第一代帝王。《文心雕龙·史传》篇言："庖牺以来，未闻女帝者也。"此又可表明，伏羲氏乃中国上古父系氏族时代的第一位帝王。

诸史之记载，如此言之凿凿，称"伏羲其人的历史根据等于零"，由何而言？

为了论证伏羲的存在，竟用了这么多笔墨，实属不得已。当今仍在通行的中学教科书及各类工具书，仍然在推广着中国上古为"传说时代"的观点，不承认三皇五帝的真实存在。

六　关于"易"字的原初内涵与准确解读

要认识伏羲"作《易》八卦"的伟大意义，须首先弄清"易"字的原初内涵，并由此认识"八卦"的真切内涵及目标所在。"易"字究竟如何解读？弄清了"易"字原初的真切内涵，就可探知伏羲为什么将"八卦"命名曰"易"，并由此探知伏羲"作《易》八卦"的初衷所在。

现在进入"易"字的解读部分。

（一）郑玄的解读

《易》学在中国古代文化中一直占据主流地位，居于制高点，因此，它吸引了为数众多的圣哲、贤达为之付出心血和汗水。上至被列入"三圣"的周文王与孔子，下至汉、唐、宋、明历代经师；从经学大师郑玄到理学的集大成者朱熹，以及清代、近代的诸多国学大师，无不为之付出了巨大的精力，可谓殚精竭虑。其中，对"易"字的解读最受人们认可的，莫过于郑玄在《易赞》《易论》中的解释。其言曰：

> “易”一名而含三义：易简一也；变易二也；不易三也。（孔颖达《周易正义·卷首》引）

这三项含义，若细究其源，在孔子《易传》中都已经存在，郑玄的解说，只是更清晰、更条理而已。看《易·系辞传》的叙说：天尊地卑，乾坤定矣。……乾知大始，坤作成物。乾以易知，坤以简能。易则易知，简则易从。……易简而天下之理得矣。

此为《系辞传》开篇数语，叙说天地之化生万物。天无私覆，地无私载。乾为天，阳光普照，故能广被万物；悬象著明，故易知。坤为地，万物皆缘地而生，各依其势，各得其所；任其自然生灭，故坤以简易而使万物自得。由此，郑玄亦以“易简”为“易”之第一要义。

《系辞》又曰：

> 日新之谓盛德，生生之谓易。易，穷则变，变则通，通则久。……《易》之为书也，不可远；为道也，娄（屡）迁。变动不居，周流六虚，上下无常，刚柔相易，不可为典要，唯变所适。

此亦《系辞》篇之语，叙说天地万物始终处于变动之中。阴阳相易、相生，万物时生时灭，变化不息，故有“日新”之德。“变动不居，周流六虚”，“适乾为昼，适坤为夜”（虞翻语），上下四方时时处于变动之中。“日月运行，一寒一暑”，何“典要”之有？只有“变”是永恒的。“唯变所适”，故“变易”为“易”之第二要义。

在“易”的诸多要义之中，又有“不易”之理。“天尊地卑，乾坤定矣。”尊，本指酒器，凡酒必实于尊以待酌者，故“尊”有贵意。卑，贱也，指执事者（参见《说文解字》）。尊卑本言人间之高下，说《易》者引之于天地。对于居处在地球上的人类而言，“天”之高、“地”之下是不变的。“君臣”“父子”之说，也像“天尊地卑”一样不可改变。又，“日月运行，一寒一暑”的变动，即“唯变所适”，也是不变的。故《易传》又曰：

夫《易》，广矣，大矣。……广大配天地，变通配四时，阴阳之义配日月，易简之善配至德。（《系辞》）

《易》与天地准，故能弥纶天地之道。（《系辞》）

准，本指“水准”“标准”，此处指等同。“弥纶”者，全覆盖也。“易”道能等同于“天地”，这也是不变的。故“不易”亦为“易”之要义。

对于《易传》及郑玄的解说，后世《易》学家们均无可回避。或赞同，或异议，或修正，或补充，总要引出郑玄之论而予以评说。可见，不论持何种观点，郑玄之说均居于核心位置。

现在的问题是：在郑玄的解说中，存在明显的矛盾，不相协调。

首先，“变易”与“不易”明显对立，一个肯定“变”，一个否定“变”。两种完全相反的内涵如何平静地统一于一字之中？

其次，“变易”“不易”与“易简”如何关联？“简”者，简也，不繁也，当指人为操作的难易，是否便利。这一内涵与“变”或“不变”显然属于两类内容，前者属于人类的主观作为，后者则属于客观的现实存在。这两类内涵又如何统一于一字之中？

（二）许慎《说文解字》：“日月为易”

要解开此中之“谜”，只有追溯“易”字形成之初的本原内涵。在这方面，最具权威的，当推东汉许慎的《说文解字》。

《说文解字·易部》：“易，蜥易，蝘蜓、守宫也。象形。”此处将“易”解释为一种动物，“在壁曰蝘蜓，在草曰蜥易”；“蜥易，蝘蜓；蝘蜓，守宫也”。“秦、晋、西夏谓之守宫。”（《说文解字》段玉裁注）段注所言，是该虫在不同地区的不同称谓。这显然不是“八卦”之“易”的内涵。

《说文解字》又曰：

“秘书”说曰：“日月为易。象阴阳也。”

段玉裁注曰：

按《参同契》曰：“日月为易，刚柔相当。”陆氏德明引虞翻注

《参同契》云，“字从日，下月。”“上从日，象阳；下从月，象阴。”（段玉裁《说文解字注》）

细品“秘书”之解，则不难看出，这种解释深合具有“八卦”内涵的“易”字。若以此解对照于《易传》及郑玄的解读，则可豁然开朗。

何谓“日月为易”？此乃明确昭示：“易”就是“日月运行”，就是“日月交替”或“日月迭照”。“日往则月来，月往则日来，日月相推而明生焉。寒往则暑来，暑往则寒来，寒暑相推而岁成焉。”（《易·系辞下》）日月相推而运行，就是“日月为易”。这正是人类自诞生以来，时时处处身处其中、生存于其中的地球自然环境，而且一刻也不能脱离。它是华夏先民数百万年以来朝夕不离的生存环境。日月运行，昼夜交替，就是“易”。对于地球南北温带的地域而言，随着日月运行的变化，又会有“寒往暑来”“暑往寒来”的现象，它就是日月运行在南北温带所形成的四季交替。

所以，“易”字的原初内涵、本质内涵，就是以“日月运行”为突出特征的整个天体的自然运行。而这一理解，又深合于以视物象形为起点的汉字生成规律。

立足于此，郑玄“易”之三解便会一目了然：日往月来，月往日来，寒往暑来，暑往寒来，始终处于变动之中，此乃“变易”也。日月寒暑的运行永不停息，乃“不易”也。“易，无思也，无为也，寂然不动，感而遂通天下之故。”（《易·系辞下》）乃“易简”也。正如孔子所言：“天何言哉？四时行焉，百物生焉，天何言哉！”（《论语·阳货》）不为而成，不言而生，何其简也！可见，“日月为易”之解，正是“易”字的初起之义，是“易”字的本原性内涵。“日月运行”，也正是人类认识客观物质世界的起始。

对于《说文解字》的这一解说，近代《易》学家们或有提及，但未予采纳。如，高亨先生在《周易古经今注》中引述了《说文解字》对“易”字的上述解说后，竟断言：

“秘书”说于古无征，必不可信。其用作书名，当为借义。（见《周易古经今注》第一篇《周易释名》）

“易”字既曾为“书名”，又曾为“官名”（见《礼记·祭义》）。掌卜筮的男巫称“觋”。高亨先生认为筮官“易”之本字“疑当为觋”，并引清人朱骏声《说文通训定声》之说：“《三易》之易读若觋。”又说，朱骏声之解，“说虽无征，确有见也”（见《周易古经今注》）。由此又进一步断言：“以变易之义释筮书之名，恐不可从。”更以郑玄“易一名而含三义”之说，“更属骈枝之说矣”。(《周易古经今注》)

高先生以“日月为易”之说“无征”，“必不可信”；而朱骏声之说同样“无征”，却认为“确有见也”。何以如此武断地使用“两种标准”？原因就在于：高先生有先入之见，认定《易》就是“一部筮书”。并明言：“首先应该认识到《周易》古经本是上古的筮书”（《周易古经今注》）。既是“筮书”，怎能与反映天地万物之生存变化的“易”字联系在一起？

所以，现在问题的关键又要回到伏羲创制“《易》八卦”的初衷究竟是什么？是为认识自然？为认识人类的生存环境？为揭示作为人类生存环境之天地自然的奥妙、幽秘？还是单纯为“卜筮”而制定一套特定的规则或手段？如果是前者，“日月为易”显然居于伏羲所关注之目标的核心地位、首要地位：人类数百万年以来所居处之环境的最大天象，莫过于“日月的运行”；人类在生存环境中最大的“受益”之源，也在于“日月的运行”，人类的生存日日夜夜、月月年年、世世代代，身体感官之所及，最大、最直接的感受，依然是“日月之运行”。既是“日月为易”，伏羲为认识自然、为认识人类的生存环境，将所创“八卦”定名为“易”，其思虑何其深邃、何其准确。

若细读《祭义》，这一观念也正是《祭义》作者头脑中的第一要义。其言十分明确：

> 昔者，圣人建阴阳天地之情，立以为《易》。

伏羲正是为“建阴阳天地之情”，才创制了“八卦”，并且取名曰“易”。而“易”之为书，其本质内涵正在于“阴阳天地之情”。

伏羲“作《易》八卦”，目的在于认识客观物质世界的变化规律，从而有效地服务于人类的生存斗争。而后世《易》学家们所倾力献身的“占筮之术”，实为后起之技艺，乃“《易》八卦”在后期演变中所衍生的末流。

七　伏羲“《易》八卦”是对天地自然根本规律的深刻认识与准确反映

称伏羲为开创中华文明的第一人，人们或许并无多少异议，因为根据现有的文字记载，中华文明第一人就是伏羲，无可争辩。然而，如果说伏羲是中国古代第一位伟大的思想家，人们或许会甚感诧异。伏羲的最大贡献就在于“《易》八卦”三字。这三字究竟有多少深邃的内涵？难道如此神妙莫测？

现在，我们就通过“《易》八卦”这三字，来认识中国古代这位影响最为深远、最为广阔的伟大思想家。

（一）自觉地以认识客观物质世界为己任

司马谈称：“伏羲至纯厚。”纯，本义为丝，纯正不杂。厚，本指山陵大地之厚，不可移易。“纯厚”，表现为人品，就是淳朴、厚实：面对客观现实，摒弃一切私念，排除一切个人的先入之见，充分尊重客观物质世界的固有规律，并尽量正确地反映物质世界的本来面貌与运行规律，不受干扰，不可移易，这就是伏羲的“至纯厚”。而对伏羲这一品格能够直接提供确凿依据或确凿证明的，只有“《易》八卦”本身。即今存“《易》八卦”的命名、爻画、构建、卦形、卦象等。或者说，创造“《易》八卦”，就是伏羲以绝对忠诚的品格对客观世界、对天地自然之根本规律的深刻认识与准确反映。

前解已明，“易”字的原初内涵，就是日月的运行，就是以“日月运行”为突出特征的整个天体的自然运行。伏羲将“八卦”定名为《易》，表明伏羲已明确认定：“日月的运行”就是天地间最鲜明、最具有代表性的天象；认识客观世界、认识生存环境，就要以认识“日月的运行”为起点。“日月为易”，就是伏羲认识客观物质世界、探索客观物质世界运行规律的“龙头”与“核心”。“作《易》八卦”，表明了伏羲自觉地以认识客观物质世界为己任。

（二）以阴、阳的对立与转换为切入点

“八卦”的组成基础是阴、阳两种爻画：即阴爻“--”与阳爻“—”。

它是“八卦”的根基所在。这一选择，既反映了全部物质世界的基本特征，也是整个物质世界的根基所在。以“阴”“阳”爻画作为反映万物生存与发展变化的基本符号，正反映了客观物质世界存在与运行的根本规律。

纵观整个物质世界，无时无处不表现着这一特征：日为阳，月为阴；昼为阳，夜为阴；天为阳，地为阴；乾为阳，坤为阴；显为阳，隐为阴；明为阳，幽为阴；雄为阳，雌为阴；男为阳，女为阴……一切表现为阳刚性的事物皆为阳，一切表现为阴柔性的事物皆为阴。

阴与阳既相对立，又时时处于相互转换的过程之中：日月更替，昼夜轮回，就是阴阳的转换；乾坤相合而生万物，男女相合而世代延续，就是阴阳相合而衍生万物的表现形态。阴阳时时处在变动之中，世界时时处于变化发展之中，无可阻挡。而且，阴中有阳，阳中有阴，隐显不定，变幻莫测。南朝刘宋大将檀道济《三十六计》曰：“阴在阳之内，不在阳之对。太阳，太阴。”（《瞒天过海》）就充分体现了阴阳的转换与交合。

由此推而广之，地处北温带的中国，又有“四时轮回”的更替。春夏为阳，秋冬为阴。冬至一过，阳气始升，成为万物复苏的起点；夏至一过，阴气隐起，则揭开了万物趋向归藏的序幕。所以，阴阳理论，几乎可以体现在整个中国古代学术的各个领域。“八卦”以阴、阳爻画为基本符号，正反映了伏羲对客观物质世界之内在规律的深刻认识，也是伏羲认识客观物质世界的起始之处、入手之处。

（三）以天、地、雷、风、水、火、山、泽八种物质形态为基本依托

将天、地、雷、风、水、火、山、泽这八种与人类生存关系至为密切的物质形态，列为“八卦”的基本卦象，充分表现了伏羲对现实物质世界的深刻认识与尊重。

人类从诞生以来，最基本的实践活动就是为生存而斗争。为了生存，人类必须认识自然，必须适应自然，必须利用自然界所赋予的能力改造自然，以创造更适合人类生存的环境条件与物质需求。人类生存的基本环境就是：生存于天地之间，居处于地球之上。仰则可以看到天体的运行，俯则可以观察地表万物的生长。所以，“观象于天”“观法于地”，就是人类对自然环境最经常、最普遍而且不可回避的、本能的认识活动。

乾、坤、震、巽、坎、离、艮、兑“八卦”之卦象所指，为天、地、雷、风、水、火、山、泽，均为与人类生存紧密相关的事物。其中，乾、坤

二卦尤其关系到人类的生存，更居于核心地位。乾、坤二字的实际内涵，就是天地间万物的生长。

乾言天，坤言地，此为万物生长的基本依托，也是人类生存的基本依托。而“乾”之为“天”，实指天为万物生长所提供的条件与作用。

在《说文解字》中，“乾”属“乙”部，其解曰：

“乙，象春草木冤曲而出。阴气尚强，其出乙乙也。”
“乾，上出也。从乙。乙，物之达也。”

段玉裁注曰：

此“乾”字之本义也。自有文字以后，乃用为卦名。而孔子释之曰：健也。健之义生于上出。上出为乾，下注则为湿，故乾与湿相对。俗别其音，古无是也。

《说文解字》又曰：“坤，地也。”可见，“乾”的本义就是万物生长。“坤”，正是万物生长的根基所在。

故《易·系辞下》又曰：

子曰：“乾、坤，其易之门邪？乾，阳物也；坤，阴物也。阴阳合德而刚柔有体，以体天地之撰，以通神明之德。”

“阳物，天；阴物，地。”（荀爽语）“阴阳合德”就是“天地合德”，故生万物。天地合德以生万物，是天地的选择，是自然的规律。乾、坤二卦，实涵盖了天地、日月最关系到人类生存的环境与内涵。所以，从《易》之起始，《易》之选择，乾、坤就居于核心地位，“阴阳”就是《易》的根基所在。

天地间，气象万千，山泽连绵，风雷激荡，这就是人类与万物生存的基本环境。“鼓之以雷霆，润之以风雨，日月运行，一寒一暑。”人类与万物就在这一动态环境中生存延续。“水”是生物生存的最原初的基本条件，而“火”的发现与利用，则是人类能独居万物之首的决定性条件之一。当年孔子为了强调“仁”的伟大作用，曾教诲弟子曰：“民之于仁也，甚于水火。”

朱熹注曰："民之于水火，所赖以生，不可一日无。"（《四书章句集注·论语·卫灵公》）人类为了生存，必须面对现实，面对天、地、风、雷、水、火、山、泽，必须依顺并利用这些不可摆脱的生存条件。

至伏羲时代，华夏先民生存于中华大地已有一二百万年之久，其间累积的经验与知识已经相当丰富。当今时代的一项项考古成果，尤其是关于上古时代的考古成果，都在为这些知识、经验提供不同形态的证据。伏羲创作"《易》八卦"，既是对前人知识、经验的总结，又是对新的知识与认知规律的探索与开拓。所以，认识自然环境、探索自然规律，认识生存条件、开拓生存条件就是伏羲一切创造活动的起点，也是伏羲一切创造活动的目标与归宿。这是伏羲无法回避的必然性选择。所以，紧紧立足于现实的物质世界，成为"《易》八卦"最突出的品格与特征。

（四）以追逐变化为认识客观世界的基本手段

"卦"的构成以阴爻、阳爻相间排列的不同形态而定型，其间既有相对稳定的形态与性能，它们标志着相应的"象"与"数"，尤其是将"八卦"重为"六十四卦"之后，其间的变数更无可计量。《系辞》曰："变动不居，周流六虚。"正表现了客观世界之永无穷尽、永无止境的变化；而"唯变所适"，则表现了画卦者对于这种永恒变动的追求。史称"伏羲至纯厚"，正表现了他敢于直面人生、直面物质世界，敢于直面变化的探索与奋斗不息的精神状态。

（五）紧密服务于当时人类的生存斗争

在《易·系辞传》中，紧接着"伏羲画八卦"之后的叙说，首先是伏羲为生存斗争所做的努力。即《系辞》所言：

> 作结绳而为罔罟，以佃，以渔，盖取诸《离》。

《离》为伏羲原创"八卦"的卦名之一，卦象为火。用火，当先于伏羲而存在，甚至可以追溯很远。用火以熟食，是人类生存与进化发展最重要的因素之一，随着它的普遍应用，又成为人类赖以生存的必要条件之一。至伏羲时代，火的应用大致已经进入到相当成熟的阶段。正是这种相当普遍的对火的应用，启发了人类捕鱼、猎兽的欲望与创造。这就是"《易》八卦"直接服务于人类生存斗争的最早的明证。

伏羲之后，神农氏、黄帝、尧、舜等，自觉地继承了伏羲的传统，也受益于《易》之卦象而有所创造。如，《易·系辞传》紧随其后写道：

> 斵木为耜，揉木为耒，耒耨之利，以教天下，盖取诸《益》。
>
> 日中为市，致天下之民，聚天下之货，交易而退，各得其所，盖取诸《噬嗑》。
>
> 刳木为舟，剡木为楫，舟楫之利，以济不通，致远以利天下，盖取诸《涣》。
>
> 服牛乘马，引重致远，以利天下，盖取诸《随》。

此类创造，均受益于伏羲“《易》八卦”的启示，运用了重为“六十四卦”之后更为广阔的卦象，进行了更加丰富多彩的创造。又是这些创造，大大推动了中国社会的发展与前进。

（六）“《易》八卦”——中华民族文化发展史上第一块伟大的里程碑

写到这里，人们会很自然地想到当代的辩证唯物论。有人或许会问：辩证唯物论是近代、当代思想家的伟大发现，你所叙说的伏羲创建“《易》八卦”，怎么会有这么浓重的辩证唯物论的色彩？怎能散发着这么强烈的唯物、辩证的精神？你是否在“美化”伏羲？

我要郑重地回答：决非“美化”！我只是在充分地开掘伏羲“作《易》八卦”之思想创建的深刻内涵而已！我们应当清醒地意识到，在伏羲的背后，是华夏先民们数百万年以来的认识与创造的累积！

“唯物”“辩证”本是客观地存在于物质世界及其基本动态关系的表现形态而已！它们绝不是“人脑”的“创造”，而是“人脑”对客观物质世界的存在及其基本动态关系的正确反映。生存于天地之间的人类，时时处处都要依赖物质世界，时时处处都要追随这个物质世界永不停息的变动。人类要生存，要获取生存资料，要创造财富，要成功，就必须依顺客观物质世界固有的关系准则。人类历史上一切伟大的思想家，一切为人类社会前进做出过重大贡献的伟大的创造者，都必然要自觉或不自觉地践行这一理论原则——如果不是这样，就必然一事无成；如不践行这些原则，整个人类的生存繁衍就无法持续、无法推进。

伏羲时代是华夏先民从“野蛮”进入“文明”的转折时代，“《易》八卦”的创作，就是这一时代最具有代表性的最高成就。

“八卦”本身就是一种文字，东汉许慎《说文解字》在“叙言”中首叙伏羲，岂虚言哉！伏羲还令朱襄氏专门创制文字，由“结绳记事”到“书契为政”的转换，就在伏羲时代。是伏羲氏启开了中华民族进入文明的大门，在中华民族的文明发展史上，伏羲时代的“《易》八卦”，树立了第一块最伟大的里程碑。

由于伏羲画卦的意蕴如此博大精深，中华文明之各个领域几乎都要溯源到伏羲。文字，历法，天文，数学，哲理，施政，道家、儒家、兵家……凡对客观物质世界的认识，凡需经人脑思维而创建的成就，不论你主观上是否意识到，均无可逃脱地要溯源到伏羲。

伏羲的成就，既承接了数百万年以来华夏先民的创造，又启开了其后五千余年中华文明之大端。《系辞》曰：“《易》有圣人之道四焉：以言者尚其辞，以动者尚其变，以制器者尚其象，以卜筮者尚其占。”可谓“仁者见仁”“智者见智”。然自殷、周之后，“卜筮”独大，盖非伏羲之初衷也。

商鞅有言：“知（智）者作法，而愚者制焉。”（《商君书·更法》）伏羲“作《易》八卦”，本是依顺天地自然的客观规律，创制一套能够反映世界万物发展变化的基本的认识法则。令人遗憾的是，后世《易》家们硬是想“完备”一套套“模式”，来“框”住这个永远千变万化的物质世界，从而为每一具体的事件提供现成的“答案”，以供卜筮者采用。所以，走进“死胡同”，几乎是历史的必然。

然而，就在殷周卜筮盛兴之际，一位哲人竟公然痛斥《易》家奉若神明的“龟甲、蓍草”为“枯草朽骨”。此人就是姜太公。

殷朝末年，周武王伐纣：

> 师至汜水牛头山，风甚雷疾，鼓旗毁折，王之骖乘惶震而死。
>
> 太公曰：“用兵者，顺天之道未必吉，逆之不必凶，若失人事，则三军败亡。且天道鬼神，视之不见，听之不闻，智将不法，而愚将拘之。若乃好贤而能用，举事而得时，此则不看时日而事利，不假卜筮而事吉，不待祷祀而福从。”
>
> 周公曰：“今时逆太岁，龟灼告凶，卜筮不吉，星变为灾，请

还师。”

太公怒曰：“今纣刳比干，囚箕子，以飞廉为政，伐之有何不可？枯草朽骨，安可知乎？”

乃焚龟折蓍，援枹而鼓，率众先涉河，武王从之。遂灭纣。（见《通典》卷一百六十二）

姜太公之言，既充分展示了他的大无畏现实主义精神，也直接继承了伏羲氏敢于直面现实的崇高精神境界。

拨开“《易》八卦”的神秘面纱，抛开后世学人追加的烦琐神秘的技艺，还原“至纯厚”的伏羲原初面貌，伏羲正是中国上古时代最伟大的思想家，也是人类历史上最早、最伟大的思想家，是中华民族认识史与思想史的伟大开创者。对伏羲“作《易》八卦”的深邃的思想内涵，尚须深深地开掘。望当今的《易》学家们能深思之！

参考文献

［1］参见王利器、王贞珉《汉书古今人表疏证》，齐鲁书社，1988。

［2］参见王利器、王贞珉《汉书古今人表疏证》，齐鲁书社，1988；又见李乃庆编著《太昊陵简介》。

［3］1921 年 1 月 28 日胡适致顾颉刚《自述古史观书》，见《古史辨》第一册。

［4］1921 年 1 月 28 日胡适致顾颉刚《自述古史观书》，见《古史辨》第一册。

［5］高亨：《周易古经今注》，中华书局，1984，第 6 ~ 7 页。

［6］李镜池：《周易探源》，中华书局，1978，第 59 页。

［7］见罗志田《20 世纪的中国：学术与社会》（史学卷）第八编，陈力编纂，山东人民出版社，2001。

（责任编辑：刘云超）

生活儒学

“生活儒学”之我见

林存光*

摘　要　作为当下儒学论说中的一种富有创见性的理论建构，黄玉顺“生活儒学”理念的提出，对于激励和促进人们深切关注、思考和探究儒学与生活之关系问题，无疑有着重要启示意义和独到思想贡献。各种儒学观点的多元竞争虽然使人们易于陷入割裂之见，但也能够有效防止和削弱那种鼓吹排他性地偏执于传统儒学之一端而自据为绝对真理的儒家原教旨主义者僭妄地自称并独享“儒家代表”之名声，这也许又是一种不幸中的大幸。“生活儒学”的整个论说也有一些可商榷的地方，例如，“生活”与“儒学”之间便不可能是一种不言自明的直接的单一推导关系。人与生活是密不可分的，离开人谈生活，生活是空洞无物的；反之，离开生活谈人，人也同样将变成抽象空洞之物。我们不需要一个无本无源的“生活”理念或“没有任何价值意义”的“生活本源”理念，此一理论前提预设实属不必要。

关键词　生活　儒学　本源　形而上学

作为当下儒学论说中的一种富有创见性的理论建构，黄玉顺教授“生活儒学”理念的提出，对于激励和促进人们深切关注、思考和探究儒学与生活之关系问题，无疑有着重要启示意义和独到思想贡献。据我的了解，黄

---

* 林存光（1966～），中国孔子研究院泰山学者特聘专家、中国政法大学政治与公共管理学院教授。主要研究领域：中国政治思想与政治文化传统、中国儒学史、中国哲学。

教授之所以能够提出并发展出一套有关“生活儒学”的理论论说，一定有他自身深刻的生命体验和生活感悟作为支撑，二者是密切相关的。除了“生活儒学”，黄教授还极力拓展了中国正义论的思想论域，这也是我非常关注的一大议题。另外，在有关儒学和儒教的许多问题上，我和黄教授也有着相同的观点、看法和立场，比如以历史的眼光来审视儒学的当代发展与转化问题，与有些学者热衷于“立教”不同而更愿意采取政治哲学的进路来思考和阐释儒家的义理，以及明确反对一些学者极力鼓吹“三纲”的观念等。从黄教授整个的理论论说和学术理路来看，我们可以强烈而鲜明地感受和体会到这样几个特点：历史的眼光，开放的心态，对话的精神，哲学的进路和儒者的情怀与气象，这些都是非常值得我本人学习的。就“生活儒学”而言，尽管我本人并不完全认同黄教授的一些具体论点和说法，但认为“生活儒学”理念本身却是绝对值得我们认真思考和严肃对待的一个重要理论问题。故不揣谫陋，略陈己见，既是为了向提出“生活儒学”理念的黄玉顺教授表示致敬，亦是为了向诸位有道君子请求赐教。

一

在时下流行的各种有关“某某儒学”的论说中，异见纷呈，莫衷一是，表面上看起来似乎很能彰显出儒学在当下的繁荣景象，提出“某某儒学”之说者也似乎对于“儒学”颇具独到之心得创见，但仔细论究起来，这些说法往往给人一种割裂之感，似乎儒学之为儒学，只能被“某某”所限定，而很难使我们对儒学获得一种完整的理解。《庄子·天下篇》有言：

> 天下大乱，贤圣不明，道德不一，天下多得一察焉以自好。……是故内圣外王之道，暗而不明，郁而不发，天下之人各为其所欲焉以自为方。悲夫！百家往而不反，必不合矣！后世之学者，不幸不见天地之纯，古人之大体，道术将为天下裂。

今日之世界虽不能说已陷入“天下大乱”，但思想之歧异多元，世人“多得一察焉以自好”或“各为其所欲焉以自为方”，却显然是一大事实，而有关“某某儒学”的各种说法亦正体现了时下儒家内部之观点不一和意见分歧。当然，观点歧异和思想多元未必就是坏事，但也足以说明今人

“不见天地之纯，古人之大体”和“内圣外王之道，暗而不明，郁而不发”“道术将为天下裂”之不幸状况。

这种状况——当下儒者们纷纷将儒学自相标榜为“某某儒学”的状况，说是儒学之繁荣景象，未必就是真正的繁荣，也许是一种潜藏着某种危险的“虚假繁荣”①；说是儒学之不幸状况，也未必就是真正的不幸，各种儒学观点的多元竞争虽然使人们易于陷入割裂之见，但也有可能发挥某种积极作用，即能够有效防止和削弱那种鼓吹排他性地偏执于传统儒学之一端而自据为绝对真理的儒家原教旨主义者僭妄地自称并独享“儒家代表”之名声，这也许又是一种不幸中的大幸。

但不管是幸还是不幸，我们都有必要追本溯源，深入探究儒学之本真含义及其与生活的本质关联。只有厘清弄懂了这一问题，我们才能真正理解儒学何以能够在中国历史上作为思想文化之主流而长期延续，并对中国人的生活产生其持久、深入而广泛的影响，乃至进而能够使之在当今和未来继续得以发扬光大。在我看来，兹事体大，非三言两语可以说清，亦非对儒学有粗浅了解者所能胜任，实则是一项应以创造性的、抽象的哲学思辨能力来从事儒学理论建构的严肃事业，黄玉顺教授对“生活儒学”所做的理论阐发工作适足以当之。总的来讲，黄教授的“生活儒学”极大地提升和拓展了一个非常重要的儒学论域，即有关“生活”的儒学论域，或者也可以说，极大地丰富和发展了儒学视域下的生活理念，其中所蕴含的许多精义妙论、真知灼见足可以启发和引导我们做更进一步深入的理论探究和实践反思。

二

根据我个人的理解，黄教授所提出的“生活儒学”理念，显然不是要用“生活”这一限定语来片面地理解和定义“儒学”，而是意在从“生活”

① 如黄玉顺教授说：“这里我不得不说：至少就政治儒学而论，比起 20 世纪的现代新儒家来，当今的大陆新儒家整体上是退步了。大陆新儒家致力于政治儒学的有一大批人，其思想观点的差距甚大；然而毋庸讳言，其中存在着一些极其危险的政治倾向，特别是个别人不仅倡导威权主义，甚至主张专制主义、极权主义，反对自由、平等、民主等现代文明价值，不禁让人想起鲁迅的说法——‘帮忙与帮闲’，实则是帮凶。其中有些人是‘真睡着了’，有些人则是‘装睡着了’。我特别想指出这样一股危险的思潮：以狭隘民族主义的‘中西对抗’来掩盖‘古今之变’的人类文明走向，借‘反西方’之名、行‘反现代’之实，用‘文化’来拒绝‘文明’。这些都是当前‘儒学复兴’中最值得警惕的倾向。”“在形下的层级上，当代儒家的政治哲学必须接受现代政治文明的基本价值，否则儒学迟早必定为时代所唾弃，不论当前如何‘虚假繁荣’。”（《论“大陆新儒家”——回应李明辉先生》，《探索与争鸣》2016 年第 4 期）

的角度来赋予“儒学”一种完整而本真的含义。换言之，儒学之为儒学，正在于它的“生活”理念。依黄教授之见，“生活本身就是一切的一切的本源”，而“儒学的一切的一切，都从‘生活本源’说起”[1]（《生活本源论》）。要而言之，所谓的“生活儒学”，其本意即在于此。

黄教授对“生活”本身或者“生活即本源”的独到理解，构成了其有关“儒学”或“生活儒学”的整个论说的前提。然而，黄教授有关“生活”的这一独到理解或个人见解，能否作为我们论说和探究儒学本真含义的公共起点呢？在黄教授本人也许是一种不言而喻或自洽自明的理论预设，但在我看来，却是可商而还有讨论余地的。譬如，如果说“生活本身就是一切的一切的本源”，而“儒学的一切的一切，都从‘生活本源’说起”这一说法可以成立的话，那么，“自由主义的一切的一切，都从‘生活本源’说起”，或者“存在主义的一切的一切，都从‘生活本源’说起”，又或者“马克思主义的一切的一切，都从‘生活本源’说起”，这些说法是否也可以顺理成章地成立呢？如果这些说法都可以成立的话，有关“生活本源”的理论预设又究竟具有什么样的意义？儒学与“生活本源”之间究竟是一种什么性质的独特关系呢？如果这些都是需要认真对待和严肃回答的理论问题，那么“生活”与“儒学”之间便不可能是一种不言自明的直接的单一推导关系。如果上述说法都可以成立的话，那么，无论一般所谓的“儒学”还是黄教授本人所说的“面向生活本身的儒学”即“生活儒学”，也就仍然是一种“从‘生活本源’说起”的特殊论说，因为其他的“学”也都可以“从‘生活本源’说起”，因为“生活本身就是一切的一切的本源”，离开了“生活本源”，不仅只是儒家之“学”，任何“学”都不可能凭空立言，或者都是无从说起的。换言之，任何“学”都必须要“面向生活”，因为“我们的一切的一切，无不源于生活、归于生活”。

黄教授在借由谢灵运“池塘生春草”和周敦颐“池塘生莲花”的生活感悟来阐释“在生活并且去生活乃是生活本身的本源结构”时，如是说：

> 至于作为生活本身的池塘淤泥，尽管我们可称之为“污浊的塘泥”，然而作为本源的际遇，生活本身既没有形而上的本体意义，更没有形而下的道德意味。生活本身既非什么美妙的事情，也非什么丑恶的事情。生活本身必定是“价值中值”，否则我们就无法理解：“污浊的塘泥”何以能够生成作为“花之君子者”的莲花来？池塘淤泥既可以

> 生成花之富贵者，也可以生成花之隐逸者，还可以生成花之君子者：生活本身没有任何价值意义。在这个意义上，生活本身是无意义的。之所以无意义，是因为生活本身是无——无物。或者更确切地说，就在生活而言，生活本身没有任何意义；生活的意义，是我们去生活的建构：我们去生活，就是去构造意义。[2]

果如上言，则“生活”之为“生活”，在中国，既可以生成崇名教的儒家之学，也可以生成贵自然的道家之学，既可以生成重权势的法家之学，也可以生成法天志的墨家之学；而在西方，既可以生成强调个人自由与个体权利的自由主义，也可以生成主张“存在先于本质”的存在主义，既可以生成信仰共产主义、追求全人类解放事业的马克思主义，也可以生成信仰种族优越论、反犹主义的法西斯主义。如果说“生活本身是无——无物”或“生活本身没有任何价值意义”的话，那么，所有这些由“生活”而生的中国之“学”和西方之“主义”，也就都是“无”中生有的一种东西，其价值和意义都是“我们去生活的建构”。

如果我理解不错的话，说到底，“生活儒学”所抱持的乃是一种无可无不可的“没有任何价值意义”的、“价值中值”的“生活”论。不过，这与周敦颐“池塘生莲花”的生活感悟没有任何关系，因为周敦颐所强调的恰恰是莲花虽然生于淤泥，却具有“出淤泥而不染，濯清涟而不妖”的清洁、高贵、超脱的君子品格。

三

然而，“生活儒学”所谓的“生活”是否真的就是“没有任何价值意义”的“无——无物”？果真如此，则“生活”又何以能够成为“一切的大本大源、源头活水”？为了能够证成“生活”之为一切的“本源”，而其本身再无“本源”，黄教授不得不诉诸“回归前原创期的生活”，即“生活意味着：生—活。我们生了，我们活着。如此而已，岂有他哉！”但在进一步的引申论说中，最终还是不得不过渡到原创期之孔孟儒家对生活领悟和生活情感的表达，要而言之，“生活如水”，“一个人的生命存活，不过是一滴水；而生活本身却是大海”，“这样的生活领悟，被儒家表达为‘生生’。……生活就是这样的生生，就是生生不息。《易传》说：‘生生之谓易。'（《周易·系辞上传》）只要我们能够从本源上去理解这句话，那么它就是对生活领悟的本源表达。”如“子在川上曰：‘逝者如斯夫，不舍昼夜！’”（《论语·子罕》），不仅孔子对水的感叹传达着这种本源的生活领悟，而且孟子所谓的“良知”“良能”也同样表达着作为本源的生活领悟和生活情感。说到底，所谓“生活”，又并非是“没有任何价值意义”的“无——无物”，因为“存在就是生活，就是生活感悟，就是生活情感”，“没有生活情感，也就没有存在。而这正是儒家思想的核心所在：没有爱的情感，就没有存在”。而“生活本源层级上的作为生活情感的爱”也就是孔子所谓的“仁”。当然，按照黄教授的概念区分，孔子所谓的“仁”有三个不同层级的含义，即形下之仁、形上之仁和本源之仁，而“生活本源层级上的作为生活情感的爱”只能是指“本源之仁”。[3]由此可见，不管我们赞不赞同黄教授有关形下、形上、本源之仁的概念区分，但确定无疑的是，黄教授所谓的“生活”又并非是“没有任何价值意义”的“无——无物”，而是绝对有其实质性的内涵及其价值意义的，因为“存在就是生活，就是生活感悟，就是生活情感”，就是“作为生活情感的爱”或“本源之仁”。而且，只有在“存在”或“生活”被赋予了“生活感悟”和“生活情感”的实质内涵之后，所谓“生活”也才能真正与“儒家思想的核心”相关联起来，乃至所谓“生活儒学”才能真正名正言顺地得以被证成。

我是非常欣赏和钦佩黄教授的哲学思辨水平和概念构造能力的，但是，在我看来，“生活儒学”与孔孟儒学之间的关系仍然是暧昧不清的。尽管黄教授一再强调孔孟思想中“作为生活感悟的‘爱’（前主体性、前实体性）的‘仁’”或“作为生活情感的‘恻隐之心’‘不忍之心’”，就是“本源的爱”或黄教授所谓的“生活本源”本身，然而，孔孟儒家对于生活本身的理解及其对他们自身的生活领悟和生活情感的儒家式表达，真的就是黄教授本人所谓的“生活本源”意义上的生活领悟和生活情感吗？如果说黄教授所谓的“生活”就是“一切的一切的本源”，而其本身再无“本源”，而且也不允许问“生活何以可能”的问题的话，那么，孔孟儒家的生活理念却并不如是，因为黄教授的下面一段话恰恰告诉了我们这一点：

> 存在作为一种生活领悟，在本源上不过是说的生活本身的生活情感，而其源头，乃是母子之爱。这一点对于儒学来说乃是最本源的感悟：亲子之爱乃是本源的本源。难怪孔子要从“父母之怀”与“有三年之爱于

> 其父母”说起（《论语·阳货》），孟子要从“亲亲仁也”说起（《孟子·尽心上》）。亲亲是最本源的生活情感，而我们乃由亲亲而存在。[4]

根据我的理解，其实，所谓“亲亲是最本源的生活情感，而我们乃由亲亲而存在”，其意正是说亲亲就是存在或生活的根基或本源，当然，孔孟儒家有关“亲亲”的生活情感与生活感悟不可能来自“生活”之外或之上，而是就“源于生活而归于生活、出于生活而入于生活”，而且正是在“在生活并且去生活”的过程中获得并加以践行的。唯有如此，儒家之富有道德意义的人伦“生活”才是可能的。因此，对孔孟儒家来讲，基于“由亲亲而存在”的生活感悟和生活情感，真正需要思考和询问的人生大问题正是“生活何以可能”的问题，否则，人心陷溺、麻木不仁，生活必将不成其为生活矣，乃至真的要沉沦为“没有任何价值意义”的“无——无物”了，此正是孟子何以汲汲于反复申言“思”与“求”的重要性而曰“学问之道无他，求其放心而已矣”（《孟子·告子上》）的根本用意所在。而孔子之所以“亟称于水”，孟子以为“原泉混混，不舍昼夜。盈科而后进，放乎四海，有本者如是，是之取尔”，反之，“苟为无本，七八月之间雨集，沟浍皆盈；其涸也，可立而待也”（《孟子·离娄下》），其意亦在于强调，富有道德意义的生活之水之所以能够奔流不息乃至“盈科而后进，放乎四海”，正在于其有本有原，而“天之所与”、人所固有的良心善性便是生活的大本大源、源头活水。然而，黄教授的“生活儒学”却将“生活”本源化了，而本源化的结果就是使“生活本身”不再需要“本源”，乃至成为无源之水、无本之木的“没有任何价值意义”的“无——无物”，并禁止人们问“生活本身何以可能”的问题。

四

根据早期中国人或古典儒家的观念，人是“天地之心”“万物之灵”“最为天下贵”者，人怎么可能只可以问“人之为人何以可能”，却不能问“生活何以可能”呢？我不知道“人之为人”和“生活之为生活”这两者之间究竟有什么实质性的区别，而按照黄教授的解释，“生活并不是‘什么’——生活不是一个东西”，而“‘何以可能’这样的问题乃是针对形而上学的，是在追问形而上学的根据或者本源。然而生活不是形而上学，也不是形而上学所思考的事情。生活并没有根据……生活也没有本源”。[5]照此说来，既然我们可以问“人之为人何以可能”，看来“人”是一个东西，而且是形而上学所思考的事情。

其实，人与生活是密不可分的，离开人谈生活，生活是空洞无物的，反之，离开生活谈人，人也同样将变成抽象空洞之物。问题的关键在于，人不仅是一种形而下的物质性的肉体存在，同时还是一种形而上的精神性的心灵存在，换言之，人不仅仅关注形而下的养生生存之道，同时也会关切形而上的生生不息之道，而人之所以被称为“天地之心”“万物之灵”正在于后者。也许我们可以套用黄教授最乐道的“人天然是儒家”的说法来讲，作为“天地之心”“万物之灵”，人天然是一种形而上学动物。而作为形而上学动物，人既然可以问“人之为人何以可能”，同样也可以问“生活何以可能”，因为生活是人的生活，对人来讲，思考和询问人类生活之道或生活本身之形而上学的本源与根据的问题，乃是再自然不过的事情了。

显然，我所理解的“生活”与黄教授的“生活儒学”所谓的“生活”并非一回事。我恐怕缺乏黄教授所具备的形而上的抽象思辨能力，所以只能根据自身“常识”性的“生活感悟”来望文生义地尝试给“生活”下一个定义，所谓“生活”不外就是生命的活动或人生的活法，而且主要是就人类自身的生活而言。之所以特别强调主要是就人类自身的生活而言，乃是基于孔孟儒家的视角，因为他们主要围绕着“仁，人也”“人，仁心也”的核心理念而思考人类生活本身的问题，亦即人类如何才能过上一种真正富有道德价值与意义的人伦社群生活。当然，他们的思考并不局限于人类自身，或者将人类的生活从天地万物中抽离、孤立、隔绝出来，而是将人类的生命及由生命活动而构造的人类社群生活放置于天地万物生生不息的整个生命洪流和宏大背景中来加以体认和领悟，不仅汲取天地之道用之于塑造人类自身的生活，而且致力于积极参赞天地万物之化育。

不同的生命体验和生活感悟会引发出不同的生活理念。与孔孟儒家不同，道家老庄对化生天地万物的形上之道的体认和领悟及其由此而来的特殊的生命体验和生活感悟，使他们崇尚法天贵真、顺应自然甚至主张人类应完全回归自然而过一种与禽兽万物融为一体的天放生活。而法家狭隘地局限于政治权力斗争的生命体验和生活感悟，使他们发展出一种君国本位的富强之术，并力主以强力胁迫人民只能过一种一心一意尽力于耕战、完全受支配和控制的生活。面对如此不同的生活理念，难道我们不应该反思和询问“生活何以可能”以及什么样的生活才是真正富有价值和意义的生活这样的问题吗？正是这样的反思和追问，使孔孟儒家汲汲于向上寻求人类生活的形上本源与根据——天地生生之仁，向内掘井及泉地开发内在心性的大本大源——人天赋的良知良能、良心善性，借此而人极得立，人类的生活（生命活动）也才能有定向。只有人极确立，生活有本有源、有根基和定向，人类才能真正得以生生不息。毋庸讳言，这也许只是孔孟儒家的一种有关生活理念的特殊论说，但在我看来，却富有普适性的恒久意义，值得我们今人认真对待。至于它在历史上的影响及由其衍生出的具体生活方式或社会形态的利弊得失，则诚如黄教授所说，乃属于形而下的问题，宜随时因革损益，以便能够使儒家的优良生活理念得以更好地实现乃至发扬光大。

总而言之，依我之见，我们不需要一个无本无源的“生活”理念或“没有任何价值意义”的“生活本源”理念，此一理论前提预设实属不必要。当然，对“生活儒学”的这一理论前提预设的质疑，决不意味着对其整个理论言说和思想创见之价值与意义的否定；相反，在我看来，去掉了这样一种不必要的理论前提预设，不仅不影响其整个理论论说和思想创见的创新价值与独特意义，反而可以使之更加合理而自洽，也可以使我们获得一个更加丰富饱满而生动活泼、既有本有源而又能成为一切之本源的“生活”理念。

参考文献

[1] 黄玉顺：《生活本源论》，见《爱与思——生活儒学的观念》附论二，四川大学出版社，2006，第 185 页。

[2] 黄玉顺：《生活本源论》，见《爱与思——生活儒学的观念》附论二，四川大学出版社，2006，第 232 页。

[3] 黄玉顺：《生活本源论》，见《爱与思——生活儒学的观念》附论二，四川大学出版社，2006，第 212 页。

[4] 黄玉顺：《生活本源论》，见《爱与思——生活儒学的观念》附论二，四川大学出版社，2006，第 199 页。

[5] 黄玉顺：《面向生活本身的儒学——黄玉顺“生活儒学”自选集》，四川大学出版社，2006，第 55 页。

（责任编辑：涂可国）

黄玉顺“生活儒学”的存在观

孙铁骑*

摘　要　“存在”是西方哲学的经典范畴，但西方哲学却因为其对象性思维而不能把握存在，其所言说的存在只能是存在者而不是存在本身。中国传统哲学是一种隐性存在观，不言“存在”，只言“道”。“道”不是“什么”，“道”就是一种如何去存在的生活指引，一种指引人如何去通达存在的路径。黄玉顺的“生活儒学”则以生生之道为据，对“存在”概念进行了中国化解读，并给出可以与此重新赋义的存在观相对应的中国化的“生活”概念，“生活即是存在，生活之外别无存在”。

关键词　生活　儒学　存在　思维方式

“生活本源”是黄玉顺的“生活儒学”提出的核心观念，而这一本源视域正是孔子儒学原创时代就本然具有的经典视域，但在后世儒学的发展流衍中却丧失了这一本源视域，而黄玉顺的“生活儒学”又在当代与西方哲学的对话中重新获得了这一本源视域。这就要追溯一个本属于西方哲学的概念——存在，“生活即是存在，生活之外别无存在”[1]，这是“生活儒学”的一段经典话语。但在西方哲学的原始语境之中，存在并不具有“生活儒学”中的本源意味，是“生活儒学”在与西方哲学的对话之中通过对存与在的词源学分析而赋予了这一概念以本源性的意蕴，所以“生活儒学”所言的“存在”是中国哲学语境中的存在，而不是西方哲学语境中的存在。故需要对“生活儒学”的存在观念与西方哲学的存在观念进行对比分析，

* 孙铁骑（1973～），白城师范学院政法学院副教授，主要研究领域：儒学、宋明理学。

以理解何为作为生活本源的存在。

一　西方哲学的存在观

存在是西方哲学的经典范畴，在前苏格拉底的古希腊哲学的本体论阶段，巴门尼德就曾经提出过世界的本源是存在，所以海德格尔在其对存在的追问中主张要回到巴门尼德。但巴门尼德的“存在”是否具有海德格尔所言的存在之义也是值得怀疑的，因为巴门尼德的“存在”并非现代哲学意义上的抽象存在，而是一个有限的球体，“存在在各个方向都是限定的，很像一个滚圆的球体，从中心到任何一个方向都相等”[2]，已经具有了后来“原子论”的影子。海德格尔力图回到古希腊哲学之中寻找一种前哲学的“在—思—言”相统一的原初状态，这种状态本质上就是“生活儒学”追溯的生活本源状态，此时的思还没有与在相分离，就是“浑沌”，就是“无”。但海德格尔有一个基于西方哲学习惯的妄想，那就是想言说这种本源状态，言说这种原初的“浑沌”与“无”，故他力求“在—思—言”的统一，但他不知一旦言说进入在与思相统一的浑沌状态之中，就意味着对这种统一的打破，意味着思开始思“在”，“在”就成为思的对象。尽管海德格尔强调超越主体性的“道说”，但“道说”仍然要通过人的言说来表达，正如巴门尼德对存在的解读虽然被海德格尔赋予了思与在相统一的原初意蕴，但表达在巴门尼德言语之中的存在却分明是一个客体性的存在者，而不是存在本身。中国哲学对“在—思—言”的关系有清醒的认知，老子的“道可道，非常道”[3]，佛家的“言语道断”，孔子的“予欲无言”[4]，及庄子寓言故事中的“倏与忽为浑沌凿七窍，七窍成而浑沌死”[5]的故事，都明白表达本源性的存在不可言说，言语必然导致思维与存在的分裂，从而使所言之存在不再是存在。所以海德格尔虽然指出了西方哲学如何造成了对存在的遮蔽，却并没有真正揭示出存在是什么，因为存在本不可言说。但这都不影响“生活儒学”与海德格尔哲学的对话，“生活儒学”在与海德格尔哲学的对话之中对存在进行了儒学化理解，从而使西方哲学的存在具有了中国哲学的生活本源意蕴，摆脱西方哲学那种对象性思维的哲学纠缠，使“生活—存在”视域成为“生活儒学”追溯的本源视域。

那么，西方哲学的存在观到底存在什么样的问题，问题的成因又是什么呢？海德格尔认为西方哲学的历史就是遗忘存在的历史，西方哲学的整个历史言说的都是存在者，而不是存在本身，只有在西方哲学的发生之处——古希腊哲学中才保有存在的本然状态，故海德格尔要回到古希腊的精神世界之中，那种哲学还没有真正成为哲学的纯思之中。但海德格尔没有反思西方哲学遗忘存在的原因是什么，古希腊哲学早已在其发源之处埋下了其必然要遗忘存在的总根源，那就是西方文明得以发生、发展的对象性思维方式。中国哲学是“仰观俯察”“近取诸身，远取诸物”“形而上者谓之道，形而下者谓之器，形而中者谓之人”的整体性中道思维，西方哲学则是对象性的形式化的思维，只是这种对象性思维在古希腊哲学阶段还表现得较为微弱，主体性一面还没有凸显，从而主客的二元对立还没有产生激烈的对撞与冲突，海德格尔就误以为那就是“在—思—言”的统一态。如果那真是“在—思—言”的绝对统一态，整个西方哲学史就都可以抛弃了，包括海德格尔的哲学自身都可以终结了，只要回到古希腊，我们就都与存在合一了，现代社会的现代性问题就可以解决了。而问题的现实是现代哲学的问题恰是发端于古希腊，其问题的解决又如何可能通过回到古希腊而解决呢？故西方哲学的存在观存在的主要问题就是其对象性的思维方式，这种对象性的思维方式总是在主体性的视域中追问客体性的存在是什么，而存在本来不是客体，亦不是主体，而是给出客体与主体的更加本源的存在，故对象性思维永远无法达于对存在的理解，只能给出存在者，而不能给出存在本身。

而海德格尔没有从思维方式反思西方哲学思维存在的问题，仍然在对象性思维的进路中寻找西方哲学存在的问题，应该说，海德格尔已经将西方哲学的对象性思维运用到了极致，以对象性思维方式反思西方哲学发展进路中的思维与存在的关系问题，从而从西方哲学史回溯到古希腊，在思维与存在关系上则回溯到“在—思—言”的原始统一态，但海氏所回溯的“在—思—言”的绝对统一态本质上只是排除了所有存在者之后的仅仅归属于思本身的事情，而不是真正的存在本身的事情，也就是说其最终的统一仅仅是思维自身的统一，而不是思维与存在真正达到了统一。按照海德格尔的思维逻辑，其之所以如此推定思与在的关系，大概是其认为绝对的思的原初状态就是存在的原初状态，思与在的原初状态是自在同一的，从而达于思的原初状态，也就是纯思状态，也就达到了存在的自在状态。但这里存在着一个可能被海德格尔所忽视的内在逻辑矛盾，那就是思与在并不是同一层级的并列关系，存在是比思更本源的存在层级，既然存在是存在者背后的存在，存在是一切存在者得以存在的本源，那么思也不能例外，思也应当是广义上的存在者，也是应当由存在给出的存在，故应当是“在”给出“思”，“思”给出“言”，而不是“在—思—言”三者天然同一，只有在“思”与“言”还没有出现的时候，才能言三者的同一。但在“在—思—言”三者的关系中存在一种特殊状态，那就是思已经由存在给出，但却没有表达为语言，这时思已经现身，但却未与存在相分离，仍然保持着与存在的同一，这时的思可以对存在有一种领悟，却没有把存在表达在语言中，这种状态就相当于“生活儒学”的“生活领悟”，相当于海德格尔所言的“道说”还没有表达为语言的状态，因为一旦此“道说”真的说出来，言说中的存在就变成了对象性的存在者，而不再是存在本身。

二　中国哲学的存在观

中国哲学的存在观不同于西方哲学的存在观，西方哲学是直言存在，将存在作为言说中的思与言的对象，但这种对象性思考与言说中的存在已经沦为存在者，而不是存在本身，故而西方哲学史才成为存在的遗忘史。但中国哲学却是一种隐性的存在观，不直言存在，因存在不可言说，从而避免因为言说而导致的思与存在的分裂与脱离。故中国哲学的最高范畴不是存在，而是“道”，即是通达存在的道路，“道”不是“什么”，“道”就是一种指引，一种指引人如何去通达存在的路径，海德格尔的“林中路”[6]与“路标”实有一种中国哲学道论的蕴味。故中国哲学与西方哲学在致思取向上就具有本质的不同，西方哲学是追问存在者背后的存在是什么，结果给出的答案都是某种存在者，而不是存在本身；中国哲学则不问存在者背后的存在是什么，既然存在不可言说，为何一定要言说呢？只要引导人之灵性生命去通达存在，当你已经与存在同一，自然就明晓何为存在了。通达存在就是修道，与存在同一就是得道，但即便是与存在同一，存在还是终不可说，故言“道可道，非常道”。庄子亦言：“夫道，有情有信，无为无形；可传而不可受。可得而不可见。自本自根，未有天地，自古以固存。”[7]

故存在问题在中国哲学视域中从来都不是问题，中国哲学从来不怀疑外界事物的存在，存在者已然存在，有何理由去怀疑存在者没有存在的根据呢？故中国哲学也没有西方哲学那种明确的本体论追问。用以西方哲学为本位的观点来看，这是中国哲学的弱点与缺陷，缺少面向世界的思考与追问，也就是黑格尔讥讽中国没有哲学的原因，而在人作为有限存在的本质上，这恰是中国哲学的智慧。庄子言：“计人之所知，不若其所不知；其生之时，不若未生之时；以其至小，求穷其至大之域，是故迷乱而不能自得也”[8]；又言：“知止乎其所不能知，至矣；若有不即是者，天钧败之。”[9]存在本来就不是人的对象性视域之中的事情，因为人的存在、人的思维、人的视域都是由存在给出，反过来人的思维与视域又怎能认知存在呢？这本身就违背理性自在的逻辑。故人的思维无论如何都不能观存在，都不能言说存在本身，只能在自身的生命存在之中，在自身与他者的共在之中，在自身归属于世界的存在统一体之中，对存在有一种非对象性的领悟。这就是“生活儒学”的生活领悟，就是中国哲学的不可说之道。

而中国哲学何以会有如此智慧呢？亦根源于中国哲学的思维方式，前文已多次论述，中国哲学的思维方式不是西方哲学的对象性思维，而是整体性的中道思维。这种中道思维的特点就是不去对象性追问存在者背后的存在是什么，而是将所有的存在者作为已经存在的存在者整体接受下来；不去思考存在者背后的本质是什么，而是去“仰观俯察”存在者都在如何现实地存在着；“近取诸身，远取诸物”，思考人与万物存在之间的关系是什么，从而在人与天地万物的一体存在之中去演示存在者都应当如何去存在，是以“立天之道曰阴与阳，立地之道曰柔与刚，立人之道曰仁与义”[10]。天道在上，地道在下，人道在中，故中国哲学以中为本，即以人为本，让人之生命现实地在天、地、人之道中去通达存在，从而自然领悟何为存在，达到思维与存在的同一。当然如此一条中道的思维之路并不是寻常人所能把握，故孔子言：“中庸之为德也，其至矣乎，民鲜能久矣。”[11]

中庸之道就是中国哲学的思维方式，可以导引人生走进存在之域，但这并不是说现实的人生可以脱离存在的域限，其实任何人的存在，任何物的存在都不曾离开存在，所有的存在者都存在着，都本然自在地与存在同一。只是人类的思维遮蔽了存在，使存在无法自在地开显出来，从而使人无法感受到存在的存在，但存在并未消失，存在仍在，否则就没有现实的人生与万物的存在。故存在的问题本来就是西方哲学的对象性思维造作出来的问题，存在本身没有问题，存在从来都存在着，并给出了人与天地万物的存在，只是人类的思维遮蔽了存在，从而使人感受不到存在，也就不知自己应当如何去存在，从而产生各种各样的存在问题。故中国哲学不把存在当作问题，只把如何去存在、怎样去存在当作问题，当人知道了我应当如何去存在、怎样去存在，真正做到了与存在的同一，自然就知道了什么是存在。所以中国哲学整个就是一种存在论的生存指引，指引并演示人与人之间的关系应当如何，人与天地万物之间的关系又应当如何，从而“亲亲而仁民，仁民而爱物”，在这种去存在的过程中达于与存在的同一，这就是中国哲学隐性存在观的智慧。

三 “生活儒学”的存在观

黄玉顺的“生活儒学”作为在当代哲学语境中发生的儒学重建思想，既要本于传统哲学对存在的理解，又要直接面对西方哲学对存在问题的思考与言说，因为“生活儒学”作为当代儒学必须和西方哲学对话，而西方哲学的核心概念就是存在，故“生活儒学”必须以西方哲学的话语方式直接回答西方哲学的存在问题，直接表达中国哲学对存在问题的理解与解决之路，不能像传统儒学那样仅仅以隐性的存在观去现实地解决存在问题而不直接回答存在问题。这是“生活儒学”在重建儒家哲学过程中的理论自觉。但存在的本质拒绝任何对象性的直接言说，西方哲学已经为此走到了绝境，那么“生活儒学”又该如何突破西方哲学的对象性的思维局限呢？“生活儒学”以一种观念的层级结构打破西方哲学主客二元对立的形式化思维方式，将存在作为本源层级的观念位于西方哲学传统的形而上学与形而下学之上，形成“生活儒学”的三层观念结构，即：“生活（存在）本源—形而上学—形而下学”。这样的存在作为本源的观念层级就从西方哲学的二元对立思维结构中解放出来，存在就是本源，是思维与思维对象共同的源出之本，故此存在本源不是思维对象，而是给出思维与思维对象，使存在不会被对象性的思维方式所遗忘。无论思起于何处，无论思指向何处，它都有一个本源，那就是存在本身。

而在“生活儒学”中，存在如何能够获得与生活同样的本源地位呢？这源于“生活儒学”对存在的词源学解读，黄玉顺仔细辨析了“生”“在”“存”三个字的原初之义，揭示三者之间的本质一致性，他说：

> 生活之“生”。这个“生”字，严格来讲是一个会意字：下面是一个“土”，就是说我们生活于大地上——广袤的大地上；上面是一棵草，这个字读 chè，是一棵草刚刚发芽出来那个样子，用许慎的话来讲，“草木初生”的那个形态。因此，我们的先民在创造“生”这个字

的时候，或者说他们在说“生”这个词的时候，他所带出的是这么一种观念，就是：草木生活在大地上。[12]

这个“在”字也是很有意思的，它和“生”字意思差不多：这个“在”字的构成，下边也是一个“土”——在大地上，跟“生”一样的；还有一个构成，上边这个，我们今天看这个楷体字，很难看出这是什么字，它是刚才的“才”。刚才的“才”是什么意思呢？草木之初生。这是许慎的解释：“草木之初也。”也就是说，它和“生”字上面那个“屮”的意思是差不多的。这个“才”——刚才的“才”——和“生”上面那个“屮”意思是差不多的，都是画的草木刚刚出土的样子：草木之初生。[13]

“存在”这个“存”，当然上面也是——跟“在”一样的——这么一个刚才的“才”：“草木之初也”。但是，它下面还有一个字：“子”——儿子的“子”。这个“子”，我们知道，是“人之初也”——小孩子。于是你会发现，这个“存”字，它透露出来的消息：草木之初生是“存”，人之初生也是“存”。这意味着：这个字本身把草木之初生和人之初生放到一块儿、不作区分，这恰恰意味着我所说的生活的“本源情境”，它的特征就是共同存在、共同生活、无分别相，或者用庄子的话来讲：“浑沌”。[14]

从这三个字的字源上来看都来源于草木之生，而此草木之生又扎根于大地的土壤之中，内含着一种本源的意蕴，说明任何存在者都来源于一个共同的大本大源，那就是“生活”，那就是“存在”，生活与存在就是一切的一切得以发生的原初之本。故“生活儒学”说“生活就是存在，存在就是生活”。

“生活儒学”对本源视域的揭示实根源于中国哲学的智慧，中国哲学从来不局限于二元对立的对象性思维视域之中，不是从横向的平面的化的思维去思考存在问题，而是从纵向的立体化的思维思考存在问题。前文已经论述，中国哲学是一种整体性的中道思维，人道中行而上观形而上之道，下观形而下之器，这是一种纵向的立体式思维，而不是横向的面对外在世界作对象性思维，从而中国哲学的哲学观念天然具有一种层级结构，只是没有像“生活儒学”一样明确地表达出来。

“生活儒学”的三层观念结构就是这种纵向的立体式观念层级，生活与存在是金字塔顶端的本源观念层级，形而上学是处于中间的观念层级，形而下学则是处于最低端的观念层级，三个观念层级形成一种从上到下的统摄关系，而不是横向并列的关系，故无论是形而上学的思考，还是形而下学的思考，都无法获得对存在的理解，因为存在是本源层级的观念。这就回答了西方哲学何以会遗忘存在，无法达于存在，因为西方哲学没有一个本源视域，当然就无法达于存在。而且在观念的层级上，西方哲学是将作为本源的存在当作形而上学的问题来追求，而把形而上学又当作了存在的终极，从而在观念处理上出现了层级错位，不能各得其所，必然导致观念混乱。而且西方哲学仅有的形而上学与形而下学二层观念结构又是横向的平面结构，而不是“生活儒学”的纵向的立体结构，因为西方哲学的形而上学是作为形而下学的存在者背后的本质而出现的，是通过深入存在者的对象性存在之中去求取现象之后的本质而获得的，从而西方哲学的形而上学与形而下学是一种横向的包含关系，形而上学作为形而下学的本质包含于形而下学之中，故只要在形而下学之中进行深入研究就可以求得形而上学的理解，这是西方哲学的逻辑。但西方哲学的形而上学史却在现代走向了终结，已经证明这种形而上学追问的道路是错误的，现象背后的本质是对象性思维所无法达到的，也就是康德的“物自体”的不可知。但“生活儒学”的形而上学与形而下学之间是一种纵向的立体关系，而不是横向的包含关系，故“生活儒学”的形而上学不需要进入存在者的内部本质中去求取，而是到“生活—存在”的本源层级与形而下的存在者层级之间去求取，“生活儒学”的形而上学既不是生活与存在本身，又不是具体的存在者，而是由本源给出存在者的那种力量，那种创生的中间样态。故“生活儒学”重建的形而上学绝不同于西方哲学的形而上学，不是从形而下学的存在者之中对象性观察而来，而是由生活本源直接给出的形而上学，从而不会存在西方哲学形而上学的独断与猜测问题。只有通过“观无”，通过“生活领悟”才能理解，而对象性的思维方式只能收获对作为形而下学的存在者的理解。

参考文献

［1］黄玉顺：《面向生活本身的儒学》，四川大学出版社，第 125 页。

［2］姚介厚：《古代希腊罗马哲学》，凤凰出版社、江苏人民出版社，2005，第

215 页。
[3]《道德经》第一章。
[4]《论语·阳货》。
[5]《庄子·应帝王》。
[6] 海德格尔：《林中路》，孙周兴译，商务印书馆，2015。
[7]《庄子·大宗师》。
[8]《庄子·秋水》。
[9]《庄子·庚桑楚》。
[10]《周易·系辞上》。
[11]《论语·雍也》。
[12] 黄玉顺：《“生活儒学”讲录》，安徽人民出版社，2012，第 24 页。
[13] 黄玉顺：《“生活儒学”讲录》，安徽人民出版社，2012，第 25 页。
[14] 黄玉顺：《“生活儒学”讲录》，安徽人民出版社，2012，第 26 页。

（责任编辑：涂可国）

论“纯阳终极形而上存在者”的设定

——生活儒学三级架构视域下佛教的阴阳问题与境界问题

王　硕*

摘　要　黄玉顺教授的“生活儒学”三级架构理论，对于梳理佛教的若干问题具有重大意义。首先，佛教的“缘起性空”可以对应“生活儒学”的“生活存在”这一层级，这就构成了佛教与生活儒学之间最根本的联系。在这一联系的基础上，把六道轮回安置在“形而下存在者”这一层级，把诸佛菩萨刹土安置在“形而上存在者”这一层级，并且将净土宗主尊阿弥陀佛设定为纯阳形而上终极存在者，以纯阳、纯阴、阴阳交杂、无阴无阳、亦阴亦阳几种状态描述佛教在生活儒学三级架构视域下的不同层级，并且由阴阳问题开出境界问题，最终建立一个系统性很强的、安置了佛教各个宗派的、具有细致的阴阳描述的佛学理论系统。

关键词　生活儒学　三级架构　阴阳　境界　弥陀崇拜

一　本文的理论价值与基本思路

黄玉顺教授的“生活儒学”，是当代中国哲学界的一个重要理论成果。这一理论受海德格尔现象学启发，重构了儒家的视域，但是笔者认为“生活儒学”的意义远不仅此，甚至可以说，生活儒学最深远的影响反而被学术界主流忽视了，那就是：在生活儒学视域下，佛教的若干问题得以重新梳

* 王硕（1987～），山东大学儒学高等研究院中国哲学专业2012级硕士研究生。

理，乃至于可以由此重构佛学系统。

通常，大家研讨黄教授的“生活儒学”，是以儒学为主要内容来研究，毕竟这一理论名字中就有“儒学”。次之，是从海德格尔现象学的角度来研究，因为生活儒学之产生，受到了现象学的启发。再次，是结合《老子》来研究，因为，有人认为《老子》的“无—有—万物”是一种三级架构，与生活儒学的三级架构有类似之处。①

现在，笔者另辟蹊径，以佛教为主要内容来研究生活儒学，这种创新，提高了“生活儒学”的地位。试想：甲乙丙丁几个哲学派别，甲启发乙产生了一个新的理论成果，如果这一理论成果仅在甲乙之间探讨，意义较小；反之，如果这一理论还能适用于丙丁，那才说明它具有普遍适用性，才说明它的意义并非局限在自己内部。尤其是在它的视域下，丙丁这些派系能重构自己的理论系统，甚至解决了若干历史争议问题，那就更加说明该理论的重要性。

本文第二个意义是建立“缘起性空”与“生活存在”的联系，即从“缘起性空”的角度解释“生活存在”，从“生活存在”的角度解释“缘起性空”。

本文的第三个意义是完善了净土宗的神学体系。佛门之中通常不使用“神学”一词，而代之以“佛法”“佛理”，中世纪天主教会的理论与汉代的儒家理论才通常被称为“神学”，甚至有佛徒认为“神学”一词是“外道”的，抹杀了佛法的特色，但是，笔者认为此处用“神学”一词更合适，因为净土宗也常被人们认为是佛教内诸派系中最像其他宗教的，所以此处以“外道”常用的“神学”一词来对应，岂不正好？“神学”一词更侧重于人格化的宗教信仰对象，正适合净土宗的弥陀极乐信仰。通常，人们认为在佛家诸派系中，净土宗理论最薄弱，很多哲学史上都编排了佛教其他宗派而不编排净土宗，例如冯达文、郭齐勇《新编中国哲学史》明确讲到了天台、

① 有关黄玉顺教授的生活儒学，与海德格尔哲学、老子哲学的密切关系，黄教授自己也有表述，例如他说：“我们知道，海德格尔最崇拜的人就是老子……现象学最终获得的一个基本观念……对于我们今天阐述儒学来说，具有极其重要的借鉴意义。”见黄玉顺：《儒学与生活：民族性与现代性的问题——作为儒学复兴的一种探索的生活儒学》，《人文杂志》2007 年第 4 期，人大复印资料《中国哲学》2007 年第 10 期全文转载。再如，黄教授系统地阐述其“生活儒学”的专著《生活儒学讲录》之中，在解释基本观念时提到：“先说第一层，生活或者存在的观念……存在（无）与存在者（有）……关于这个问题，我们其实可以引用、引证一下老子的一个说法。”见黄玉顺：《生活儒学讲录》，安徽人民出版社，2012，第 20～21 页。

唯识、华严、禅宗，虽未明讲三论宗，却提到了《中论》，但对净土宗几乎不涉及。[1]所以本文要弥补一下。

但是本文在完善净土宗神学体系的同时可能会引起争议，因为很多人认为用“神学”的方式梳理佛家的问题，不适合。甚至认为“神学”就是外道的，是强化“法执”的，贬低了佛法。对此，笔者的答复是：多亏了生活儒学的三级架构视域，神学化的佛教内容可以安置在“形而上存在者”这一层级，而佛教内的解构精神，安置在“生活存在”这一层级。

从更深层次看，这解决的是历史上两种佛教思潮的问题，一种佛教思潮强调信仰——这也是“宗教”的共同特征，佛教内最典型的是净土宗；而另一种思潮强调破我执，破法执，四大皆空，无所牵挂，最典型的是禅宗。净土宗与禅宗的争议延续了千百年，最典型的禅宗文献《六祖坛经》就说“直心是净土”[2]，把净土宗最为重视的“净土”用禅宗的风格解释，甚至说：东方人造罪，求生西方；西方人造罪，求生何处？但按照净土宗自己的观点，只要你投生到西方极乐世界，没有了贪嗔痴慢疑，就不可能造罪。禅宗越往后发展，越“夸张”，甚至说：“念佛一声，罚担水洗三日禅堂”，“佛之一字，吾不喜闻”（赵州和尚）[3]。净土宗最重视的念佛修行，在此处要受“罚”，洗禅堂三日，似乎念佛一声就把禅堂污染了，要洗三日才洗干净。近代净土宗高僧印光大师则说：“念佛之人，不可涉于禅家参究一路……若生西方，无有不开悟者（这一句可理解为净土宗囊括了禅宗的作用）……若惑业未尽，则不能仗自力了生死（这句是说禅宗门槛太高）……其语虽高超，其行实卑劣（这句是批判某些自以为修禅宗的人仅仅是空谈）。”

但从究竟意义上看，禅宗与净土宗皆为方便法门，众生当以禅宗度之则以禅宗度之，当以净土宗度之则以净土宗度之，本来也是统一的。上文印光大师那段话就有把禅宗融入净土宗的意思。此外，永明延寿大师《禅净四料简》说：“有禅有净土，犹如戴角虎。”也表达了禅净结合的思想。

笔者有一种新的禅净结合的构思：以生活儒学的三级架构，分别安置禅宗与净土宗，上文提到的永明延寿大师与印光大师的禅净合一的解决方案是从修行角度说的，本文的解决方案是从哲学架构的角度说的。这是本文的第四个理论价值。

这第四条，扩展开说，则是建立了一套新的境界安置体系，即，以生活儒学为视角，把不同教派的参悟修行安置在不同境界中。在安置禅宗、净土宗之后，本文沿着这条思路，对天台、华严等宗派也都做了相应处理（见本文第四章）①。

并且笔者将中国哲学的阴阳观念引入了上述第三条与第四条，将净土宗主要信仰的阿弥陀佛设定为“纯阳终极形而上存在者”，完善了净土宗的神学（前文所谓“本文的第二条价值”）。其中“纯阳”一词来源于阴阳观念，“形而上存在者”来源于生活儒学三级架构之中的一个层级，“终极”一词是从笔者对“存在者”内部的划分而产生的（本文第三章第一小节），在宗教形而上世界来看，净土宗的佛菩萨都是形而上存在者，但是菩萨是“非终极”的，“佛中之王”② 阿弥陀佛则是终极的。并且联系了宋明理学、丹道、亚伯拉罕系列宗教，由阴阳问题，结合“三十三天”，对“外道”的参悟修行境界也进行了安置（见第四章）。

本文有关阴阳的内容上，一个最具原创性的观点（可能也是最有争议的观点）是：打破了通常大家认为的“阴阳相匹配”，而是认为我们世俗的形而下世界是偏阴性的，虽然表面上是阴阳相匹配，但是暗中是一个纯阴的力量牵引着，而形而上世界是纯阳无阴的，这一理论衍生出对“淫欲”与“禁欲”的探讨。这可以算是本文第五个价值（见第三章）。

上述一系列内容都是：以生活儒学为视域，梳理佛教的问题。那么，首先，我们要在佛教与生活儒学之间建立联系，下文先解决这个问题，以生活儒学称为“本源层级”的“生活存在”与佛教内最具有佛教思想特色的“缘起性空”相联系。

① 注意：笔者前文提到过“完善净土宗的神学体系”，所以，有读者也许会认为笔者的立场倾向于净土宗，所以判教之中，以净土宗为最高。其实不然，本文的作用之一是完善净土宗的理论体系，但仅限于此，而非把净土宗判为圆教，这一块，不要过度诠释笔者的意思；本文立场仍推崇天台、华严这些传统上的圆教为本文判定的圆教。但是，是以“生活儒学”这一新的角度进行的判断。理解笔者的关键在于：对阿弥陀佛的崇拜与净土宗是两回事，虽然通常大家了解的是，净土宗最大的特色是对阿弥陀佛崇拜，但是天台宗、华严宗其实都有弥陀信仰，所以，完善了有关阿弥陀佛的理论，对天台、华严、净土都有益处，净土宗理论得以完善，但是仍然不能取代天台、华严而成为“圆教”。这一块详见本文第四节。

② “佛中之王”是经文原文对阿弥陀佛的称呼，见《无量寿经》，《佛教十三经》，中华书局，2010，第26页。

二　从“生活存在”到“缘起性空”：生活儒学与佛教最根本的联系

（一）论“生活存在”与“缘起性空”在各自所属的思想系统中都居于最重要的地位

这一节，笔者要解决的第一个问题是，“生活存在”在生活儒学理论系统中的地位，与“缘起性空”在佛教理论系统中的地位，是否匹配。打比方说，虽然国家有大小之分，但是国家元首与元首之间在同等地位上进行政治洽谈更加合适，反之，一国元首与另一国的村干部在同等级的政治会议上洽谈就很不合适。并且本节小标题提到了“最根本”，所以首先一个问题是证明“生活存在”在生活儒学理论系统中的地位与“缘起性空”在佛教理论系统中的地位都是最重要的。

首先，“生活”与“存在”是一体的，这在黄教授阐述生活儒学的专著《生活儒学讲录》中有明确说法：“生活即是存在……作为一个学理上的建构，它是把全部的学理系统给出的一个大本大源所在。”[4]黄教授另一专著《儒教问题研究》则以表格的形式把“存在”“形而上存在者”“形而下存在者”“信仰”“境界”“奠基关系”“生成关系”以及儒家六经的关系做了梳理，从这个表格可以看出“存在”具有大本大源的地位。由这些依据可见“生活存在”在生活儒学理论系统中具有最重要的地位。

第二，“缘起性空”是佛教的“身份标识”。这一点，许多佛教内部信徒可能一上来想不到，因为大多数信徒对佛教的印象是作为宗教信仰的佛教，强调的是保佑、教化、行善与戒律。但是，反过来看，哪个宗教没有保佑、教化、行善与戒律？这些都是宗教的一般特征。而在这些特征基础上其他宗教有可能发展为“法执”，而对“法执”的破除，才是佛教区分于其他宗教的最大的特征。例如《金刚经》第九品把初果到四果的修行成果都解构了，[5]第十三品把“如来有所说法”也解构了，甚至把《金刚经》这部经本身也解构了。[6]而且正好《金刚经》的对话双方是佛陀与须菩提，须菩提被称为“解空第一”。另外，就从宗教史来看，很多人认为佛教、耆那教都是婆罗门教衍生出来的，印度古代诸多宗教基本上都讲轮回转世、因果报应、修习禅定，粗略地看上去大同小异，例如《薄伽梵歌》讲的“当知是则名为瑜伽，所以脱乎痛苦之羁”，“苦行，布施”，“于此诸业无执着兮”[7]……这些表述在整个印度文化中几乎都有，而非特属于其中一个宗教。那么，佛教能从婆罗门文化中独立出来，是依靠什么呢？“缘起性空”的理论对婆罗门教起到了“毁三观”的作用。如果没有这一理论，恐怕佛教没法从婆罗门文化中独立出来。学界常有人使用“原始佛教”这个词语，黄教授亦认为“原始佛教”一大特征就是彻底的解构精神，也就是三法印所谓“诸行无常，诸法无我，涅槃寂静”（佛陀曾说：三法印是辨别佛法的标准，如果不符合三法印，即使佛陀亲口宣说，也非了义佛法），后来大乘佛教把这些观点系统化为“缘起性空”。从原始佛教发展成后来的佛教，虽然根据不同时代、不同地区的众生根器而有所变通，但是“空”是根本原则（“三法印”），刘宋译版《楞伽经》第四卷，佛陀亲口说：一切佛法归入“五法”[8]（名，相，分别心，正智，如如），也是“空”的精神（注意：1. 此处提到“一切”；2.《楞伽经》是从印度佛教到中国佛教都共同重视的经典，而非局限于某一地区某一派）。

（二）“生活存在”与“缘起性空”的内容是什么？二者内容是否一致？

对于“生活存在”，黄教授本人是这样描述的，大意是：如果有人要求他给出一个定义，什么是“存在”？黄教授的回答是：你这个问题就是不合法的，你问“什么”的时候，已经把它作为了存在者，但存在不是存在者，不是“什么”，如果硬说它是“什么”，那么它是“无”，但是此处“无”不是 nothing，而是先于存在者的存在[9]……这种表述，非常像僧肇以“虽无而非无”来描述“空”：“空”本来给人的感觉是“无”，但僧肇又说这个“无”与一般的“无”（即黄教授说的 nothing）不一样。[10]由此可见“生活存在”与“缘起性空”的一致性。

黄教授其他作品中也常用“无”表述“生活存在”，例如，他说：生活儒学的工作，首先就是要揭示作为“在”“无”的生活本身。[11]这应该是继承了海德格尔“为什么在者在而无反倒不在？”[12]的思路。但这也引出了个问题：僧肇《不真空论》讲“非无”，但是黄教授与海德格尔讲“无”，难道矛盾吗？理解这一问题的关键在于把“无”分为两种：存在层级的“无”，存在者层级的“无”。僧肇说的“虽无而非无”，这句话也就说明了“无”在僧肇那里也是分成两种的。而“存在”这个词，在我们一般生活口语意义上，与“有”是相通的，比如，我们说“某某马路十字路口存在一辆车”，也就是说这十字路口有一辆车。而“有”与“无”本身不是反义词吗？为什么在海德格尔与黄教授那里等同了呢？解答这个问题，仍然依靠上述理论：“无”分成两种：

（1）存在者层级上：“无”“有”是反义词。例如，你有一支粉笔，用它写字，用完了，没了就是没了，作为具体存在者的粉笔“无”的状态中不能同时“有”。

（2）存在层级上：刚刚说的构成粉笔的石灰组成了黑板上的字，它仅仅是变了一种具体存在者的形态，所以在“存在”层级上没法说它是“有”还是“无”[①]。另外黄教授说“存在”（日常口语中“存在”与“有”是相通的，见上文汽车的例句）就是“无”。所以得出结论，存在层级上，“无”“有”是等同的。

有人曾经把僧肇对“空”的描述总结为“非有非无”，笔者认为，还可以加一句“亦有亦无”。前面“非有非无”的“有无”是从存在者层面上说的，加的这句“亦有亦无”的“有无”是从存在层级上说的。“空”本身是“生活存在”这个层级的。

（这一判定，在本文第三节讲阴阳问题的时候还会借鉴，把“生活存在”这一层级判定为“无阴无阳，亦阴亦阳”的状态。）

同理，“诸行无常，是生灭法，生灭灭已，寂灭为乐。”这四句话关键在第三句，“生灭灭已”，这句话出现了两个“灭”，第一个“灭”是与“生”相对的，共同构成“生灭”的存在者世界，而后一个“灭”是把前文“生灭”这一对状态一起“灭”掉了。前一个“灭”是存在者层级，后一个“灭”是存在层级的。

（而，存在层级的“灭”，所对应的“生”，就是整个形而下存在者世界万物“生灭”的动力，并且这一动力是来于纯阳的，它消耗的过程是阴性的。例如，一个人活着，说明他有生命力，这是阳性的，但活着的过程就是在消耗生命，这是阴性的，所以本文第三节把形而下世界的主要性质判为阴性的，而把生命力的来源的形而上世界判为阳性的。）

另外，黄教授对“生活存在”四个字的文字学解析，与“缘起”的含

---

① 粉笔的这个例子，出自笔者两年前一篇文章，那篇文章与本文同样认为佛家的缘起性空与海德格尔思想有一致性。见杨虎、王硕《儒“增”，道“减”，佛教“不增不减”》，《南华大学学报》2015 年第 2 期。

义有一致性。他说，从古汉语文字学来看，“生”有发芽的意思，“活，水声也”，“存”“在”二字都有“才”，“存”为“才”加“子”，“才”为草木之初，“子”为人之初，“在”为“才”加“土”，也就是说，“生活存在”四个字本身就不是讲某种具体东西（存在者），而是一种超越于具体东西之上的生机（这就是上一自然段讲的“生灭”的“动力”）[13]。所以黄教授常说是“生活存在”给出了万物。而“缘起”呢？佛教最初讲的“缘”，比现在日常生活中人们说的“缘”要复杂，现在日常生活中，人们说的“缘”，几乎仅限于人际关系：男女相爱说“缘定三生”，酒桌上客套话中也有“兄弟们真有缘分”……而佛教最初讲“缘”是泛指一切条件因素，例如，古印度一个说法是，一颗菩提子长成菩提树，水分、阳光、土壤，都是“缘”，这就明显超出了人际关系的范围。僧肇对“缘”的表述是：“……待缘而后有……待缘而后无……”[14]也就是说，世间的“有无”，都是“缘”给出的。这与黄教授表述的万物由生活给出的，是一致的。由此再看刚刚我们举的粉笔的例子，可以说：不要在粉笔用完了之后才意识到它作为形而下存在者“无”了，而要从“缘起”来看，它一开始就没绝对的“有”过（即僧肇所说“有者非真有”），因为这只粉笔的产生是依赖各种“缘”（即黄教授所说“它是被生活给出的”），所以说它没有自性。

（另，由本章的论述可知，第四章“安置参修境界”时，笔者会把三论宗、禅宗安置在“生活存在”这一层级）

三　在“三级架构”中安置佛教的“阴阳”：“纯阳终极形而上存在者”的设定；从生活儒学“奠基关系”到佛教对淫欲的看法

本章节可能是读者最难理解的一章。本章节的大体思路是：“纯阳终极形而上存在者”的论证，“一步就位”不易处理，所以先不考虑“纯阳”，先论证弥陀信仰是对终极形而上存在者的信仰（即，阿弥陀佛如何统摄其他佛菩萨法门）；第二步，在“三级架构”的视域下加入阴阳问题，对存在、形而上存在者、形而下存在者这三个层级进行阴阳判定，以阿弥陀佛为纯阳力量的人格化，以死神为纯阴力量的人格化；第三步，专门讨论佛教说的起心动念、淫欲的问题，因为，按佛教的说法，淫欲是导致众生不能从形而下的六道轮回世界中解脱出来的力量，并且淫欲是人最直观的阴阳力量，所以需要重视对淫欲的剖析，笔者以“漏”这个概念作为“形而下世界的根本属性”贯穿了淫欲、烦恼、阴性、死亡，以及生活儒学的“奠基关系”，因为生活儒学语境下的“奠基关系”就是从形而上指向形而下的，是从宗教修行的神学境界堕落到凡俗世界的。

（一）深入剖析弥陀信仰的意义：阿弥陀佛为终极形而上存在者何以可能

这一小节我们先不讨论阴阳，仅仅讨论阿弥陀佛的“终极”意义。

众所周知，“阿弥陀佛”这个概念是佛教最常见的概念之一，甚至有些对佛教极不了解的人误以为“阿弥陀佛”是问候语，而不知道他是人格化的宗教崇拜对象，因为日常生活中佛徒之间对话常常是在需要问候语的时候、需要感叹语的时候都用一句“阿弥陀佛”来代替。这一现象的根源，从佛理上追究，在于：《无量寿经》记载，众生应多多念诵阿弥陀佛名号，阿弥陀佛发大愿，只要众生肯诚心念其名号，就会得到保佑与引导（见“四十八大愿”）[15]。

但是有人会奇怪：佛教不是说有很多佛菩萨吗（恒河沙数）？为什么不常念别的佛名号，主要都是念阿弥陀佛？尤其有人问：为什么不常念释迦牟尼佛？他可是历史上真实存在的“佛祖”，是“娑婆世界三界导师”。对此，佛教内部一般的解释是：每位佛成就道果的机缘不同，所发愿不同，阿弥陀佛在未成佛时发四十八大愿：将来成佛之后，凡是有众生念我名号，或者别的众生闻我名号，皆得受我加持，临终时念我则投生我极乐净土，不必再受轮回之苦。但是别的佛菩萨各有其他因缘，愿力与此不同，比如说你念文殊菩萨，也有功德，但无法直接跳出轮回，你可以把念文殊菩萨的功德回向许愿为“希望我此生能跳出轮回”，但是以这种方式修行跳出轮回的门槛高于弥陀法门，因为阿弥陀佛发四十八大愿，修行者可以“乘佛力”，而修行别的法门主要是“乘自力”，需要修行者更严的戒律、更深的禅定功夫、更多次数的修行（恰美仁波切《选择刹土文》认为除了弥陀净土之外，其余的本尊刹土，一般修行者根本到不了）。所以大家主要念阿弥陀佛。

在笔者看来，这仅仅是第一条理由，笔者还能举出一系列理由，这一系列理由能构成一个“系统”，这个“系统”的核心就是设定阿弥陀佛为终极形而上存在者。

按生活儒学的“三级架构”来看，佛教的“缘起性空”对应“存在”

（上一章论证的），世俗世界六道轮回对应“形而下存在者”（这一条应该没有争议），跳出轮回的佛、菩萨、阿罗汉则是“形而上存在者”，现在，笔者认为，诸多形而上存在者之中有一个终极，就是阿弥陀佛。上文提到的“四十八大愿”以及佛徒最常念他，是第一条理由。

第二条理由是（很多人忽略了“文字训诂”方面的意义）“阿弥陀佛”这个梵文词汇翻译为中文就是“无量佛”，“无量佛”从字面意义上看就是把十方法界一切佛都囊括了。

第三，经文原文就称他为“佛中之王”[16]。（从第四条往后探讨阿弥陀佛与其他佛菩萨的关系。）

第四，释迦牟尼佛是娑婆世界三界导师，但他是“化身”，他的“法身”是大日如来（梵文发音“毗卢遮那佛”），在唐密、东密一系的《金刚界曼荼罗》图中，大日如来居于正中，而阿弥陀佛居于更上方；《胎藏界曼荼罗》图中，大日如来与阿弥陀佛都居于“中央八叶院”，阿弥陀佛虽在大日如来下方，但是又有说法是“大日即弥陀，无二差别”[17]，并且在日本佛徒之中也是以“阿弥陀佛”作为问候语，而非以“大日如来”作为问候语。

第五，密宗也很崇拜金刚萨埵，日本密宗曼荼罗中突出他的地位，西藏密宗称他为五方大佛之外第六金刚，金刚萨埵在佛教之中有一定的统摄性，一种说法是，金刚萨埵与秘密主金刚手菩萨、大势至菩萨为同一尊，大势至菩萨为西方三圣之一，在阿弥陀佛旁边。

第六，准提佛母为七千万佛之母（此处“母”比喻本源），且准提咒可统摄二十五部咒。一说七十七尊阿达尔马佛创世之后，合体为准提佛母，能海上师开示；西藏黄教《密集金刚续》记载释迦牟尼修准提法门而悟道，可见准提佛母在整个佛教的重要地位。但是，按日本密宗小野流的观点，准提佛母是菩萨（或称“准提观音”），且在《胎藏界曼荼罗》之中不在中央八叶院；而西藏密宗认为观世音菩萨的法身既可以说是阿弥陀佛，也可以说是准提佛母，也就是说，此处准提佛母与阿弥陀佛是同一统一的。

第七，很多西藏佛菩萨相上方都绘制普贤王如来，暗示普贤王如来是这些佛菩萨的本相，普贤王报身金刚总持，化身金刚萨埵，阿弥陀佛报身观世音菩萨，化身莲花生祖师，但《怀业九本尊》图中，莲花生祖师造型中融合了金刚萨埵的造型（例如身白色），其上方是金刚总持，再上方是阿弥陀佛，即：按红教《怀业九本尊》图来看，普贤王如来与阿弥陀佛合一了。

第八，藏密红教的修行者多以莲花生祖师为主尊，而他也是阿弥陀佛化身，红教近些年刚刚在芒康地区修建的“大幻化网坛城”也是以阿弥陀佛高于观世音菩萨与莲花生祖师。

第九，藏密黄教较为崇拜大威德金刚，以其为宗喀巴祖师之象征，而大威德金刚是阿弥陀佛与文殊菩萨共同的忿怒相。

第十，藏密白教主修金刚瑜伽母、金刚亥母，而在一些超度仪式的祈祷文中，念诵金刚亥母或者金刚瑜伽母之后，最后还是念阿弥陀佛。

第十一，藏密花教主要修《喜金刚续》“道果”法门，但喜金刚的明妃作明佛母是阿弥陀佛之化现；另外按花教历史上的著名活佛累巴仁波切的说法，萨迦派（花教）初祖、二祖、三祖世寿用尽之后都去了阿弥陀佛极乐世界。

第十二，藏密红黄白花诸派皆重视作明佛母法门，因为这主要是“怀爱法”，按“息增怀降”四部法来看，怀爱法最为殊胜，而作明佛母又是阿弥陀佛的化身之一，连“种子字”的形状颜色都一样（见红教丹真绒布仁波切开示）。

第十三，藏密比较著名的修行派系：大圆满龙钦宁提、天法、嘉则玛派，三者超度时都要观想阿弥陀佛。[18]

第十四，无论西藏密宗还是日本密宗都重视依止上师，其中一种修法是观想上师在自己头顶，而据说念《往生咒》甚至仅念一句“阿弥陀佛”的人，阿弥陀佛也会在他头顶，如上师的位置。

第十五，西藏历史上著名活佛恰美仁波切著作《选择刹土文》中，详细对比了各个佛菩萨的刹土，最终定论阿弥陀佛极乐世界是最适合众生的。

第十六，汉传佛教的“圆教”天台宗祖师智𫖮大师临终也念阿弥陀佛求生极乐净土，并且天台宗的根本经典《法华经》也提到若有众生闻《法华经·药王菩萨本事品第二十三》而信奉受持，可往生阿弥陀佛刹土。[19]

第十七，汉传佛教“圆教”华严宗的根本经典《华严经》讲了很多内容，有总结性质的结尾《普贤行愿品》说“愿我临欲命终时……面见彼佛阿弥陀……”[20]

由上述论证可知，三级架构视域下的佛教，如把佛菩萨阿罗汉划分入形而上存在者，那么设定阿弥陀佛为终极形而上存在者是没有问题的。

（注：本文第一章提到，本文会完善净土宗的神学体系，佛教领域很少用“神学”一词，但在这个语境下反而“神学”很合适，现在，读者读完本小节，大概也会觉得这一块较像“神学”的表述。）

（二）三级架构中安置“阴阳”，以“纯阳”理解阿弥陀佛

上一小节论证了阿弥陀佛作为形而上存在者之“终极”何以可能。本小节再把“纯阳”这一思路加进来。（1）生为阳，死为阴，阿弥陀佛乃至投生其极乐世界者寿命皆无量，汉语也把阿弥陀佛翻译为“无量寿佛”，故知其纯阳。（2）男为阳，女为阴，投生极乐世界者，女子若以女身为苦，可女转男身，故知其为纯阳。（3）光为阳，暗为阴，阿弥陀佛又译作“无量光佛”，“诸佛光明，或照一二佛刹，或照百千佛刹，唯阿弥陀佛，光明普照无量无边无数佛刹。”[21]故知其为纯阳。（4）上为阳，下为阴，阿弥陀佛为至上，上一小节讲过，他出现在佛教图画中基本都是在最上方，佛家用图画这种方便法门表达了这种至上，且佛家有“无见顶相”之说，一切佛为至上，故而凡俗众生无法俯视其头顶（试想，世俗的“上”是相对的，总有更高的物体，只要在更高的位置就可以俯视前一个物体的顶部；唯独“无见顶相”为绝对至高），故知其为纯阳。①

不仅阿弥陀佛纯阳，整个形而上世界都是“纯阳”的（只是不像阿弥陀佛这么“终极”）——佛皆有“无见顶相”“女转男身”，道教也说“炼回纯阳之体”，返回纯阳形而上境界，“回”字用得很好，象征着那才是来源，是“故乡”，是“先于”形而下者的（此处“先于”是用海德格尔与黄玉顺教授常说的“并非时间上在先，而是逻辑上在先”）。

所以笔者设定：在生活儒学三级架构视域下，佛教（甚至连道教也包括）的形而上存在者是纯阳的。另外，“生活存在，大本大源”这个层级则是“无阴无阳，亦阴亦阳”的，因为这一层级是“缘起性空”（本文第二章专门讨论过这个问题），一切归入“空”，则无阴无阳，但是“缘起”则阴阳都有，既有阴性的缘分，也有阳性的缘分，例如，若以生为阳，死为阴，一个人遇到的氧气、水分、食物都是阳性缘分，这些缘分构成了他活下去的状态，反之，任何有可能致死的疾病、谋杀则是阴性缘分。所以，也可以说“缘起性空”要拆开：“缘起”体现了“亦阴亦阳”；“性空”体现了“无阴无阳”。

---

① 注意：第一，在这个思路下判教（第四章专门讲判教）时，应当把净土宗安置在“形而上存在者”这个层级，因为阿弥陀佛都被定为“纯阳终极形而上存在者”；第二，本文第一节说的四个理论价值第三条是完善净土宗的神学理论，此处笔者分两个小节，分别论证了“终极”与“纯阳”两个概念是如何赋予阿弥陀佛的，正是在完善净宗理论。

现在，三级架构的阴阳问题仅剩下“形而下存在者”这个层级了。人们通常感觉我们这个形而下世界是阴阳匹配的，但是，现在笔者要说：我们这个形而下世界表面上是阴阳匹配，实则阴阳不对等，阴性力量为主导，并且形而下世界发展的总趋势是朝着阴性方向的（这一观点可能很多人一上来不理解）。

而且，持这种负面判定的，不仅是佛教，几乎所有传统宗教都对这个形而下世界持批判态度，并且认为其总体发展方向是越来越糟的，例如基督教、伊斯兰教说的“末世”与“末日”，就连“是否是宗教有待争议”的儒家主流也是怀念“三代之治”，虽然儒家讲天道循环，度过了最糟的时期，又会回到好的时期（主要是《皇极经世》的思想），佛教讲度过了末法时代这些糟糕时期，再等等，就会循环回到正法时期，但是二者讲的循环都是千万年长久的，我们现在看不到了，我们一生仅仅在这个大循环的糟糕时期。最主要的是，这可以解释为：新一次正法时代的到来也是由于形而上纯阳世界重新给形而下世界灌注了阳气（笔者这一理解可以对比张载对纯阳力量的描述，以及爱因斯坦“永动机”的理念，张载《横渠易说》明显对《乾》的解释与他对其他卦象的解释不对等，《乾》占篇幅极多），然而在形而下世界内部来看，发展导向是走向末法时代（阴性导向）。《法华经》把这形而下世界称为“三界火宅”众苦煎逼[22]，还说总体上天道的众生越来越少，而三恶道（地狱、饿鬼皆阴气重）的众生越来越多。佛教还说六道产生顺序是天道最先产生，而地狱道最后产生；基督教、伊斯兰教则认为人是被上帝赶出来的……所以笔者认为把整个形而下世界主要定为阴性的，是与各大宗教的感受一致的。①

还有一个更明显的证据，可以把“阿弥陀佛是纯阳终极形而上存在者”与“形而下世界表面阴阳相匹配实则阴性牵引着”这两个命题统一起来：无量寿佛（即“阿弥陀佛”）既然是“无量寿”的人格化体现，那么与之相对应的就应该是“无量死”，其人格化体现不正是死神吗？而在佛教的《六道轮回图》里，死神正是控制着整个六道轮回的。注意：这一点非常重

① 各大宗教不仅对形而下世界判断倾向于为阴性这方面一致，对形而上世界，也都倾向于理解为阳性，例如道教太上三清都是男性造型，道教让人炼回“纯阳”之体，基督教也把上帝称为“父”，降临的耶稣是“子”，而没有“母女”，并且基督教也说“永生”。但是，在佛教的视域下，其他宗教所去的天堂有可能仅仅是六道轮回之中的天道，外道的形而上世界从佛教来看仍然是形而下的，但是其中的阳气高于人间。

要！《六道轮回图》表达出死神与别的神大不相同，按佛教的说法，别的神还都在六道之内，多数是天道的，也有的神是鬼道的大力鬼王。但是死神与他们是不同等级的，并非轮回内的，而是控制六道轮回的。

这个问题其实是个大问题，可惜学界注意的不多：佛教为什么单独把死神拿出来，放在与别的神不一样的地位上？单独看这个问题，会百思不得其解，但是放在本文的阴阳问题中就解答了：因为有纯阳的阿弥陀佛，无量寿命，所以就要有阴性的反对寿命的死亡力量；进一步说，既然有阿弥陀佛作为形而上世界力量的集中体现，就要有死神作为形而下世界（六道轮回）力量的集中体现，所以死神在佛教语境下必须与别的神有本质区别。

既然形而下世界既偏向阴（死神控制，并且三善道众生减少，三恶道增多，乃至所有宗教都对形而下世界判为负面），但又有阴阳匹配的一面，那么，纯阳的形而上世界有没有阴阳匹配的一面呢？笔者认为也有。例如本章第一小节论述阿弥陀佛的“终极”地位时，第六条讲到准提佛母，第十二条讲到作明佛母，很大程度上她们与阿弥陀佛是“合一”的，但是女身不得成佛，成佛必转男身（参见“龙女成佛”）[23]，此处纯阳的阿弥陀佛以“母”相示人，笔者认为，这类似于“仗剑逼佛”，“仗剑”乃阴杀之气，然而却以此度众生，母性亦阴柔，亦度众生，所以笔者把阴性在此定位为方便法门，形而上世界是纯阳的，但是有随时为度众生而现阴性相的“潜力”。

这个体系即为：

> 形而上：表面的——纯阳（人格化终极为阿弥陀佛）；隐藏的——阴阳匹配（因为佛菩萨可以“阴”为法门度众生）；
>
> 形而下：表面的——阴阳匹配（我们这个凡俗世界有男有女，有生有死）；隐藏的——纯阴（人格化为死神，《六道轮回图》中死神抱着整个轮回的凡俗世间）。

为什么“纯阳”与“纯阴”不是同时在“表面的”或者“隐藏的”？即：同样在“表面”这一项，形而上为“纯阳”，形而下却成了“阴阳匹配”，预料中的“纯阴”改到了“隐藏的”地方。因为阴阳本就属性不同，阳性容易表露而阴性容易隐藏——这是程颐给我的启发：《程氏易传》开头《上下篇义》讲“卦序”时，程颐评价王弼的理论，王弼认为，如果一个卦象，五个爻是同一种阴阳属性，唯独剩下一个爻的阴阳与另五个不同，那么应该以这个爻为主，程颐修正为：王弼说的这个问题应该再分两种情况，如果那个“另类”的爻是阳性的，王弼的说法才能成立，如果那是阴爻就不行——同样是“与别的爻不一样”（就像我此处设定同样在“表面”或“潜在”），阴阳却地位不同[24]（就像我此处设定阳在形而上之“表”，阴在形而下之“隐”）。

（三）佛教视域下的阴性、淫欲、有漏、磨（魔）、烦恼、死亡，与生活儒学“奠基关系”的一致性

上一小节我们论证了形而上世界的“纯阳”性质，现在我们需要注意，佛教道教在提到“纯阳”的时候往往紧跟一个词：“无漏”。

佛教内部把“漏”解释为三种：欲漏、有漏、无明漏。这三种其实是一种：形而下凡俗世界的劣根性，是形而下凡俗世界的众生的基本特征。“漏”有时指众生烦恼、杂念（然而凡俗众生哪个没有烦恼？所以笔者说这是形而下凡俗世界的众生的基本特征），有时指一种“等价交换”中负面的情况，例如，某人行善，得了福报，但是这是“有漏福报”，因为他会通过享福把整个福报消耗（而直驱形而上世界成就佛之大福，则是无漏福报；这一条可联系上一小节，笔者把形而下世界判为表面阴阳交杂，阴阳不正是一种类似于“等价交换”的“平衡”吗？而笔者判为“纯阳”的形而上世界不正是以其“纯”而超越了平衡吗，不就可以从“有漏”超越到“无漏”吗？也就是说，笔者上一小节的阴阳设定，正好与本小节的“漏”的观点一致）。“漏”有时专门指男女淫欲，从前面几条可以看出，“漏”与形而下世界是紧密绑定在一起的，现在提到男女淫欲也是这个道理。佛教认为“六道轮回皆出于淫欲”，另一说“六道轮回皆出于起心动念”，而“漏”有时表达淫欲，有时表达起心动念（烦恼），《楞严经》说：“淫心不除，尘不可出。”“尘”指“尘世”“红尘”，形而下凡俗世界。

注意，此处的“淫欲”已经不是一般人理解的淫欲，一般人理解的淫欲是附属于生物体的，是附属地位的，而此处，淫欲是“前形而下主体性”的，是“给出”六道轮回（形而下世界）的；黄教授讲“生活儒学”时也常用“前主体性”“给出”这些术语，本文以生活儒学为视域研究佛教的阴阳问题，正好也讲到了“前形而下主体性”的淫欲“给出”了形而下存在者（六道轮回）。以往人们是通过肉身感知淫欲，所以容易把淫欲作为肉身

的附属品，其实，正是淫欲的牵动才使中阴身投胎而获得肉身。

为什么“纯阳”往往后面紧跟“无漏”呢？“无漏”是反对淫欲的，一般人理解相反，一般人理解为阳气越重则淫欲越旺，但是他们没想到更深一层：虽然淫欲得以实现，是阳气为之支撑，但是，淫欲一动，本身是漏掉阳气的。所以动淫欲本身是阴性的。所以阳性力量如果达到“纯”，则必然是无漏的。

本文第二节提到了“生灭灭已，寂灭为乐”，当时引用这句话是为了研究“空”“有”“无”几个概念，这句话留下了伏笔，在本章讲“阴阳”还能用上，试想，一般人会感觉“生”是阳性的，“灭”是阴性的，但是，深入想会明白：虽然“生”靠着阳性力量的支撑，但是“生”本身是消耗阳性力量的，所以是阴性的，到了“灭”的时候说明其阳气耗尽，所以“生灭”恰恰说明了形而下世界的劣根性，有漏、“生灭”是一对哲学上的“矛盾”，与“阴阳”这对矛盾同在（形而下世界基本特征）；而“生灭灭已”的第二个“灭”则是把前面的“生灭”一起消灭了，结束了生灭的过程，达到无漏（两个“灭”字层次不同）。把“生灭”安置在“三级架构”中，如下：

（1）形而下存在者层级：生灭。这一块容易理解：我们日常生活的凡俗世界就是充满各种生灭。而这种“生灭”的流转又是阴性的“生”，与终极的“灭”相对立，之所以把这个“生”定为阴性的，是因为这个“生”是消耗生命力的。

（2）形而上存在者层级：“生灭灭已”的后一个“灭”，即把前面的“生灭”一起“灭”掉了，因为形而下的“生灭”总体上是消耗性的“生”，而此处这种“灭”是“无漏”（佛道两家修行的术语）；同时形而上存在者层级还是绝对的“生”，纯阳的“生”，是形而下世界的阳性生命力的来源、奠基者①。

（3）生活存在层级：“生灭灭已”的后一个“灭”，即作为存在的“无”（海德格尔，黄教授），这个“灭”是从存在层级上灭掉了存在者的“生灭”，按“虽无而非无”（僧肇）来说，此“灭”也是“虽灭而非灭”，“非生非灭”，“亦生亦灭”。

总结：“形而上存在者层级”与“生活存在层级”都是“生灭灭已”

---

① 这种“形而上纯阳力量为形而下世界的运转提供动力”的思想，可对比张载、爱因斯坦，详见第四章第一节。

的后一个“灭”，区别在于：“形而上存在者”的“灭”与禁欲有关（“无漏”），以此保证纯阳境界，修行者必须主动把“形而下存在者层级”的消耗生命力的“生”（“漏”）止住；而“生活存在层级”的“灭”是“解构存在者”，是一种“事实描述”，不需要修行者专门止住。“生灭”是一对平衡关系，正如“阴阳”是一对平衡关系，“形而上存在者层级”是“纯阳”，也就打破了平衡关系，所以它是把“生灭”都“灭”掉的（并且它才是真正的“生”，纯阳的“生”）；“生活存在层级”是更彻底的解构，所以也是把“生灭”都“灭”了的。

如果仅仅看“生”，“生”在形而上为阳，在形而下为阴，形而上世界为“生”之力（阳性为生命力），形而下世界以“生”消耗“生之力”。

淫欲的问题之所以重要，是因为这是人最直观的阴阳力量。此处笔者做一个判定：人在淫欲方面的矛盾，集中体现了整个形而下世界“阴阳”“生灭”的矛盾。举两个例子：

例一，萨特在研究人与他人的关系的时候，最终引向了性虐待或者受性虐待的问题[25]，笔者的思路与之一致，笔者认为，形而下世界既然是有漏世界，凡俗众生有无明烦恼，往往发泄性欲，因为起心动念是凡俗众生的基本特征，性欲是凡俗众生最直观的可以感受并且运用的阴阳力量，所以众生用淫欲来“找刺激”归根到底是想突破形而下世界，但是这个方法其实会让众生进一步沉沦于形而下世界，而普通的性行为满足不了“找刺激”的心理之后，就会用性虐（或被虐）来找刺激，所以说，人人都有可能成为性变态，并且在形而下众生内心深处，“变态”才是“常态”！所以这也就解释了这么几个问题：（1）为何很多性变态者都是有些压抑的人；（2）为何很多看上去很正统的绅士、淑女在性行为时都有很放浪的一面；（3）为何有的人在性行为中以侮辱对方为乐。另外，性虐、性变态本身就有疯狂的魔性，尤其是人在性欲高涨的时候，基本上是不受理智控制的。刚刚提到了魔性，佛教的“魔”观念本是“磨”，即“折磨”，有“烦恼”之意，“漏”本身既可以指烦恼，又可以指淫欲，此处“磨”（魔）也是既可以指烦恼也可以指淫欲，并且佛教把魔分为烦恼魔、阴魔、死魔、天魔。上一小节我们提过：《六道轮回图》中人格化的六道轮回的根本力量就是死魔——也就是说，“漏”“魔”“阴阳”描述的道理在本文的语境下可以互相印证。并且，佛教讲“堕落女身”，即女性比男性沉浸六道轮回更深，如果按本文解释的阴阳、有漏、磨（魔）来看，就容易理解了：女性这方面更纠结，通常男性淫欲更冲动，但是来得快去得快，女性在性行为方面普遍比男性害羞，但是进入状态之后更加沉浸于性行为的快感，恋爱中，多数是男性追求女性，女性在恋爱中胡思乱想也比男性多，经常一丁点小事就受伤，生孩子也对女性本身元气消耗极大，坐月子一个月都未必能修养好，总体上女性阴气更重，更容易“沉浸”于阴阳关系（例如恋爱、性行为），乃至于沉浸在形而下六道轮回。[①]

例二，中国古代说的“万恶淫为首，百善孝为先”，本就有矛盾：若你父母不淫，你怎能被生出来而去孝你父母呢？若你不淫，你怎能生子女来孝你呢？这句话矛盾的根源在于：形而下世界本就出于淫欲，而人们又想给形而下世界制定一套秩序（“孝”作为价值导向，也是“制定秩序”的一部分），形而下世界本就有阴阳、生灭的矛盾，任何秩序也无法究竟圆满。但是在礼教森严的时期，这番话恐怕没人敢说。同样被礼教“封杀”的还有丹道的一些理论，例如，说天地是大的丹炉，阴阳五行是炼丹的材料，万物是炼成的丹，人体亦如此，男女交合如同炼丹……笔者觉得淫欲其实与生活儒学的“奠基关系”是一致的，都是从形而上世界指向形而下世界（注意：1. 笔者仅说方向一致，没说完全等同；2. 生活儒学还提到了“生成关系”，淫欲虽然与“生”密切联系，但是一字之差的“生成”却与其方向不一致，“奠基关系”才与淫欲方向一致），若按“奠基关系”从形而上指向形而下的方向来看：

孝，是逆“奠基关系”的方向（父母以生机注入，方可生你，生机元力在纯阳形而上，你反过去孝父母，故称为逆方向）达到顺“奠基关系”的效果（孝让社会继续和谐发展，是支持形而下世界的）。

内丹，是逆“奠基关系”的方向（禁欲），达到逆“奠基关系”的效果（炼回纯阳之体）。

外丹，是顺“奠基关系”的方向（炼外丹是用阴阳五行原理在丹炉里造新的形而下者），达到逆“奠基关系”的效果（回到形而上境界）；

---

① 有关女性这一块，注意几点：1. 不仅佛教，几乎所有宗教都对女性的评价不如男性，这似乎是宗教共同的直觉体悟；2. 这些宗教的价值标准是超世俗的，宗教的视野总体上都是超世俗的，如果用社会学的标准看，用女权主义来反对，那是不合适的，简言之，宗教对男女的评判，与世俗社会上的“男权主义”“性别歧视”根本不是一回事，例如，佛教从根本上判定众生平等，但是从轮回的沉迷程度又讲“堕落女身”，却说末法时代男子修行不如女性容易成就，难以用世俗的男权主义或者女权主义来判定佛教，别的宗教也一样。这方面详见王堃、王硕《重建伦理 or 解构家庭：哪条路才通向幸福？——女权主义与宗教伦理的对话》，共识网，2015 年 12 月 18 日。

禅，止观，则是把顺逆方向都止住，然后任运，任运之时，可顺可逆。

四　由“三级架构”透视各种参悟修行境界

“三级架构”中可以安置各种参悟修行的境界，本节我们讲两种安置：一、佛教外部各个宗教参修境界的安置；二、佛教内各个宗派参修境界的安置。笔者之所以把“境界安置”问题与“阴阳”问题放进同一篇文章，是因为“境界安置”就是在阴阳判定的基础上进行的。

（一）佛教外部各个宗教参悟修行的境界在“三级架构”中的安置

第一个问题：很多宗教并没有达到生活儒学定为“本源层级”的“生活存在”。此处“宗教”是宽泛意义上的，把儒家也放入考虑范围之内，甚至把一些自然科学理论也考虑在内。类似于汤因比的“泛宗教观”。[26]

本文第二章用了一章的篇幅，专门论述：(1)“生活存在”是生活儒学中最本源的层级，“缘起性空”是佛学中最根本的观念；(2) 二者是一致的。这说明佛教达到了本源层级。本文第三节在“三级架构”中安置阴阳，尤其是设定阿弥陀佛为“纯阳终极形而上存在者”，说明佛教达到了形而上层级。

道家也达到了本源层级，依据：(1) 老子的“万物—有—无”这个层级架构，本就与海德格尔、黄教授生活儒学的理论架构很像；(2) 本文第三节讲阴阳与修行时，常提到道家“炼回纯阳之体”这句话，现在笔者把道家的修炼这个问题展开，道家有“炼精化气，炼气化神，炼神化虚”之说，笔者认为，炼精化气是试图突破形而下世界（依据：“精”本就与男女交合之“漏”有关，上一章讨论阴阳问题时说过：阴阳二元分立，有漏淫欲，正是形而下世界的基本特征——有人认为此处“精”非指男女交合之精，而是有一定的形而上哲学意义，笔者反对这一看法，笔者认为，到了“气”“神”的境界可以这样理解，但是，如果连“精”都成了形而上哲学意义的，那么“精气神”这一组概念里岂不就没有了形而下者？所以“精”应该就是形而下的与淫欲有关的“精”，是动淫欲之后的结果，上一章论证过淫欲为形而下凡俗世界奠基，正好对应此处把“精”归入形而下世界），炼气化神则是达到了形而上世界（宗教中形而上世界一般都是“神”的世界，有人会说道家“精气神”的“神”与一般宗教崇拜的“神”不同，但是笔者做了更圆融的处理：既然古人以同样一个“神”字表达，必有相通之处，或者说“精气神”的“神”是“兼职”的，兼有一般宗教崇拜的“神”的身份与道家“精气神”之“神”独特的身份)，炼神化虚则是回到本源层级生活存在（依据：“虚”在中国文化中表达的感觉，是不是与本文第二节论证的“缘起性空”非常像？“虚”也是“非有非无，亦有亦无”的状态)。总之，道家通达了这三个层级。

儒家也通达了这三个层级，最显著的理由是，本身这就是“生活儒学”的视域，儒家如果没通达三个层级，这个理论架构是怎么来的呢？另，本文第三章讲阴阳问题，建立了一个体系（生活存在层级，无阴无阳，亦阴亦阳；形而上存在者层级，显为纯阳，隐为阴阳皆有；形而下存在者层级，显为阴阳交杂，隐为纯阴)。第三章第二小节结尾提到了《程氏易传》的阴阳思路给了笔者一定启发，其实，不仅程颐，本文思路与宋明理学还有别的交集，例一，朱熹理气二元划分世界，天地之性为理，气质之性为理气交杂(《答郑子上》)，是不是与笔者的“表面上，形上为纯阳，形下为阴阳夹杂”十分像？例二，朱熹认为理气本无先后，又以理能生气，与笔者判定的“形而上纯阳世界有生出阴阳交杂的潜力”非常像。但是，笔者讲的是阴阳，朱熹讲的是理气，笔者认为形上、形下、生活存在这三个层级都是有理气的（如同后人在气学立场上反对理学，说气如木质，理如年轮，理气不可分)，即，笔者这个架构，形式上像朱熹，但是组成逻辑关系的根本的观念是气学的。笔者认为生活存在这个本源层级可用“太虚即气”理解，把“气”归入“虚”，正好上文也说了道教的“虚”也对应本源层级，由此可见儒道两家相通之处。但是上文说的道教的“炼精化气”的“气”就与此处的“气”不同了，张载的“气”是可以泛指一切的，范围更大，把“精气神”都囊括了。笔者与张载第二个共鸣是对纯阳力量的重视：笔者专门设定形而上世界的“纯阳”属性，而张载《横渠易说》单独写《乾》的篇幅远远超过他讲解别的卦，[27]《程氏易传》中，写各个卦的篇幅字数差距就没这么大，这种不同，说明：相比于程颐，张载更加重视纯阳之德①。

① 笔者另一作品写的程颐，但并非以“理”为主题，而是以“感应”为主题，并且设定“感应”为“前主体性”的，就像黄教授设定“生活存在”为“前主体性”，以及本文讲到淫欲、缘起性空都是“前主体性”的，并且那篇作品与本文一样多次提到阴阳二气。程朱理学一系，受到张载气学的启发，往前多走了一步，走到了“理”，笔者这些年的基本思路是借鉴程朱的观点，但是把多走的那一步拉回来，回到气学的思路上，多讲阴阳二气，由“太虚即气”联系到道家，由道家联系到海德格尔存在主义与黄教授生活儒学，最终以佛家哲学统摄之，那篇写程颐“感应”的作品虽未提及佛家，却是用佛家“缘起性空”的思路写的。见王硕《〈周易程氏传〉的“感应”思想》，硕士学位论文，山东大学，2015。

张载对《乾》纯阳之德的重视，之所以与笔者“设立纯阳终极形而上存在者”有共鸣，是因为二人都是从“阴阳思路”思考的，这条相同的思路会把人引向相同的对纯阳力量的崇拜，因为阳主动，阴主静，既然要解释我们这个世界运转的动力，就自然而然地去探寻形而上的纯阳力量，把它作为答案。笔者个人在构建这一块理论时受到了爱因斯坦“永动机”的理念的启发，“永动”即为纯阳之德，即为笔者前文讲的“形而上的绝对的生命力”。有人认为爱因斯坦此理念违背了“能量守恒”，但是笔者认为能量守恒按中国古典哲学看就是阴阳的平衡，既然笔者能从哲学上推出“纯阳”的可能性，那么，也就是从哲学上推出了“永动机”的可能性。那些以“能量守恒”来嘲笑爱因斯坦“永动机”理念的人，没有意识到自己的愚蠢，他们的思路还是牛顿时代的思路（在一个死板确定的时间空间之内，一切事物机械化地运行），而爱因斯坦的思路恰恰是颠覆了牛顿的思路，你用牛顿的思路去理解爱因斯坦当然就想不通。佛经之中经常出现一些现象表示“时空是相对的”，例如佛带大众进入某个境界，度过了无量劫，回到我们现世凡俗境界，才不过一刹那的时间（“狭义相对论”）只是佛教没使用现代自然科学的术语来表达。另外，按佛教的“业报”观念看，有因必有果（与“阴阳平衡”“能量守恒”思路一致），但是问题来了（注意：突破“阴阳平衡”“等价交换”，论证“永动”成立关键就在这一步），倘若，甲欠乙钱，这辈子没还上，下辈子还，比如下辈子甲作为乙的家长，花钱抚养乙，或者，下辈子甲送给乙礼物，礼物价值等同于上辈子欠钱数量，再或者，下辈子乙作为强盗抢了甲的钱……甲乙之间那笔钱无论通过哪种方式完成，完成之后，甲与乙之间不就没了这个关系了吗？甲乙之间就不会再出现转世之后的抚养、送礼、抢劫。同理，一切形而下众生如果在“等价交换”的业报规律中，报应承受过后，形而下世界就没了这桩事，所有的报应都实现之后，形而下世界不就停止运转了吗？但为何形而下世界至今仍旧运转呢？

因为众生有“造新业”的能力。

这就是一种“永动”之力，不断推动形而下世界运作。很多人用佛教的因果报应理论看世界，总倾向于把一切现在经历的事理解为过去造下业的报应，但是忽略了现在的经历也许是在造新业。即：他们容易把一切当作“果”，却忽视了这些可能是“新的因”。

造“新的因”，是突破了“阴阳平衡”“能量守恒”的，例如，甲欠乙钱，作为“因”，给下辈子的“果”提供了“能量”，下辈子甲还给乙钱，是遵循“能量守恒”“因果业报”，但是，这辈子甲欠乙钱这件事的产生，能量来源在哪里？这是甲乙造的新业，为下辈子的“果”奠基，这种造新业的能量，是来源于超越了“阴阳平衡”“能量守恒”的形而上纯阳世界，纯阳世界向形而下世界灌注阳气，维持形而下世界的“永动”——众生起心动念，有漏淫欲，给出了形而下的六道轮回（上一章第三节），形而上世界的阳气随着淫欲带进形而下世界，推动形而下世界运行，“阴阳平衡”“等价交换”“因果业报”都是“被给出者”，而形而上的纯阳世界是“给出者”，通过众生起心动念而给出众生造业的能力，而“给出者”本身是处于“永动”地位的。

这一点，与基督教、伊斯兰教的“第一推动力”理论类似，区别在于：(1)“第一推动力”仅有“第一下”的推动，而本文此处讲的是可以永远延续的、随时实现的力量；(2)“第一推动力”仅属于上帝，而本文此处讲的这种力量是一切众生都可以使用的，是一切形而下众生从形而上世界堕落后身上残留的形而上世界的印记。

更巧合的是，爱因斯坦永动机的构想是在他完成《相对论》之后，“时空相对”的思想打破了牛顿时代对时空的理解。上文说到永动之力是形而上纯阳的，前文笔者又把阿弥陀佛设定为“纯阳终极形而上存在者”，而阿弥陀佛的中文翻译有“无量寿佛”“无量光佛”，“无量寿”“无量光”不正好是突破“时间”“空间”的限制吗？不正是表达“时空相对”吗？由此可见佛法与爱因斯坦思想颇有契合之处。倘若按“泛宗教观”，把自然科学的教派也作为宗教，那么爱因斯坦参悟的境界很接近佛法的境界，通达了生活儒学三个层级，唯可惜缺乏修行功夫。

然而人类很多宗教都没通达这三个层级。人类历史上宗教太多，不易一一研讨。黄教授曾经说过：理论构建太精致有个缺点，有人如果能成功挑动你体系中的几根支柱横梁，你这个支架就散了，所以不如做一些裹胁性的宏观的突破，开辟新视域即可。所以，此处笔者也这样处理：做“安置不同教派修行境界”的一般原则，但不做很细致的排名。

总体上，把儒道佛三教定为通达了“三级架构”的。但是各有缺点，例如佛家几乎不涉及形而下领域，没有儒家《周礼》与道家种种医术与《孙子兵法》这一类在形而下世界可以直接解决社会俗事的东西——但是按佛教的世界观，俗世本就是“幻”，所以，涉及太多的形而下俗务，会让人更加沉迷于红尘，笔者赞同这种观点，作为一种“教”，佛教发达的形而上理论建构足以弥补其在形而下方面的不足；道家心性论不及儒佛发达，且在阴阳刚柔问题上，早期道家偏于柔，未像儒家那样中庸，刚柔并济，文武之道，一张一弛；而儒家功夫论不及佛道两家，且形而上神学（最“像宗教”的一块）体系不发达；道家功夫论的发达可以弥补其心性论的缺失，但是儒家心性论的发达难以弥补功夫论的简陋，因为功夫修行不到家，仅仅做心性论研讨，易陷入空泛的文字概念游戏，并且不能保证其概念一定能与修行功夫的境界对应上。所以笔者认为，虽然儒道佛三教皆通达生活儒学的三层级，但内部排名的话，儒家未必是第一，其实这样才有意思：生活儒学名字里本就有“儒”，如果它作为“裁判”把自己判第一，那还有什么悬念？反之，按儒家的标准却没把儒家排第一，那才说明这个理论有更大的挖掘空间。

亚伯拉罕系列宗教普遍有所谓“一神教高于多神教”“反对偶像崇拜”的谬论，这是两个原则性的错误。只要还执着于“一”“多”之分，甚至认为“一”高于“多”，就是还没领略《中论》说的“非一非异”以及华严宗说的“一多相容”[28]，如果他们真正了解佛教道教，也就会发现佛教道教并非他们理解的“多神教”这么简单，而是同时具备“多神教”“一神教”“无神教”的特点。“反对偶像崇拜”更是思想混乱：一方面反对“偶像崇拜”，另一方面又强化“法执”，虽然反对按人的形象塑造神像，但是以五角星、六角星、八角星、十字架、星月这些连人形都没有的东西作为自己宗教的标志性符号，不让拜偶像却执着于符号。但是在这个档次中，天主教、东正教有突破这种错误思维的倾向，例如，崇拜天主的同时念诵圣母玛利亚，所以基督新教常批判天主教、东正教有“多神教”倾向，并且天主教、东正教有耶稣及圣母的雕像，被新教批为“偶像崇拜”，但是笔者看来这才是优点，所以在亚伯拉罕系列宗教之中，笔者较为推崇天主教、东正教。同理，有些穆斯林倾向于把“众天使”解释为“众天神”，笔者亦十分赞成。

讨论完了第一个问题（“生活存在层级”各个宗教是否达到），现在讨论第二个问题：“形而上层级”他们有没有达到。

淫欲问题的重要性在第三章第三小节已经说过，如果人承认阴阳话语体系，并且追求形而上的解脱，那么必须重视淫欲问题。所以，所有的宗教都有禁欲倾向（注意，笔者此处说的是“倾向”，而非绝对禁欲，绝对禁欲一般人做不到，如果一个宗教要求所有信徒无论在家出家都绝对禁欲，那么恐怕多数信徒都退教了，所以，各宗教的先哲们都做了变通），和尚道士之外，天主教主流的神父修女也是要禁欲的，伊斯兰教、婆罗门教也都有禁欲内容。

此外，第三节讲阴阳问题时还有几处讲到别的宗教在形而上学的共性：第二处是第二节讲各个宗教都倾向于把形而上世界定为纯阳（例如，各宗教都有“永生”的说法，并且神明都是男性形象，生为阳死为阴，男为阳女为阴）；第三处是第三节讲各宗教普遍对男性女性的看法。

如果按每个宗教自己的视角看自己，都达到了形而上层级（如果没达到形而上层级，那就不是宗教了）。但是，按佛教的看法，很多宗教甚至连形而上层级也没达到。因为，佛教讲六道轮回，其他宗教所追求的彼岸世界如果仅仅是天道，那么，把六道轮回设定为形而下世界的话，那么很多宗教仅仅在形而下境界中。

这确实极有可能，理由是：第一，在第三章笔者论证过，佛教的形而上世界是“纯阳无漏”，而很多宗教描述的彼岸世界乃至神都没达到这个境界。例如，若从气场看，亚伯拉罕系列宗教经典多次出现阴杀之气：逐出伊甸园，发大洪水，尤其是在《出埃及记》中，法老已经有意放希伯来人走了，“耶和华使法老的心刚硬”[29]，这不成了耶和华引导法老犯错，再反过来惩罚法老吗？《古兰经》把这一段改动了，改后安拉（耶和华）的形象变得仁慈达理了很多，[30]但是《古兰经》另一处又说“真主增加他们的心病”[31]。

第二，本文设定的佛教中形而上世界是“无漏”的，“漏”有一个意思的起心动念、生烦恼。试看外道典籍，包括亚伯拉罕系列宗教、古埃及宗教、古希腊宗教的神明，都起心动念，有贪嗔痴慢疑。

第三，既然笔者判定佛教的形而上世界与禁欲紧密联系，并且认为有可能其他宗教的彼岸世界仅仅是天道，其他宗教也都有禁欲倾向，那么需要证明他们虽然禁欲但是没达到形而上的“无漏”，仅仅是天道的境界的可能性。恰好，佛家“三十三天”的理论也认为天道众生淫欲也轻于人道。例如，人在胯下生育，性交流出体液，女性生子，而高一层境界的天道众生就从腋下生子，再高一层的天人从头顶生子，并且越往上，越接近“无漏”，人性交流出体液，高一层的天人仅仅牵手就可以传递阴阳二气，就可以受孕，再高一层的天人，仅仅对视就完成了性交，阴阳能量通过目光即可传递；低层天人女性生子，高层天人则是男性生子……总体上，越“向上”，阳性越强，“欲漏”越少。

也就是说，阳气强弱是相对的，同理，虽然天道众生尚未跳出形而下的六道轮回而达到形而上的“纯阳无漏”，但是，从下一级向上看，上面那一层是更接近于“纯阳无漏”的。

所以可以理解为：虽然别的宗教都有“纯阳无漏”的倾向，但是，如果把佛教的形而上世界安置在生活儒学的形而上层级，把六道轮回安置在生活儒学的形而下层级，再以生活儒学判教，那么，许多“外道”虽然是宗教，但是连形而上层级都没达到，他们只是在人类的视角仰望形而上世界，其天堂比人类世界更接近“纯阳无漏”的形而上世界，但是仍未达到“纯阳无漏”，仅仅是“更接近”。

即，“形而上—形而下”的视角也是可以“相对”的，外道在人道看天道，觉得是形而上世界，佛家在佛菩萨刹土看整个六道全是形而下世界。同理，形而上世界也分相对，例如，阿罗汉已经可以跳出六道，算是形而上者，但是从佛的更高角度来看，仍旧不究竟圆满。

天干地支之中其实有这种道理：地支作为抽象符号并且可以代表阴阳五行的一定规律，从世俗事物角度看，地支是形而上者，但是从天干的角度看，地支又是形而下者：（1）“地支藏干”，天干为体，地支为用；（2）地支打头的是“子”，子虽序列为单数，为阳，但是子为水，水为阴，且按“地支藏干”，子藏癸，癸为至阴，地支以至阴开头，而天干开头甲木为阳；（3）“地支藏干”（尤其是一个地支藏二三个天干）代表了杂气，而天干气更纯。所以，从原本我们认作形而上者的地支看天干，会发现天干才是更符合“纯”“阳”条件的。所以可以设定外道与佛教也是这种关系。

但是道家是达到了形而上“纯阳无漏”境界的，“纯阳无漏”这个观念本就是佛道通用的。

（也许有读者一开始疑惑，为何笔者要把“阴阳”话题与“参修境界的安置”话题放进同一篇文章写，至此，可以明白：前者的很多结论正是后者的依据。）

（二）佛教内部各个宗派参悟修行的境界在“三级架构”中的安置

众生因机缘各异，发展出来佛教很多支派。本文主要讨论“八宗”：律宗（南山律宗）、净土宗（莲宗）、三论宗（三论宗也是狭义上的空宗，而广义上的空宗则是一切“空”的思想都包括，包括禅宗）、禅宗（佛心宗）、唯识宗（慈恩宗、法相宗，也是狭义上的有宗，而广义上有宗包括一切“有”的思想，例如净土宗的弥陀信仰）、华严宗（贤首宗、法界宗）、天台宗（法华宗、止观宗）、密宗（真言宗、金刚乘瑜伽宗）。

在本文的语境下，把三论宗、禅宗归入“生活存在”这一层级，在本文第二节已经论证过了，把净土宗归入“形而上存在者”这一层级，在第三节也论证过了。将律宗归入“形而下存在者”这一层级应该也没有争议。现在讨论剩下的四家：华严、天台、唯识、密宗。

唯识宗讲心识，华严宗有“一心二门”，天台宗有“一心三观”，现在我们集中讨论“心”。笔者认为，“心”既然不是世俗事物，而且是能通过起心动念造业而决定来生投胎到哪一道的，它肯定不能是形而下者，并且心本身也不是“空”，而更像“有”，所以它应当是形而上者。

现在问题来了：第二章把“三法印”“五法”“缘起性空”作为佛教最根本的“身份标识”，而“一心三观”“一心二门”之中，“心”是统摄“空”“真如门”的，难道“心”的地位更高吗？笔者的答复是：根本原因在于“存在”的“存在者化”。“真如”“空”这些概念，是“存在”这个层级上的，但是，把它作为具体的修行的项目，它就“存在者化”“对象化”了，例如，法师教给你修“空”，无论是“一心二门”还是“一心三观”，只要对方告诉你“真如门”“空”这几个字，作为法师口中具体的发音，它就成了形而下的存在者，哪怕不说出来，仅仅心中动了“我要修真如门，修空观”这个念头，作为具体念头，它也就变成了形而下存在者，所以能被形而上的“心”统摄。

解答了这个问题，也就说明了“心”作为形而上者是可以成立的。唯识宗可以作为形而上存在者这个层级的教派，而华严、天台有“一心三观”“一心二门”，统摄了空有（虽然作为具体概念具体文字的“空”是形而下存在者，但是“空”的内涵在生活存在本源层级），所以判为圆教。

至于密宗，唐密与华严宗相通之处甚多，因华严判为圆教，故而唐密也判为圆教。日本密宗之中，东密基本上继承于唐密，台密又有天台宗的传承。西藏密宗中，红教宁玛派讲“基—道—果”三要素，以中观为基，大手印为道，大圆满为果；红教之外，别的藏密派系表达上有细节差距，但是总体上也是这样，例如：本尊瑜伽与上师瑜伽是修形而上存在者，而“轮涅不二”之境界是回归于本源层级。

综上所述，生活儒学视域下，佛教八宗的修行境界可以这样安置：

形而下教：律宗。

形而上教：净土宗，唯识宗。

生活存在教：禅宗，三论宗。

圆满统摄教：华严宗，天台宗，密宗。

有人可能疑惑：本文使用了大量篇幅完善净土宗的神学体系，何以到了最后净土宗仍然不是圆教呢？原因在于：净土宗以弥陀信仰为主要内容，但是弥陀信仰并非净土宗独有，华严宗、天台宗、密宗都有弥陀信仰，弥陀信仰的神学化梳理对于各宗都有意义，对于净土宗好处最大，因为它原先理论最薄弱，但是它补充这一块理论的同时原先的“圆教”也补充了这一块理论，所以它仍不能取代那些“圆教”的地位。

或者说，净土宗也分狭义的、广义的。狭义的净土宗是与另外七宗并列的。广义的净土宗则是渗透在另外七宗之中的，例如：密宗的“本尊瑜伽”其实就是一种净土修法；华严宗讲“法界”，佛菩萨的净土也是法界的一种；禅宗则是修“即心即佛即净土”……所以也可以说“狭义上的净土宗”不是圆教，但“广义上的净土宗”是圆教。

结　论

本文第一章讲了本文的几个理论价值：证明生活儒学理论的普遍适用性、在“生活存在”与“缘起性空”之间建立联系、完善净土宗理论体系、解决净土宗与禅宗的纠纷，扩展开来是对八宗都进行判教，乃至于对外道进行判教，并且以阴阳思想贯穿上述问题。

第二章则建立了佛教与生活儒学最根本的联系：缘起性空对应生活存在本源层级。其中最关键的一处是用僧肇的“虽无而非无”对应黄玉顺教授的“我这里说的无，不是一般人理解的 nothing”。建立了“存在者层级，有无相反；存在层级，有无统一”的体系。

第三章在生活儒学的三级架构下安置了佛教的阴阳，先以阿弥陀佛信仰统摄全部佛教，又论证了其“纯阳”属性，联系到其他宗教也有类似观点，这一块，为第四节的“各种参悟修行的境界的安置”埋下伏笔，最终建立了“生活存在层级无阴无阳，亦阴亦阳；形而上存在者层级显为纯阳，隐含阴阳；形而下存在者层级显为阴阳交杂，隐有纯阴”的体系，并且捎带着涉及了淫欲、有漏、无漏、起心动念、虐待心理，论证了形而下世界必然是与有漏淫欲联系在一起的；性虐心理问题从根本上说是形而下世界众生内心深处的常态；“万恶淫为首，百善孝为先”这句话就隐藏着形而下凡俗世界的矛盾；怎样从生活儒学“奠基关系”的视域看待孝、内丹、外丹、禅、止观。

第二章与第三章都专门讨论过“诸行无常，是生灭法，生灭灭已，寂灭为乐”这段话，在第二章以它为对象分析有、无、存在、存在者、空这几个概念的意义；在第三章，又按生活儒学三级架构研究了“生”“灭”的阴阳属性。

第四章由上一章的阴阳问题引到了各种参悟修行境界的问题，对佛教外各种宗教进行了讨论，由于佛教外各种宗教太多，所以本文仅仅讨论了一般原则，例如，儒释道三教判为通达三级架构的宗教，由《中论》“非一非异”与华严宗“一多相容”出发，批判了“一神教高于多神教”的观点。并且提出：“形而上—形而下”也有相对性，某个宗教认为是形而下的境界，在另一个宗教看来也许是形而上的，例如，其他宗教的天堂，在佛教看来仍然不究竟圆满，仍在六道轮回内的天道，但是笔者认为道教除外，道教达到了佛教同样的形而上“纯阳无漏”境界。虽然别的宗教未必达到，但是，总体上，越接近形而上世界的，越倾向于“纯阳无漏”，这是所有宗教的通性。这是对外安置。对内，按生活儒学三级架构安置了佛教内八宗，并且提出“狭义的净土宗”与“广义的净土宗”之分。

参考文献

[1] 冯达文、郭齐勇：《新编中国哲学史》，人民出版社，2004，第314~385页。

[2]（唐）慧能：《坛经校释》，郭明校释，中华书局，1983，第27页。

[3]（南唐）静、筠二禅师：《祖堂集》，中华书局，2007，第789页。

[4] 黄玉顺：《生活儒学讲录》，安徽人民出版社，2012，第23页。

[5]《金刚经》，中华书局，2010，第9页。

[6]《金刚经》，中华书局，2010，第10页。

[7]〔印度〕室利阿罗频多：《薄伽梵歌论》，徐梵澄译，商务印书馆，2003，第532、549、551页。

[8] 南怀瑾：《楞伽大义今释》，复旦大学出版社，2009，第354页。

[9] 黄玉顺:《马克思与西方现代哲学》,《山东社会科学》2006 年第 11 期。
[10] (东晋)僧肇:《肇论校释》,张春波校释,中华书局,2010,第 32 ~ 60 页。
[11] 黄玉顺:《生活儒学与当代哲学》,《理论学科》2010 年第 8 期。
[12]〔德〕海德格尔:《形而上学导论》,商务印书馆,1996,第 3 页。
[13] 黄玉顺:《生活儒学讲录》,安徽人民出版社,2012,第 24 ~ 26 页。
[14] (东晋)僧肇:《肇论校释》,张春波校释,中华书局,2010,第 32 ~ 60 页。
[15]《无量寿经》,中华书局,2010,第 21 ~ 24 页。
[16]《无量寿经》,中华书局,2010,第 26 页。
[17] 水境居士:《七俱胝佛母大准提陀罗尼》,宗教文化出版社,2009,第 12 页。
[18] (民国)堪布阿琼仁波切:《前行备忘录》,索达吉堪布译,第 401 页。
[19]《法华经》,中华书局,2010,第 446 页。
[20]《净土诸经今译》,中国社会科学出版社,2003,第 175 页。
[21]《无量寿经》,中华书局,2010,第 26 页。
[22]《法华经》,中华书局,2010,第 387 页。
[23]《法华经》,中华书局,2010,第 419 页。
[24]《二程集》,中华书局,1981,第 693 页。
[25]〔法〕萨特:《存在与虚无》,陈宣良译,生活·读书·新知三联书店,1987,第 443 ~ 504 页。
[26] 张志刚:《宗教学是什么》北京大学出版社,2008,第 138 ~ 150 页。
[27] (宋)张载:《横渠易说》,见《张载集》,中华书局,1978,第 69 ~ 138 页。
[28]《大方广佛华严经》,香港佛经流通处,1997,第 41 页。
[29]《新旧约全书》,中国基督教协会印刷,1989,第 63 页。
[30]《古兰经》,马坚译,中国社会科学出版社,1996,第 369 页。
[31]《古兰经》,马坚译,中国社会科学出版社,1996,第 1 页。

(责任编辑:涂可国)

《易传》形上学的双向开展

——以“变易本体论”为指引

张小星*

摘 要 本文在“变易本体论”的指引下，顺着一般形而上学之“立本—造物”的双向开展样态，在进一步解读《易传》文本的基础上，重新考察了《易传》形上学的架构。《易传》形上学展开为“立变”与“成业”的双向回环，其所确立的形而上者是一种变动不居、流行无体的“至变”，这一“至变”本体源于一种由生活情境所给出的“观物”活动；而形而下者则是由道之“变动”以“变化”和“变通”的方式所给出和构造的，包括由变化而生成的自然万物和由变通所成就的人事功业。通过对《易传》形上学的解读，我们可以进一步明确易学对于当代中国哲学重建的意义。

关键词 易传 变易本体论 观物 事业

在现当代新儒学开展与勃兴的进程中，《周易》经传的重要性不言而喻。一者，从20世纪初中国的思想格局来看，现代新儒家通过重新诠解《周易》建构出了多元化的哲学体系，如熊十力的“乾元本体论”、方东美的“生命形上学”等，尽管其中还有不尽如人意之处，但他们为之付出的哲学式转化的努力却是不可磨灭的；二者，就当下中国的思想潮流来看，新世纪大陆新儒学的发荣与滋长依然与易学有着难以割舍的“因缘”，如秋风

* 张小星（1992～,）山东大学儒学高等研究院2015级硕士研究生，主要研究领域：儒家哲学。

的“周易政治哲学”、黄玉顺的“生活儒学”等，[①]虽然其理论创构之价值尚待时间检验，但他们对于《周易》经传的重视以及为之做出的现代性诠释无疑是有目共睹的。因此，我们不仅不能忽视现当代易学的研究成果，同时更应当在此基础上展开对《周易》文本的进一步解读，明确其在中国当代哲学重建过程中的意义。

这样一来，一个重要的任务就摆在了我们面前：在承继现当代易学研究的基础上，如何进一步展开对《周易》文本尤其是《易传》的解读？以及这样的解读意味着什么？其对于中国当代哲学重建究竟意义何在？近年来，黄玉顺在其“生活儒学”视域下通过对《易传》文本的解读所建构的“变易本体论”[②]为我们重新认识《易传》哲学提供了新的契机和线索。为此，本文将顺着“变易本体论”所给出的线索展开对《易传》形上学的反观，并从中探察其对于重建儒家新形而上学的启示。

一 “变易本体论”的指引

在《形而上学的黎明——生活儒学视域下的“变易本体论”建构》一文中，黄玉顺主要探讨了两项内容：一是重申了生活儒学之于形而上学及本体论的一贯看法，[③]二是在生活儒学视域下通过对《易传》的解读建构了的“变易本体论”的基本形态。

（一）一般形而上学之“双向回环”

我们知道，“形而上学”作为对西语“metaphysics”一词的对应翻译，源自《易传》中“形而上者谓之道，形而下者谓之器”一句，因而在一定意义上，《易传》的思想便可作为汉语思想中最早的“形而上学”，这种“形而上学”是对作为形而上者的“道”的追问和言说，并以之为根基来构造作为形而下者的“器”。随着哲学史的自身展开，一般意义上的形而上学

① 关于当代大陆新儒学中的易学研究，学界关注尚少，但不能因此而忽视其与易学或深或浅的思想关涉。

② “变易本体论”的基本观念由黄玉顺在其2015年发表的文章《形而上学的黎明——生活儒学视域下的“变易本体论”建构》中提出。

③ 黄玉顺关于形而上学的讨论，除《形而上学的黎明》外，还可见《生活儒学导论》《形而上学的奠基问题——儒学视域中的海德格尔及其所解释的康德哲学》《生活儒学与形而上学之关系——致胡治洪教授》《形而上学略论——回复陈明先生》《主体性的重建与心灵问题——论当代中国哲学的形而上学重建》等。

即由最初的“研究‘实是之所以为实是’，以及‘实是由于本性所应有的禀赋’”的“综合性学术”[1]逐渐转变为一种反思和追问世界的终极实体或绝对形而上者的学问，由于这样的终极实体或绝对形而上者也被称为“本体”，所以形而上学也被称为“本体之学”或“本体论”；其核心内容在于寻求所有的物或存在者的最终根据，并将此根据作为某种绝对的先验设定，进而以之为终极原则，去解释和构造众多相对的形而下存在者。所以，一般性的形而上学或本体论从一开始就肩负了“设定绝对本体”和“构造相对万物”的双重使命。

进而言之，正是此双重使命，决定了一般形而上学或本体论所关切的问题呈现出双向开展的样态。对于这一样态，正像《形而上学的黎明》所写的那样：“首先是透过现象追寻本体，即由众多相对的形而下者出发，寻求他们背后的唯一绝对的形而上者”[2]，笔者将此向度称为“立本向”[3]；“然后以这个本体来阐明现象，即以形而上者为终极根据，由此阐明诸多形而下者何以可能”[4]，笔者将此向度称为“造物向”[5]。所以，对于一般性的形而上学，我们便可以将其归结为围绕着“形而上者”展开的“立本—造物”的“双向回环”历程。

当然，这一“双向回环”仅仅是对一般形而上学架构的大略勾画。具体地说，我们可以依此“双向回环”之架构实现对于一般形而上学所讨论之问题的明确和把握，并针对“形而上者”的观念描述出其主要范围。首先在“立本向”上，其主要问题涵括有“何为本”和“如何立”，也就是“所设定的形而上之本体是什么”和“这一形而上的本体是何以可能的”两个问题；其次在“造物向”上，其主要问题涵括有“如何造”和“物为何”，也即“作为形而下的万物何以可能”和“由此本体所解释和构造出的万物呈现为什么”两个问题。这样一来，一般形而上学之问题便呈现为以上四者，而通过对此双向回环之问题的分疏，我们也就获得了对一般形而上学的具体而清晰的把握，而这正是我们讨论形而上学所应最先明确的。

（二）变易本体论之“缺失”

在《形而上学的黎明》一文中，黄玉顺在生活儒学的视域下通过对《易传》的解读，建构出了“变易本体论”（change ontology）的基本观念。概括地说，“变易本体论”主要包含两个方面：一是揭示出作为形而上者的“变易”本体，二是描述出“变易本体”之所以生成的“生活本源”。

首先，“变易本体论”认为，形而上的本体是一种流动的“变易”。中国哲学中的形而上者并非像西方哲学所认为的那样是某种静止的实体，而是以《易传》哲学为典型所确立的一种“变易”，这样的“变易”作为“形上之道”，其基本特征表现为“周流变动、相易无常，既非唯物，亦非唯心，乃‘唯变’”[6]。其次，在“变易本体论”看来，这一“变易本体”渊源于一种“流变之生活”。“变易本体”源于阴阳交易、交感的观念，而阴阳之交易、交感的观念则源于生活感悟、源于对流变生活的观察，其是“生活感悟的存在者化、本体化、形而上学化的结果”，而“变易本体论”即是在讲“流变之为流变、变易之为变易”[7]。因此，黄玉顺希望通过尝试建构“变易本体论”的基本形态而展现“新形而上学曙光初露的黎明”[8]，进而建构新形而上学，以便在观念层面解决我们当下的生活问题。

在当前新儒家形而上学重建的问题上，黄玉顺把目光非常明确地投向了《周易》，尤其是《易传》哲学，这不仅会在当下大陆新儒学内部产生持久的讨论，而且也会在《周易》之现代诠释和转化方面引发进一步的反思。在此，笔者深为青睐的是其对《易传》的重新解读，尤其是“变易本体论”之建构对于《易传》哲学的揭示和转化。笔者这样说，主要是想表达两层意思：(1) 黄玉顺对于《易传》哲学的解读并依之而建构新形而上学的工作是重要且富有成效的。因为“变易本体论”的建构关系到我们对《周易》哲学以及新形而上学之建构的认识和反思，经过这种认识和反思能够有助于我们创构出一种现代新型的儒家哲学形态。(2) 黄玉顺所进行的解读和重建工作还尚未完成。因为就一般形而上学之双向开展而言，从《易传》中解读出的“变易本体论”仅仅展示了其“立本向”而尚未开显出其“造物向”，也就是说其“造物向”暂时是“缺失”的，而想要“补全”这一“缺失”则仍需返回到《易传》哲学，继续对之做出解读和转化。所以说，这便为我们继续解读《易传》形上学敞开了新的可能和空间。为此，笔者将在“变易本体论”的指引下顺着一般形而上学之“双向回环”样态展开对《易传》形上学的进一步的分析和解读，并以此而审视《易传》哲学的现代意义。

二 “观物”以立“至变”

相对于“变易本体论”从“本体”观念而展开对《易传》的解读，笔者则较为倾向于从“形而上者”的观念出发，去理解《易传》形上学。这既是出于对《易传》之“形而上者谓之道”的文献遵循，也是出于对一般形而上学之“双向回环”架构的恪守。故在此先从“立本向”入手，探察《易传》之“形而上者是什么”以及“此形而上者何以确立”。虽然“变易本体论”对此已有申述，但为了反观《易传》哲学之整体，在此有必要对之做出详尽考察。

（一）形而上者谓之“至变”

之所以《易传》为历代易学家所重视，是因为它最先提出并区分了“形而上者”和“形而下者”的观念，此即《系辞上传》：“是故形而上者谓之道，形而下者谓之器。”然而这些观念尤其是“形而上者”究竟应当如何理解呢？孔颖达《周易正义》解释：

> “是故形而上者谓之道，形而下者谓之器”者，道是无体之名，形是有质之称。凡有从无而生，形由道而立，是先道而后形，是道在形之上，形在道之下。故自形外已上者谓之道也，自形内而下者谓之器也。形虽处道器两畔之际，形在器，不在道也。既有形质，可为器用，故云“形而下者谓之器”也。[9]

这是对“形而上者”与“形而下者”的进一步诠解，简单地说就是：“形而上者”指“无体”之“道”，即“形而上者”是无形质之谓；而“形而下者”指“有形质”之“器用”，即“形而下者”是有形质之称。就“道”而言，其为“无体之名”，就是说“道”是用以指称“无体”的，那么何谓“无体”呢？《系辞上传》：“故神无方而易无体”，显然“无体”在此是用以称述“易”之特性的。而这样一来，“道”就转变为“易”之名，也就是说“道”和“易”在“无体”之联结中具有了等同性。

那么，如何理解“无体”呢？孔颖达解释说：

> 无体者，一是自然而变，而不知变之所由，是无形体也；二则随变而往，无定在一体，亦是无体也。[10]

这表明“无体”有两种意义：一是无形，二是无定。然而，之所以其能够“无形”“无定”，则由于其“变”。按照孔疏，“无体”本身是“变”

的，一来此“变”本身乃是自然而然的，且难以获知其“变”之缘由，此即“变”之成为“变”本身而具有绝对性；二来“无体”本身随着自身之“变”而呈现为动态往复之流变，而非固定凝滞为一物，所以“无体”本身即成为“变”本身。这样一来，“易无体”说的即无形无体、流变不定的“变”本身，而作为“无体”之名的“道”也就随之而转成“变”本身，所以《易传》多言“变化之道”。

此外，从《系辞上传》：“易无思也，无为也，寂然不动，感而遂通天下之故”与“非天下之至变，其孰能与于此”等句中也能看出这种“易”之为“变”本身的绝对本然的主体性。对于前者，孔颖达解释：

> “易无思也，无为也”者，任运自然，不关心虑，是无思也；任运自动，不须营造，是无为也。“寂然不动，感而遂通天下之故”者，既无思无为，故“寂然不动”。有感必应，万事皆通，是“感而遂通天下之故”。[11]

这表明“无思无为”之“易”本身乃是思为自思、动为自动，自然而然、无须用心的，不仅不是寂然不动，反而是随感而动、有感必应的。这正与上文所言之“无体”的自然随往而相应。对于后者，孔颖达解释：

> “非天下之至变，其孰能与于此”者，言此易之理，若非天下万事至极之变化，谁能与于此者，言皆不能也。此结成易之变化之道，故更言“与于此”也。[12]

此处更为显豁，直言“易之变化之道”，将“易之理”解释为“天下万事至极之变化”，而此“至极之变化”正是“变本身”，即“至变”。由此可知，“道”或“易”即由“无体”而转化为“变”，而“变”之为“变”即成为“至变”。

综上所述，由“道”便可以通达“形而上者”，“道”为“至变”，故此“形而上者”即谓之“至变”，所以《易传》说：“易之为书，为道也屡迁，变动不居，……唯变所适”。这就是《易传》形上学在其“立本向”上所确立的“形而上者”即“至变”，这与“变易本体论”所确立的“变易”其实是一致的。

（二）观物以立“变”

既然《易传》所确立的形而上者是作为“无体”的“至变”或“变易”，那么接下来的问题便是：这一“至变”观念是何以可能的，也即“变”的观念是如何形成并确立的？通过对《易传》的理解，笔者以为，观念层面的“变”源于一种对生存经验意义上的“交感”行为的观察和体悟，具体呈现为“交感→观象（观感→观物→观象）→成变”的思维跃升历程。

为了能够清晰梳理出这一跃升历程，在此先从“观象”展开。一般说来，“观象”可理解为对普通对象或事物的直接观察。对此，《易传》包含“观感”“观物”和“观象”三层，并以“观物”① 为核心，因为“观物”本身是一种展示为“主—客”对立架构的认知活动，其不仅是对生存经验的思虑性表现，而且是表象化的观念得以生成的前提。在《易传》中，“观物”传达的是主体之人对于客体之天地万物的直接观察，其目的在于辨明和分类所有的物并探察和究知其中的原委。《系辞传》说：

> 古者包牺氏之王天下也，仰则观象于天，俯则观法于地，观鸟兽之文与地之宜，近取诸身，远取诸物，于是始作八卦，以通神明之德，以类万物之情。
>
> 仰则观于天文，俯则察于地理，是故知幽明之故。

在此表明“仰观天象”和“俯察地理”等行为都是“观物”，而且是一种有目的的经验认知活动。在观者是作为主体的“包牺氏”，所观者是作为客体的天地鸟兽等实物，其初衷即是通晓万物之德性并区别万物之情状，即“通神明之德”和“类万物之情”。然而，问题在于何以“观”能够“通神明之德”“类万物之情”呢？

首先，就“万物之情”② 而言，《咸彖传》：“天地感而万物化生。观其所感，而天地万物之情可见矣”。这就是说天地万物之情状的呈现在于“观其所感”，即观察天地之“感”。从《咸卦》本身来看，《咸彖传》谓：“咸，感也”，并且本卦“咸”实指男女之交欢[13]，所以“感”最初指“男

① 黄玉顺对“观物”观念做过考察，见《论“观物”与“观无”——儒学与现象学的一种融通》，《四川大学学报》（哲学社会科学版）2006 年第 4 期。

② 除此《咸彖传》外，《恒彖传》：“观其所恒，而天地万物之情可见矣”，言此万物情状之恒久。

女之交感”，而“观其所感”首先说的便是“观男女之交感”，其次才是由之而外推的“观天地之交感”。如此说来，“万物之情”就呈现为一种“交感”状态，以诸身诸物言之，即是“天地氤氲，万物化醇；男女构精，万物化生”，故天地万物之实情即呈显为一种生生不息的样貌。虽在此采用的是一种“探赜索隐”式的回视，由“观物”经“观感”而最后探知“交感”本源；但就“交感”本身来说，正是如此这般的“相交结构”使得“万物之情”可“类”；进一步地说，也正是“交感”构成了“观感”以及“观物”诸行为得以发动的本源，而此本源结构则是一种习常的生活情景、一种源初的生活感触[14]。

其次，就“神明之德”而言，《系辞下传》：“乾，阳物也；坤，阴物也。阴阳合德，而刚柔有体。以体天地之撰，以通神明之德。”此即是说在“观物”的基础上，可以“类聚”的方式将万物之德性归类为“乾”和“坤”，进而以“群分”的方式将万物分别为“阳物”和“阴物”。《系辞上传》：“生生之谓易，成象之谓乾，效法之谓坤”，此处“成象”可理解为“观象于天”，其所成之“象”是为天之乾德，即大生之“刚健”，而“效法”可理解为“观法于地”，其所效之“法”是为地之坤德，即广生之“柔顺”。并且，就“阴阳”本身“背阴向阳”之意来看，与其以“阳物”释“乾”而以“阴物”释“坤”，不如说万物本有之德性即为“阳”和“阴”，况且“阴阳”概念比之“乾坤”概念更具表象的功能。这样一来，源初意义上的“男女交感”便经由“乾坤交感”，而最终抽象化为“阴阳交感（阴阳合德）”[15]。所以，这一由“观物”而达“观象”的思维迁跃，即为一种“钩深致远”式的直通。然而，须注意的是，在此所抽象出的表象化的“阴阳”范畴及其“合德（交感）”结构使得“变”的观念得以生成，此即《易传》所谓：“刚（阳）柔（阴）相推而生变化。”

“阴阳”观念在《易传》中实与“道”相关联。《系辞上传》：“一阴一阳之谓道”，此即是说作为形而上者的“道”是一种呈现为二元结构的“一阴一阳”。从“乾坤”观念来看，《系辞上传》：“阖户谓之坤，辟户谓之乾，一阖一辟谓之变”，孔颖达解释：“阖户谓闭藏。辟户谓吐生万物，若室之开闭其户。‘一阖一辟谓之变’者，开闭相循，阴阳递至，或阳变为阴，或开是更闭，或阴变为阳，或闭而还开，是谓之变也”[16]，这就是说由乾、坤二性之“一阖一辟”所呈现出的开闭相循，实际上指的是阴、阳两个范畴之间的递至更变，即阳与阴之间的互变。

所以，“一阴一阳”即可谓之曰“一阖一辟”，而“道”也随即转化为“变”，即“一阴一阳之谓变”，故此“一阴一阳”之合德交感结构也转生成为一种开合更替的“流变”或“变易”，进一步地说，这就是由仰观俯察而探知的“幽明之故”。由此即完成了从“观象”到“成变”的观念生成历程，所以《易传》说：“观变于阴阳而立卦”“圣人设卦观象”，“刚柔相推，变在其中矣”。

综上可知，“变”观念的生成，即是源于一种对“交感”情境的体悟，而展开为“交感→观象→成变”的思维跃升历程。故而《易传》形上学的“立本向”可归结为：“圣人有以见天下之赜，而拟诸其形容，象其物宜，是故谓之象。拟之而后言，议之而后动，拟议以成其变化。”

三 “变动”以成“事业”

就《易传》形上学的展开来说，通过“观物”而确立“至变”仅是第一步，更为重要还在于以此“至变”为原则来构造和解释形而下的“器用”，此即《易传》形上学的“造物向”。其具体展现为：形而上的“至变”如何构造和说明形而下的“器”？以及形而下的“器”究竟呈现为什么？对此，笔者从“变化生万物”和“变通成事业”两个方面予以阐明。

（一）造物总纲：“道有变动” 而 “开物成务”

在此详述呈列之前，统摄此向度的“造物总纲”有必要先行指出。具体说来，此“造物总纲”表现为两点：一为《系辞上传》之：“夫《易》何为者也？夫《易》开物成务，冒天下之道，如斯而已者也”；二为《系辞下传》之“道有变动”。

前者“道有变动”表明，形而上的“道”本身即是“变动”的。“道”作为形而上者是一种“至变”，其本身变动不居、周流相易，故此“道有变动”实属对于形而上者之德性的直接言明，此德性即为“变动”。

后者借孔子之言而说“易之功用”。孔颖达解释：

> “子曰夫易何为”者，言易之功用，其体何为，是问其功用之意。“夫易开物成务，冒天下之道，如斯而已”者，此夫子还自释易之体用

之状，言易能开通万物之志，成就天下之务，有覆冒天下之道。斯，此也，易之体用如此而已。[17]

在此，孔子对“其体何为”的解答就是对“易”之功用的说明，具体表现为“开物成务”，即“开通万物之志”和“成就天下之务”。进而言之，因为“易道”本身呈显为“无体”之流动“至变”，那么此处“易”之功用就是“至变”之功用，即形而上的“至变”本身能够“开物成务”，而此“物”与“务”便是与此“至变”相对应的形而下“器用”。

因此，这一“总纲”即可表达为：形而上的“至变”以其本身之变动发用而“开物成务”。然而，对于更深层次的问题，此处并未言明，如“至变”之“变动”如何理解？“至变”如何“开物成务”？其所开之“物”、所成之“务”具体指的是什么？这些都是此一向度必须回答的。所以“道有变动”而“开物成务”仅可作为此“造物向”的纲领性勾勒。

（二）开物：变化生万物

从《易传》来看，“道”的“变动性”具有两层含义：一为变化，指形而上的“至变”能够化生万物，即“开物”，标示着自然世界的构造；二为变通，指由“至变”所化生的万物经过“变而通之”而成就人事功业，即“成务”，此为以自然世界为基础而建构的人类社会与价值世界。这意味着“至变”并非直接变动即成其功用，而需经“变动”开显为变化和变通才可实现。在此，先行解读“开物”，即“变化生万物”。

《易传》全文，皆言变化，这无须多言，但就“变化”而言生万物的说法则相对较少。为此，试举两例，以明其意。首先，《坤文言传》：“天地变化，草木蕃”，孔颖达解释：

“天地变化”，谓二气相通，生养万物，故草木蕃滋。[18]

这是说“天地变化”本身指“二气”相通而生养“万物”。具体看来，“二气”实为“阴阳”之气，“二气相通”即为“阴阳交感”或“阴阳合德”，而“阴阳交感”能生变化、“阴阳合德”能“刚柔有体”，且“有体”相反于“无体”之“道”而为有形质的器用即“万物”。因此，“二气相通”能生养万物，也就是天地阴阳之变化而化生万物。

其次，《说卦传》："故水火相逮，雷风不相悖，山泽通气，然后能变化，既成万物也"，孔颖达解释：

> 故水火虽不相入而相逮，及雷风虽相薄而不相悖逆，山泽虽相悬而能通气，然后能行变化而尽成万物也。[19]

在此，其言山泽通气而能行变化，变化而能生成万物，此与《坤文言传》所言相类，也是在强调变化而生万物。具体地说，"山"为经卦"艮"的卦象，"泽"为经卦"兑"的卦象，山泽相通即为别卦"咸"的卦象。《咸彖传》："二气感应以相与。天地感而万物化生"，此"二气"依然是指"阴阳之气"，"感应相与"是为"互相交感"，也就是"阴阳交感"，而"阴阳交感"能成变化，所以说"天地感而万物化生"，因此山泽通气而能生万物。所以，这里表明的依然是"阴阳交感"即"至变"本身所开显之变化而生成万物。

综上所述，形上之"至变"以其"变动"而开显"变化"，由之而化生天地万物，此即"开物"之真谛，即以"变化"而构造"有体"的形下"器用"，此"器用"即为"盈天地"的世间万物，由此而构成生生不息的自然世界，所以《序卦传》说"有天地然后万物生焉"。

（三）成务：变通成事业

除"变化开物"以外，"至变"的另一功用表现为"变通成务"。与"变化"而成就的物化自然世界不同，"变通"所构造的是一个以自然世界为基础而关乎人类社会组织运行的价值世界。在此，以"变通"观念入手而展开。

首先，"变通"的本义与"时"观念紧密联结，指示的是一种"时变"，即随时而变、待时而动之意。《系辞下传》说："变通者，趣时者也"，此即是说"变通"实指一种"趋时"。孔颖达解释：

> "变通者，趣时者也"，其刚柔之气，所以改变会通，趣向于时也。若乾之用九，趣向勿用之时，乾之上九，趣向亢极之时。是诸爻之变，皆臻趣于时也。[20]

依此以言，“变通”指阴阳二气之互变会通，而之所以如此，则是因为不断趋向于“时”的缘故。而更为直接的理解可以说是：阴阳之交感可以生成“至变”，而“至变”又是自思自动的，而“时”观念亦因此“自动”而得以生成，也就是说“时”观念本身源自“变”，这样一来，阴阳二气之相通交会便因在在之“变动”而呈显“趋时”之状，此即“时变”[21]，故而“变通”即意为“趋时乃变”，因此《易传》说“变通配四时”。

其次，“变通”所指向的是一种“尽利”或“谋利”[22]。《系辞上传》：“变而通之以尽利”，这是对道之“变动性”的引申表达。“尽利”可以有两种理解：一是“尽物之利”，指变通之目标在于肯定和发挥自然万物本身的价值，此意见之于孔颖达的疏语。他说：

> “变而通之以尽利”者，变，谓化而裁之，通，谓推而行之，故能尽物之利也。[23]

这里以《易传》之“化而裁之谓之变，推而行之谓之通”来解释“变通以尽利”，就是说“尽利”指“尽物之利”，其由“变”和“通”所决定。具体来说，“化而裁之”指阴阳变化而相裁节，即随变而裁节万物；而“推而行之”指推此可变而行之，即推行所裁节之万物之意；因此“变而通之”就是说裁节万物而成器以推行致用，所以“尽利”即成“尽物之利”，指发挥自然万物之功用与价值。其实这正符合《系辞上传》本身所言“备物致用，立功成器，以为天下利”的主旨，而《系辞下传》说的上古圣人“结绳为网罟”“斲木为耒耜”以及“掘地为臼杵”等活动，表现的正是此“变通”之“尽物之利”。

二是“尽利”指“尽利于物”，表明“变通”所要实现的目标是助益万物，此为“尽物之利”的最终指向。《系辞下传》：“变动以利言”，此说的是“道”之变动发用即指向于“利物”或“利生”[24]。王弼注曰：

> 变而通之，以尽利也。[25]

在此“变动”意为“变而通之”，而“以利言”即指“尽利”。这就是说，“变动”之“道”蕴含着“变通”即“变而通之”的深刻意义，且正是此“变通”可以展露“变动”之“道”的“言利”性，因为“变而通之”本身即指向“尽利”。这里须指出的是孔颖达的解释，他认为“变动”所言之“利”指“利益于物”，即“尽利于物”。他说：

> “变动以利言”者，若不变不动，则于物有损害；今变而动之，使利益于物，是变动以利而言说。[26]

在此，“利”指“利益于物”，即“利物”，而且其由“道”本身所决定，也就是说“至变”本身之“变动”指向的即是“利益于物”①，因为假使作为万物根据的“道”是不变不动的静止实体，那么其不仅不会助益于万物，反而于万物有所损害，难以彰显天地本身的“生生大德”。所以结合王弼的注文，我们就可以说“变通”实为道之变动性的引申，其本身之“尽利”是由道之德性所赋予的，指“尽利于物”，即“变而通之以利益于万物”。

接着，就“尽利”本身而言，“尽物之利”实则先于“尽利于物”，前“物”指自然有形之器用，后“物”指社会生民。《易传》中，“变通尽利”实为其最终落脚，指向的是人类社会之组织运行，其所尽之“利”在利益于民，并因此而成就“天下之务”，从而凸显人对其自身生命的关怀和超越，此即《易传》所言“举而错之天下之民谓之事业”的意义所在。就“尽物之利”而言，包牺氏结绳利渔、神农氏斫木利农以及尧舜垂衣利治等，这些行为本身固然是顺时而来的“利用”行为，表面看来也是人们对自然价值的发挥，实则其显露的是人类自身对于群体生活秩序的规建以及个体道德性命的尊崇，正是形上之道“变通”发用而“尽利于物”的深刻体现，亦为“事业”的题中之义，故《易传》发明“崇德广业”之旨。

简而言之，就群体秩序的规建而言，《易传》追求的是随变而成的“宜”，故《易传》说：“通其变，使民不倦，使民宜之”“穷则变，变则通，通则久”等；就个体德性的尊崇来说，其崇尚的亦是随变而生的“盛”，故《易传》说：“日新之谓盛德”“利用安身，以崇德也”等。然而，无论是群体生活之“宜”还是个体道德之“盛”，根本上其都是由“至变”所决定而依“变通”所成就的，所以《易传》说：“功业见乎变。”

综上可知，易道“开物成务”呈显为由“变动”而展开的“变化生万

① 《益彖传》言道：“凡益之道，与时偕行”，此正符合“变通”本身之“时变”性。

物”和“变通成事业”，即形上之“至变”依自身之变动而创生自然万物，进而以此为基础展开社会制度与伦理道德的建构，此即《易传》形上学之“造物向”所展现的内容。

四　结语：《易传》形上学的现代启示

由此，我们即顺着一般形而上学之开展样态，重新解读和考察了《易传》形上学的主要架构。在此架构中，作为道的形而上者被确立为一种变动不居、流行无体的“至变”，而此“至变”则经由源初生活情境之交感所给出的“观物”活动所确立；作为器的形而下者则由道之“变动”所给出和构造，包含由变化而生成的自然万物和由变通所成就的人事功业，即道德伦理以及社会制度的建构，此即上文对《易传》形上学所做的解读与把握。

然而，对《易传》哲学的认识，不能仅出于我们对《周易》的喜好和偏爱，更为重要的则是我们应从中揭示出其对于当下中国哲学重建的启示。① 经上文对《易传》形上学的解读，笔者以为，这些启示至少体现在以下两点：

一是重视本源生活的奠基意义。《易传》确立的至变形上者固然来自于一种“观物”活动，但此“观物”活动本身却由一种源初的生活感触所给出，就是说“生活感触”在此具有奠基的意义。随着现代性生活的来临，传统形而上学显然已经失效，这就需要重建形而上学，而新形而上学的建构既不能照搬既往之形态，更不能凭空臆想，只能复归于当下的现代性生活，因为“形而上学本身就是为生活所涵摄的事情”[27]，所以就有了“变易本体论”的建构。

二是重视形而下者的构造根基与原则。《易传》本身虽然对形而下者即上文所言之“万物”和“事业”多有论述，但是尤其值得重视的则在于其所提出的构造形而下者的原则和根基，即变动所蕴含的“变化”和“变通”。这就是说，对于新形而上学的重建来说，问题不在于设定什么样的形上本体，而在于其设定的形上本体能否清楚地说明和构造形而下者。

---

① 关于易学对于当代哲学的意义问题，可参见黄玉顺《易学对于中国哲学当代重建的意义——现代新儒家哲学与易学的关涉》，《社会科学研究》2014 年第 3 期；郭萍《〈周易〉对于儒家哲学当代重建的启示——关于“重写儒学史”与“儒学现代化版本”问题的思考》，《社会科学研究》2015 年第 3 期。

参考文献

［1］亚里士多德：《形而上学》，吴寿彭译，商务印书馆，1959，第64、65页。

［2］黄玉顺：《形而上学的黎明——生活儒学视域下的“变易本体论”建构》，《湖北大学学报》（哲学社会科学版）2015年7月第42卷第4期。

［3］《易传》：“刚柔者，立本者也”。

［4］黄玉顺：《形而上学的黎明——生活儒学视域下的“变易本体论”建构》，《湖北大学学报》（哲学社会科学版）2015年第4期。

［5］《易传》有“以制器者尚其象”“立功成器”的说法，故此向度亦可称“制器向”或“成器向”。

［6］黄玉顺：《形而上学的黎明——生活儒学视域下的“变易本体论”建构》，《湖北大学学报》（哲学社会科学版）2015年第4期。

［7］黄玉顺：《形而上学的黎明——生活儒学视域下的“变易本体论”建构》，《湖北大学学报》（哲学社会科学版）2015年第4期。

［8］黄玉顺：《形而上学的黎明——生活儒学视域下的“变易本体论”建构》，《湖北大学学报》（哲学社会科学版）2015年第4期。

［9］李学勤主编《十三经注疏·周易正义》，北京大学出版社，1999，第292页。

［10］李学勤主编《十三经注疏·周易正义》，第268页。

［11］李学勤主编《十三经注疏·周易正义》，第284页。

［12］李学勤主编《十三经注疏·周易正义》，第284页。

［13］黄玉顺：《易经古歌考释（修订本）》，上海古籍出版社，2014，第197页。

［14］黄玉顺：《爱与思——生活儒学的观念》，四川大学出版社，2006，第76页。

［15］见黄玉顺《周易及其哲学》，《易经古歌考释（修订本）》附录五，上海古籍出版社，2014，第404页。

［16］李学勤主编《十三经注疏·周易正义》，第288页。

［17］李学勤主编《十三经注疏·周易正义》，第286页。

［18］李学勤主编《十三经注疏·周易正义》，第32页。

［19］李学勤主编《十三经注疏·周易正义》，第329页。

［20］李学勤主编《十三经注疏·周易正义》，第295页。

［21］《贲象传》：“观乎天文，以察时变；关乎人文，以化成天下”。

［22］黄玉顺：《制度规范之正当性与适宜性——〈周易〉正义思想研究》，《价值论与伦理学研究》2010年卷，湖北人民出版社，2010。

［23］李学勤主编《十三经注疏·周易正义》，第291页。

［24］《易传·系辞下传》："往者屈也，来者信也，屈信相感而利生焉"。

［25］李学勤主编《十三经注疏·周易正义》，第321页。

［26］李学勤主编《十三经注疏·周易正义》，第321页。

［27］黄玉顺：《"生活儒学"导论》，见黄玉顺《面向生活本身的儒学——黄玉顺"生活儒学"自选集》，四川大学出版社，2006，第31页。

（责任编辑：刘云超）

批评·回应·丰富

——关于“生活儒学”的论辩

吴越强*

摘　要　黄玉顺提出“生活儒学”的相关论述后，有许多学者对“生活儒学”做出评论，黄玉顺给予回应，形成论辩。通过对这些评论的分析，笔者发现，无论形而上学与现象学之争，还是当代儒学建构之争，论者都认为“生活儒学”是一种哲学形而上学的建构，并基于此而批评生活儒学。而黄玉顺在回应中，承认进行哲学形而上学建构的必然；但通过“生活儒学”的观念层级，破除误解。笔者认为，批评者与回应者的一个“建构共识”引向“前生活儒学”的考量，由此提出进行中国传统形而上学溯源的必要，以期更好地丰富“生活儒学”。

关键词　生活儒学　形而上学　现象学　当代儒学建构　溯源

自方克立提出所谓“大陆新儒家”以来，作为一个概念的“大陆新儒家”一直不甚清晰。但不可否认的是，在21世纪的前15年，中国大陆兴起了一股较大的文化复兴运动，其中儒学复兴的思潮尤为显著。对于这15年中国儒学发展的成果，有不少学人加以阐释，其中较为系统的研究有郭沂的《开新：当代儒学理论创构》[1]、崔罡主编的《新世纪大陆新儒家研究》[2]等，而黄玉顺的“生活儒学”学说同时被列入。由此可见，作为一个理论范式，或者一种理论学派而言，“生活儒学”之于当代儒学发展意义重大。同时我们发现，“生活儒学”作为一种新学说被提出后，招来了诸多非议和

* 吴越强（1994～），山东大学儒学高等研究院博士研究生，主要研究领域：儒家哲学。

争论，抛开个别无谓的偏见外，很多关于“生活儒学”的批评伴随黄玉顺的回应而形成了真正的学术论辩。这些论辩能更好地帮我们去认识与理解“生活儒学”，本文正是基于此，试图总结过去十多年关于“生活儒学”的批评与回应，从而更好地阐释“生活儒学”的总体系统。

一 批评

毫无疑问，关于“生活儒学”的诸多评论，即使其内容中存在某些程度肯定，但更大一部分是批评，或者说是建基于一些理念之争上的批评。通过对这些文本的整合，我试图将这些批评总结为两种争论：形而上学—现象学之争和当代儒学建构之争。

（一）形而上学—现象学之争

1. 形而上学之争

在中国，“形而上学”是一个舶来词，这个词的争议始于严复在翻译穆勒的作品时对于“metaphysics”一词的中文译解。① 其在近代中国的使用，也多作“形上学”。然而我们不得不说，在很大程度上，“形上学”这个概念的使用是模糊的，它被多层次地使用着。而其中一种突出的情况是：不将“形而上学”视作“metaphysics”，而是以“ontology”的视野来进行使用的，即是在本体论层面的使用。此处简单以熊十力先生的意见为例，在他看来，哲学自科学昌明以来，生存环境和空间日益缩减，而在这种情况下，哲学之最后阵地就是本体论。[3]而关于“生活儒学”的形而上学之争，批评家很大程度上是立足于此。

比如，杨万江在批评生活儒学的所谓“前形而上学”立场时提到：

> 只要某个词被置入这个基本的形而上学的本体论思维方式中的起点位置上来言说，就不会因为它是这个词还是那个词而改变它依然是一个形而上学的本体论概念，从而也就不会是前形而上学的。[4]

① 虽然从时间上说井上哲次郎在19世纪末就做出“形而上学”中译，但论及影响，仍以严复将之译为“玄学”及基于此的一些争论为烈。

这种批评的内在逻辑起点，正是现代新儒家对于中国传统哲学进行某种本体论改造的直接产物。正是基于这种认识，使得批评者在讨论“生活儒学”问题时自然而然地去做一种否定，直接将“生活儒学”的视阈狭隘化。①

与这种批评相类似的还有胡治洪所谓的生活儒学的“吊诡”：一边解构现代新儒家的哲学形而上学，一边建构时仍采取哲学形而上学的进路。而实际上，“生活儒学”中关于前形而上学的考量是其打破“形上－形下”结构的重要依托，所以在某种意义上，“生活儒学”也许需要去面对如同鞠曦提及的海德格尔式的“先验论困境”。但就整个“生活儒学”体系而言，正是“以‘真正的大本大源’即以‘先行于主体性建构的生活感悟——仁爱’作为‘生活儒学’的逻辑起点的”[5]。因此，杨万江式的批评，以“生活儒学”的自身形态而言，是不需要回答的。而胡治洪的批评，将在后文回应。

另外张志伟基于他的形而上学理解，从三个方面做出批评：

> 形而上学是一个专有名词，是西方哲学的核心概念，但却不是中国哲学的概念。……形而上学为西方哲学所有，乃出自西方哲学的“科学情结”，体现的是科学思维方式。……形而上学最重要的标志就是关于存在的科学，形而上学是研究存在的，在这个意义上，16世纪出现的本体论（存在论：ontologia）是作为形而上学的同义语而构造的。我们中国哲学并不把存在当作哲学的研究对象。[6]

不得不说这个批评的立场带有浓烈的形而上学的“原教旨主义”，如果我们基于此的话，就会将形而上学在中国讨论的论域狭隘化。所以，我们可以看到，围绕“生活儒学”的形而上学之争，其基础就是对于“形而上学”的基本理解在很大程度是一种狭隘的哲学学科式理解，通过否定形而上学或者肯定形而上学来对生活儒学加以否定。②

2. 现象学之争

“生活儒学”提出伊始，就被学界以一种现象学的眼光来看待。不可否

① 我们应该理解这种视阈不是凭空而来的，应该说这种视阈被认为是在现象学与儒学元典对话中打开的。

② 当然说之前诸位先生们的批评狭隘，并不是一个否定词，而是说，不同的学科内在立场，将一些对话变成“鸡同鸭讲”的状态，对于这种争论状态，大家可以去考量现代哲学史中福柯与德里达、福柯与哈贝马斯之争就会知道，这里存在一种差异。

认，“生活儒学”存在与现象学的一些关联，但这种关联的本质意义在于“生活儒学”自身的形成，而不是儒学现象学的形成，这两者之间存在根本的差异。即使我们对“生活儒学”在一定程度上做现象学儒学的理解，这两者之间仍然存在一种定语与主语的互异。当然，对于“生活儒学”的不少立足于现象学理解的批评，还是很值得我们去审视的。

比如，干春松、鞠曦都认为，生活儒学很大程度上借助了“现象学”。而干春松还以现代新儒家为例，说明“生活儒学”的哲学源头也许是现象学。毫无疑问，这种评论就是一种儒学现象学的理解。

抛开笼统的现象学认识，有的批评的立场是海德格尔立场，比如张志伟就自称是基于对海德格尔理解来提出批评的：

> 海德格尔从来不是要重建形而上学，当他说哲学的终结的时候，主要说的就是形而上学的终结。就此而论，重新奠基也不可能改变形而上学的命运，所以海德格尔思考的是在哲学终结之际思想的任务。……为形而上学“奠基”也好，寻求形而上学的“本源”也好，说的是以往的形而上学没有基础，未及本源。有了基础，通达了本源，建立起来的就不再是形而上学了，而是存在论。[7]

张志伟的批评一定程度上也是指向形而上学的，即强调如海德格尔那样研究的意义，亦表达他所理解的“形而上学”在当代并没有充分的意义。这里的一个潜台词就是：生活儒学是在构造一种全新的形而上学来解决一切问题，此处的“形而上学”仍是他所理解的那种带有一定“原教旨主义”色彩的形而上学。

（二）当代儒学建构之争

“生活儒学”指向建构当代儒学形态，因此对生活儒学的理解和批评很多时候是关于当代儒学建构的争论。

比如李幼蒸所谓“以仁学代儒学”一说。在他看来：

> 儒学指涉着：秦后出现的综合制度性现象和封建政治意识形态。仁学指涉着：先秦伦理学思想。一者是集体性制度，另一者是个人性思想。二者在“身份构成”上完全不同。儒学已随封建时代历史的结束

而永远逝去，仁学则因针对人性心理特质而可普世长存。[8]

因此，在他看来，使用“儒学”这个概念是不应该的，是一种“复辟”，而“仁学”基于他的一种“心术学”观念，而被认为具有深刻价值。再者，李幼蒸将他所谓“仁学”分为“实践仁学”与“理论仁学”两个部分，并且强调了中国概念本身的意义，指向所谓的现代理解，已经将孔孟学理解为一种个人心术学与霸术学相区分。于是，在上述这一系列预设的前提下，李幼蒸提出以下几个涉及生活儒学的论断：（1）“生活儒学”的现实性：面向现实关切，不局限于思想史研究；（2）从各种现代理论中吸取养分，特别是胡塞尔和海德格尔的理论；（3）生活儒学的目的是为当代新儒学确立一个现代化的形而上学基础；（4）避免儒家“原教旨主义”。关于这些论断的回应也将在下文展开。

另外，干春松还基于当下儒学状况，认为：

在大陆儒学向实践化转向的时候，生活儒学却是立足于“哲学性”的、“理论性”的讨论，为此进而试图为当下儒学的发展提供一种“本源性”的基点，亦即在“生活本源”上重建“儒家哲学”。[9]

也正是因此，他眼中的“生活儒学”是既消解又建设的，而这样就会带来他认为的“儒学价值的先进性”的矛盾。

最后我们来看任文利的批评，我们可以将他的批评视作形而上学的批评，然而之所以没有放在之前的形而上学－现象学之争中，是因为他的评论的基础是现代新儒家的理解形态。他认同生活儒学三个层次中“生活本源”的板块，却对生活本源作为形而上学的“地基”、形而上学作为形而下学的“基石”提出质疑，并认为生活儒学执着于“形而上学”重建，目的是为诸多的形而下奠基。他将这种意图解读为西方哲学的传统，并认为这困惑着近现代中国学者。他最终以“莫须有”一词来表明形而上学与形而下学的关系。

综合这些评论，我们就会发现：批评者无论中西之立场，都认为“生活儒学”似乎都无可避免哲学形而上学的建构，并基于这种认识再反过来多方面质疑“生活儒学”。那么，在这里我们也许可以提出这样一个问题：何以这些学者都会做这样的理解呢？

二 回应

上述的诸多问题，黄玉顺在许多文本中给予了一定的回应，而这种回应也在为我们更好地展现出生活儒学的总体系统。因此，我们基于前文来看黄玉顺的回应。

（一）对形而上学问题的回应

在整体审视黄玉顺的回应前，我们应该明白他在回应时对于形而上学的基本态度。在他看来：

> 形而上学就是关于“形而上者”（形而上的存在者）的思想学术，这种形而上者作为唯一绝对的存在者（所谓“道之为物”），乃是“形而下者”亦即众多相对的存在者（所谓“万物”）的终极根据。[10]

顺着上述态度，我们首先看他对张志伟的回应。黄玉顺认为，只要是对“形而上者”进行思考的学说，即使曾经不以“形而上学”命名，其实质就是形而上学。而所谓的形而上学的“科学情结”，在很大程度如同“李约瑟之问”一样是一个伪问题，我们需要去摆脱狭隘的“西方中心主义”；其实，“不同的民族文化会形成不同的古代科学范式，而这种科学范式支撑着他们的技术应用”[11]。当然，我们也需要认识到中国古代哲学对于这些古代科学范式的奠基作用。最后，黄玉顺回应张志伟，否认他从西方形而上学是研究存在的，科学而中国不研究存在的理解出发，来得出中国并没有形而上学的推演。黄玉顺通过引用海德格尔的论断表示：不论中西，所谓研究存在，其实同样是考量“存在者整体”，因此我们并不能说“中国人从来不思考世界、人类、上帝，不思考某种终极存在者、作为所有存在者的最后‘根据’的那种存在者”。

我们再来看对于胡治洪的“吊诡”论的回应。在黄玉顺看来，将生活儒学归结为“采取的哲学形而上学的进路”，是对生活儒学的误解，也是学界不少人对生活儒学的误解。以一种符号来表达，黄玉顺强调自己的“生活儒学”的结构是这样的：

生活本源 → 形而上学 → 形而下学。

因此，形而上学只是其中的一部分。之后，黄玉顺还表达了生活儒学对于形而上学的基本态度：从破解到重建。这种回应在很大程度上可以联系之前关于“生活儒学”与现象学关系的回应（解构—还原—重建）。

（二）对现象学问题的回应

在形而上学—现象学之争中，批评者很大程度上都对生活儒学做了一种儒学现象学的理解。然而黄玉顺在回应干春松时提到，那种以为生活儒学的理论是借助于西方的现象学尤其是海德格尔的东西建构起来的理解是一种巨大的误解，其实生活儒学是儒学与现象学的“平等对话”的结果。并且，干春松自己的表述本身就自相矛盾：一方面说是“借助于”，而另一方面说是“平等对话”。其实“生活儒学”既是超越中西对置同时又是批判现象学的。

而对张志伟的回应，也表现了“生活儒学”与现象学的关系问题，在黄玉顺看来，基础存在论就是为形而上学奠基的，而这正是这种海德格尔式的理解。黄玉顺接着说：

> 基础存在论作为“以此在为专题的存在论”其实就是“先行对主体之主体性进行存在论分析”；换句话说，基础存在论也就是为主体性奠基。为主体性奠基意味着回答这样一个问题：主体何以可能？这可以理解为对胡塞尔的发问：“现象学态度”本身何以可能？也可以理解为对孟子的发问：“先立乎其大者”（《孟子·告子上》）（即首先确立主体性）何以可能？这在海德格尔那里意味着回溯到此在的生存，而在生活儒学这里意味着回溯到生活本源。[12]

这里，黄玉顺通过澄清“生活儒学”与海德格尔现象学的关系，肯定了生活本源对于形而上学的奠基关系。其实，黄玉顺明确表达过，他的“生活儒学”与现象学的关系，在他看来，帮助解构轴心时代之后的儒家的传统形而上学并完成原始儒学还原，是海德格尔的作用；而胡塞尔的某种进路，则帮助重建儒家形而上学；最后需要通过舍勒作为中介，来切中儒家思想的要领——“仁爱”。这一切的基点，是儒学自身的当代发展。

（三）对当代儒学建构问题的回应

一如前文所说，“生活儒学”同时被列入“当代儒学理论创构”十家之一、“新世纪大陆新儒家”六家之一，作为一个理论范式而言，或者说是一种理论学派。“生活儒学”是当代儒学的重要形态，也必然要面对当代儒学的诸多问题，而前文的一些评论正是基于此，所以我们来看黄玉顺的回应。

首先，对于李幼蒸的“以仁学代儒学”论，黄玉顺同意“儒学”概念在当代是被含糊地使用着，是混乱的。但这并不足以去用一个新词——仁学来替代前者。黄玉顺并不同意李幼蒸对“儒学”与“仁学”的定义，在他看来，“仁学”其实不过是“儒学”的别称罢了；强行以“仁学”代“儒学”是一种“异于约”的行为，终究不太合适。至于李幼蒸对“生活儒学”的四点评论，黄玉顺基本同意其中现实关切与拒斥儒学“原教旨主义”这两点，而对另外两点做出回应，他指出，引入现象学的根本目的在于向“生活—存在”思想视域的回归，因此对现象学的引入是批判的而不是盲从的。再者，“生活儒学”的确要建构儒学的形而上学基础，但这是其中的一部分，而不是全部，“生活儒学”有一个更为开阔的思想视阈。

接着，我们看对干春松的回应。在黄玉顺看来：

> 倡导实践的理论本身毕竟是一种理论，而这种理论活动却正是理论家的一种实践方式；同理，诉诸生活的生活儒学本身毕竟是一种儒学，而这种儒学活动却正是儒学家的一种实践方式。[13]

所以，并不存在那种实践与理论的二元对立。而对于儒学价值先在性问题，黄玉顺是这样回答的：除非认为只有原教旨的儒学才能确保儒学的价值先在性，不然那种既消解又建设而带来的价值矛盾是不存在，其实“生活儒学”学说的发展就是儒学价值先在性的彰显。

最后，针对任文利的批评，黄玉顺认为他仍然陷入了一种“前现象学”立场，而这种立场是有问题的。黄玉顺在肯定中西差异的前提下，试图发现两者的一致之处，认为“即使中国形而上学与西方形而上学并不是等同的，但是在观念层级上却是对应的”。他通过心性论与伦理学之间关系的例子来表现儒学中形而上学与形而下学之间那种明白无误的奠基关系。

综合这些回应，我们就会发现：黄玉顺的直接回应都建基于“生活儒学”观念层级的这个总体体系之上，承认“生活儒学”似乎无可避免地进行哲学形而上学的建构，但拒绝那些基于这种认识来质疑“生活儒学”的说法，从而更深刻地展现了“生活儒学”其固有的广阔的思想视域。那么，在这里我们也许又可以提出这样一个问题：何以黄玉顺能如此回应呢？

三 丰富

对上述批评和回应的部分总结，留给了我们这样一个问题，就是：面对同样的学术资源（从先秦到现代），甚至基于同样的一些认识（例如在儒学现代建构中形而上学建构具有积极意义），何以会导致批评与辩护这两个不同的立场？

在我看来，也许能从黄玉顺的一个态度来得到答案，那就是：

> 但当我们具体地展开生活儒学之际，“破解”无须作为一个独立的篇章节目；否则，我们势必在叙述中陷入不断的重复。这是因为，在整个遥远的路途中，我们必将不断地遭遇到传统形而上学，我们将一路破解下去。因此，我们就直接从本源处说起：直截了当地回归生活，从生活本源说起。[14]

黄玉顺在很大程度上跳过了这样一个步骤来到他的“生活儒学”，即他觉得无须进行的“破解”环节。我试图将这个环节理解为“前生活儒学”的阶段，这也是一种溯源的阶段，而这个阶段的意义在于为之后“生活儒学”整体形态的可能进行更好的铺垫。在某种程度上，这是一种历史形态的展示，我试图将这种工作称为“中国传统形上学溯源”。而这种工作在一定程度上将打碎摇摇欲坠的诸多理论形态，而“生活儒学”得以在这种废墟上重新确立。

黄玉顺曾说，在他看来，通往生活儒学的路途，必将遭遇许多传统形而上学的破解，所以破解会伴随确立同时给出，因此，完全可以避免去进行重复性的破解尝试。然而在我看来，如果在着手伊始忽视了破解工作，整个“生活儒学”大厦就是颠倒的，头重脚轻。在这样的情况下，批评者拘泥于其路向，也就自然而然地对生活本源缺乏充分的认识了，甚至认为：对那个大本大源做一个论断，那是先验的。

我们就简单借助一些哲学史事实来看。先看西方哲学。巴门尼德说：

> 一条路，存在，非存在不存在，这是说服之路［因为它为真理伴随］。一条路，不存在，非存在是必然，我要告诉你这是全然不可思议的绝路。[15]

西方哲学于是就由前苏格拉底时期的宇宙生成论一步迈入了本体论，开始了长达两千多年的哲学传统。而这种存在与非存在的关系以及背后的意见之路与真理之路，已经生生地在哲学发展中预设性地开辟了两个世界；在一定程度上，之后的西方哲学史是通过封闭生活本源、完成形而上学预设、指向形而下学来展开的。

再看中国哲学的原始形态，是跳过形而上学建构，而尝试直接从生活本源向形而下学发展的。但这一切就需要一个根基，那就是现实的反证，即在形而下学与对生活本源的某种理解之间需要在一定程度上达成一致；而现实会迫使我们从形而下者去达到一种形而上者，并逐渐蒙蔽生活本源。那么，在这样的历史之后，我们来讨论生活儒学，就迫使我们必须做一种前生活儒学的工作，也正是“现代性诉求的民族性表达”要求我们的这一种工作。

因此，黄玉顺选择直截了当地回归了生活，一切问题从生活本源说起，可以被称为一种“正的工作”，而我认为“生活儒学”的工作中，还需要一种“负的工作”——解构的工作。伴随这种解构，我们能更有力地佐证回归生活的必然。当然，我们必须说清：这种前生活儒学的负的工作，并不是为生活儒学奠基，而是通过对传统儒学的解构，努力回到或者说窥探到生活儒学的起点。在这里我们似乎可以这样表达：

解构形而上学 ↘
|　　　　　　生活本源→形而上学→形而下学
解构形而下学 ↗

在我的理解中，上述工作的另一个意义还在于消弭那种对生活儒学所进行的“形上—形下”建构发生误解的可能。其实我很明白，黄玉顺在其作为一种当代儒学形态建构的“生活儒学”的展开中，必然进行着“负的工作”，但这是一种隐性的工作；而本文则基于关于“生活儒学”的诸多论辩，为避免某种意义上的“鸡同鸭讲”，认为“生活儒学”需要将那种隐性的工作重新以一个显性的状态来表现，直面这些东西。

可能我不得不承认这样一个事实：这种工作的起点，在很大程度上是“非生活儒学”的；但与此同时，基于对于“生活儒学”的理解，这个工作的归宿必然是向本源的回归和接近，也就是“生活儒学”的工作。

参考文献

［1］郭沂编著《开新：当代儒学理论创构》，北京大学出版社，2013。

［2］崔罡主编《新世纪大陆新儒家研究》，安徽人民出版社，2012。

［3］参见熊十力《新唯识论》相关论述。

［4］崔发展、杜霞编《生活·仁爱·境界》，安徽人民出版社，2012，第23页。

［5］崔发展、杜霞编《生活·仁爱·境界》，安徽人民出版社，第3页。

［6］张志伟：《关于海德格尔与中国哲学之间关系的几点思考——对黄玉顺〈生活儒学导论〉的批评》，《四川大学学报》（哲学社会科学版）2005年第3期。

［7］张志伟：《关于海德格尔与中国哲学之间关系的几点思考——对黄玉顺〈生活儒学导论〉的批评》，《四川大学学报》（哲学社会科学版）2005年第3期。

［8］李幼蒸：《请用“仁学”代替“儒学”——给儒学朋友的一封信》，《四川大学学报》（哲学社会科学版）2007年第2期。

［9］崔发展、杜霞编《生活·仁爱·境界》，安徽人民出版社，第98页。

［10］黄玉顺：《儒家思想与当代生活——“生活儒学”论集》，光明日报出版社，2009，第52页。

［11］黄玉顺：《面向生活本身的儒学》，四川大学出版社，2006，第127页。

［12］黄玉顺：《面向生活本身的儒学》，四川大学出版社，2006，第131页。

［13］黄玉顺：《儒家思想与当代生活——“生活儒学”论集》，光明日报出版社，2009，第42~43页。

［14］黄玉顺：《爱与思：生活儒学的观念》，四川大学出版社，2006，第185页。

［15］〔古希腊〕巴门尼德：《巴门尼德残诗》，聂敏里译。转引自张志伟主编《形而上学读本》，中国人民大学出版社，2010，第5页。

（责任编辑：刘云超）

生活儒学视域下的经典诠释

高春林*

摘　要　当代儒学复兴的根本方法应该是经典诠释，而不是单纯的学术研究。但是只有彻底克服了主—客架构下的诠释观念，我们才能真正超越单纯的对象研究，进入经典诠释。生活儒学对生活作为本源视域的揭示，为此提供了可能。在此视域下，诠释既不是主体的行为，也不是此在的生存，而是生活的一种显现样式。因此，经典诠释不是诠释者与现成的经典之间发生的事情，而是当下生活的事情，也就是说，正是诠释本身生成了诠释者与被诠释的经典。

关键词　生活儒学　本源视域　经典诠释　主体　客体　此在

依靠单纯的学术研究，儒学根本无法在当下生活中获得新生，因为，在不断的对象化和外在化的过程中，儒学最终只能成为一个与当下生活相疏离的对象。因此，当代儒学的复兴的根本方法应该是经典诠释，而不是单纯的学术研究。但是，只有克服了主—客架构下的诠释观念，我们才能超越这种对象化研究，进入真正意义上的经典诠释。生活儒学对作为本源视域的生活的揭示，为此提供了可能。在此视域下，诠释是生活的显现样式，而不是主体的行为，也不是此在的生存。因此，经典诠释不是诠释者与被诠释者之间发生的事情，而是当下生活的事情，也就是说，是诠释本身生成了诠释者与被诠释的经典。

为了阐明这种观念，本文将根据以下方式展开：

---

* 高春林（1972～），华东师范大学哲学系副教授，主要研究领域：中国哲学史。

首先，主—客架构下的诠释观念将诠释限制在主体性中，因而面临着无法克服认识论困境——主观的诠释如何才能忠于文本的意义。诠释是主体的行为，而文本是与主体相对的客体。只有符合文本的本意的诠释才是正确的诠释。因此，要获得文本的本意，诠释者就必须摆脱自己所处的生活情境，进入文本本身所属的生活情境。但是，既然文本的意义只能属于它得以产生的生活情境，那么，作为主体的诠释者又何以能够超越使自己得以存在的生活情境？因此，如果我们直接把文本与诠释者当作现成的存在者，那么，诠释就会面临无法摆脱的主观主义或相对主义，因为，既然诠释者无法摆脱他的生活情境，那么，一切诠释就只能是主观的或者相对的。

其次，海德格尔和伽达默尔所建立的哲学诠释学揭示出理解和解释的存在论意义，为超越主—客架构的诠释观念迈出了极为关键的一步。诠释不再是主体的行为方式，而是此在本身的存在方式，即生存。这样一来，诠释问题就成了先于主体性的一切理解行为的问题，先于理解科学的方法论及其规则的问题。但是，由于生存只是此在的存在，而不是存在本身，因此，诠释还是没有在真正意义上克服的主体性，诠释何以可能的问题还没有获得真正的解决。

最后，在生活儒学的视域下，诠释是生活本身的显现，而不是此在的生存。生活不是主体的生活，也不是此在的生活，而是存在本身。因此，作为生活的显现的诠释，才在真正意义上超越了主—客架构，为诠释奠定了坚实的基础。

一　主—客架构下的诠释

在主—客架构下，诠释被理解为一种主体的行为，而文本的意义被看成是某种客观的、自在存在的即独立于诠释者的意识而存在着的客体。作为自在存在的文本的意义，即本意（meaning），区别于文本对于诠释者而言的意义，即文本的意味（significance）。文本的本意就是作者通过他的语言所要表明的意向，一经确定就不会再发生改变，发生改变的只是文本的意味。因此，诠释的任务就是对作者的意向的重构。但是，这种诠释观念不仅面临着不可克服的认识论困境，而且还把真理问题排除在经典诠释之外。

1. 在主—客架构下，经典和诠释者属于不同的存在者，作为主体的诠释者属于内在存在，而作为客体的经典属于外在存在。对于诠释者和他的诠释行为而言，经典和经典的意义是已经在那里的存在者，即自在存在。因此，为了保证诠释的客观性，诠释者必须对自己进行自我异化，即从自己的当下生活中抽离出来进入一个中立的无利害性的立场之中，因为，任何一种来自诠释者自身的偏见和利益关系都会歪曲经典本身的意义。正确的解释必须从文本自身的语言和历史语境出发去重构文本的意义，而不能从解释者自己的语言和历史语境出发去重构。但是，这种客观性又必须依赖于诠释者的主观性，即依赖于诠释者理解行为的自发性。因为，仅当文本在诠释者内心中被重新创造出来，文本的意义才能被理解。因此，这种客观性是在诠释者的解释行为中被建立起来的。诠释者首先获得的只是文本的为我的意义（即相对于诠释者而言的意义），而不是文本的自在意义。因此，要达到正确的解释，诠释者还必须在所获得的理解中区分出文本的自在意义（本意）和为我的意义（意味）。但是，这种区分如何可能？区分的标准在哪里？显然，区分的标准也只能是相对于诠释者而言的，因为它是由诠释者自己或者诠释者所属的诠释共同体所提供的。因此，在主—客架构下，我们必然会陷入这样的一种认识论困境之中：一方面理解行为不能脱离诠释者的主观性，而另一方面理解又必须保证文本意义的他在性。简言之，如果文本属于它自己的生活世界，那么，诠释者又如何能够超越自己的生活世界而进入文本之中呢？以施莱尔马赫（Schleiermacher）和狄尔泰（Dilthey）为中心的方法论诠释学试图通过诉诸语言和人性的普遍性来克服这种困境。但是，语言和人性的普遍性恰好表明有一种超越主客对立的理解，这种理解不仅使得其他所有理解和认识得以可能，而且也使得主—客架构本身得以可能。

2. 客观诠释要求诠释者将自己的“偏见”悬置起来，在一种中立的立场中去理解经典本身。但是，这种悬置不仅将诠释者的偏见作为自明的东西保护起来不受经典的挑战，而且也使经典成了与当下生活不相干之物。因为，对一切偏见的悬置，就是让经典与诠释者的生活世界之间保持一定的距离，而这个距离将导致真理问题被排除在诠释之外。因为，要对经典的真理进行判断，就必须将经典的意义应用于当下生活，即必须让经典的意义在当下生活中重新实现自身，并对当下生活构成挑战。因此，为了保证客观性，经典诠释就必须只关注经典本身的意义，而不对其真理进行判断。但是，如果经典只属于它自己的世界，并且只能在它自己的世界之中被理解，那么，经典就只是过去之物，而不是能作为典范的经典。

因此，在主—客架构下，经典与诠释者的生活相疏离，成了“缄默的”

研究对象，而不是不断进行召唤的谈话者。在这种诠释观念下，儒学只是过去之物，不可能在当下生活中获得真正的新生。

二 作为此在的生存的诠释

海德格尔和伽达默尔所建立的哲学诠释学揭示出理解和解释的存在论意义，为超越主—客架构的诠释观念迈出了极为关键的一步。理解和解释不再是主体的行为方式，而是此在的存在方式，即“在—世界—之中—存在”。在这里，理解者和被理解者并不先于理解本身而现成存在，相反，它们都是在理解过程中生成的。它们在理解中共属一体，但是这个共属一体不是静态的、现成的，而是动态的、历史性的。理解是文本与解释者之间的历史性的中介。这样一来，文本的解释就不再是对现成的文本意义的重构，而是此在的自我理解，即过去的此在与当下的此在之间的对话。

作为此在的存在方式的理解是一种被抛的筹划，所以，理解和解释总是包含一种“前结构”，即所有理解都是在具体的诠释学处境之中发生的。这种处境应该理解为生存本身所具有的，而不应该理解为某个主体偶然具有的前见和处境。不是某种前见和处境属于我们，而是我们总是属于某种具体的前见和处境。因此，前见和处境不能仅仅被视为一道需要越过或拆除的、限制我们理解的藩篱，而应该被理解为一切理解和解释得以可能的根本条件。“每一种阐释的实事内容，亦即在其被解释存在之如何中的课题对象，只有在每一种阐释相关的当下解释学处境充分清晰地得到标明而可使用时，才能够适当地成为不言自明的。”[1]这意味着每一种理解和解释总是当下的。那种极力想摆脱当下前见和处境去追求所谓历史的、单纯的、客观的、准确的、唯一的理解的做法，不仅很难做到，而且根本就是一种历史主义的天真幻想。表面上看，历史理解的理想——用过去本来的眼光观看过去——颇为客观，即不带自己的主观价值和目的，但是这种理想却想当然地把历史视为过去了的东西，即不再对现在有效的东西、不再与当下相关的东西，这种看法本身就是一种不被质疑的先入之见。从存在论上看，历史根本就不是一个有待我们超越或者科学研究的、横陈在当下之前的对象，相反，历史本身就涵摄于当下。

这个观点无疑拯救了久困于主—客架构之下的理解和解释现象，让我们有了在存在论视域下对之进行把握的可能。因为，文本的诠释不是从主体与客体之间的存在论差异即陌生性出发的，而是从文本与诠释者之间所具有的熟悉性出发的，这种熟悉性存在于文本与诠释者所共属的传统之中。传统并不是过去了的现成存在，而是构成诠释者的前见和诠释学处境的存在。

处境（situation）总是我们已身处于其中而不能出乎其外的境地。处境之本质特征就在于，我们不能站在它的对面，不能用对象化的方式加以把握。作为“在—世界—之中—存在”的此在必然在某个处境之中。严格地说，不是某个主体因某种机缘而处于某个处境，而是处境先于一切主体，主体及其自我意识和自我理解在处境中被塑造。

虽然我们总是能发现自己处于某种处境之中，也就是说，处境已是我们所依寓和所熟悉的，但处境却不是我们能直接认识到的对象，它总是隐退在意识的边缘。我们总是从处境那里去看，所以处境就是一个立足点。因此，本质上视域概念就属于处境概念。

诠释学处境是这样的处境——在这个处境中我们自己总是与我们要理解的文本相关联。这不仅意味着只有在某种处境之下，某个文本才成为了可理解的，才成为了我们的课题，而且还意味着这个处境必须始终是活生生的当下的。因为，“历史本身，作为在理解中被占有的过去，从其把握性方面来看，是与诠释学处境的决定性的选择和形成过程的原始性一道生长起来的。过去仅仅按照一种当前所具有的启示可能性的决心和力量而开启自身”[2]。什么问题应被探讨？在这探讨之中，什么文本以及什么历史应该被置入研究课题之中？这些是由当下的诠释学处境来规定的，而绝不是可以外在地、任意地加以选择的。这并不是将历史认识任意主观化，而就是我们研究历史的根本条件。那能成为研究对象的，即能被关切的、能被遇见的，并不是从当下之外的某个地方抛给我们的，也不是那些现成之物，我们可以单纯出于学术和理论的兴趣任意挑选和把玩，相反，它们总是涵摄于当下的，与我们的诠释学处境一同生长起来。这就是说，“研究主题和对象实际上是由探究的动机所构成的”[3]。在理解和解释文本时，我们不是把历史上不同的文本皆敉平为同时的，而是让它们成为共时的，成为当下的——在这里我们经验到了历史文本与现在的紧张关系。那种能任意地穿梭于不同历史时代的历史理性，只是一种幻想。

可见，当下的诠释学处境是理解和解释的根本条件，只有在诠释学处境足够明晰时，可能的解释活动和理解活动以及在其中形成的对象的占有才能成为显明的。“诠释学处境的作用就意味着对于那些我们面对传承物而向自已提出的问题赢得一种正确的问题视域。”[4]因此，解释和理解的首要任务就在于显明当下的诠释学处境。

在《存在与时间》中，海德格尔是这样来规定诠释学处境的：“解释从来不是对先行的东西所做的无前提性的把握。……任何解释工作之初都必然有这种先入之见，它作为随着解释就已经‘设定了’的东西是先行给定的，这就是说，是在先行具有（前有）、先行视见（前视）和先行掌握（前概念）中先行给定的。”[5]这些在先的前提的整体就是诠释学处境。根于理解的解释，总是已对有待解释的东西有所理解，解释总是不得不活动在前理解之中，总是要从前理解中汲取养料。一切理解和解释都是在作为在先结构的当下诠释学处境之中生长出来的。这个在先结构并不是某种逻辑的前提，而是一种存在论上的前提，换言之，这是“此在的本身生存论上的‘先’结构”。[6]理解和解释只有在一定的处境之下才可能，这并不是说我们的理解能力有着某种先天缺陷，而是说作为存在方式的理解必然具有这样的结构。

> 解释领会到它的首要的、不断的和最终的任务始终是不让向来就有的先行具有、先行视见与先行掌握以偶发奇想和流俗之见的方式出现，它的任务始终是从事情本身出发来清理先行具有、先行视见与先行掌握，从而保障课题的科学性。[7]

从事情本身出发的“清理”，绝不是指这样一种要求：否定和排除一切先行具有、先行视见和先行掌握，即超出当下处境而进入一片空净无物的世界，就像自然科学所追求的那种认识理想那样。实际上，这种“清理”本质上就是一种澄清或廓清，通过否定和排除那些不是来自事情本身的突发奇想和思维定式，进而使我们能注目于事情本身。在理解和解释时，我们必须要克服的是那并非来自事情本身的前见解的干扰。然而，要克服这些前见解，就只有“做出正确的符合于事物的筹划，这种筹划作为筹划就是预期，而预期应当是‘由事情本身’才得到证明”[8]。因此，解释的任务不是要避免一切前理解而去追求一种无前提性，而是要从事情本身那里推出我们的先行具有、先行视见与先行掌握，即从事情本身那里展示当下的诠释学处境，在这个处境中我们将获得了理解文本之意义的视域。

因此，在理解一个文本时，“解释者无须丢弃他内心已有的前见解而直接地接触文本，而是只要明确地考察他内心所有的前见解的正当性，也就是说，考察其根源和有效性”[9]。理解和解释的问题，并不在于作为现在的我有无可能以及如何可能超出自己的处境去重构或者复原过去的处境——在这个处境中文本将得到客观的理解，而是在于如何显示当下的诠释学处境，即如何取得对诠释学处境的意识。无论是相信我们可以从文本自身的语境中去理解过去的文本，还是不相信我们可以理解已成为历史的东西，他们都将理解活动等同于认识活动，从而陷入上面所说的“认识论困境”。在他们眼中，历史就是那与现在相对的事物，即一个与主体相对的客体，因此，理解的问题就被转变为认识论问题：一个处于现在的主体，如何可能超出自己的处境去理解历史中的事物？实际上，历史本身只能是从当下生活中与诠释学处境一同生长起来的，也就是说，历史不是外在于当下的事物，而是涵摄于当下的。理解历史就是理解当下。所以，理解和解释的首要问题还是在于对当下的诠释学处境的显示。

然而，如何才能显示诠释学处境呢？在显示诠释学处境的过程中，问题是至关重要的。伽达默尔在《真理与方法》中，对问题的在诠释学中的意义作了详细的分析，并提出了“问答辩证法”。他认为，诠释学现象包含了对话的原始性质和问答结构。一个文本能成为我们的解释对象，就已意味着这个文本对我们提出了问题。当我们阅读一个文本的时候，我们总会被从文本那里袭来的问题逼问，在这个过程中，我们感到了某种不安，即那些本来习以为常的、不值得一问的东西，现在被文本带入了悬而未决之中。只要想去理解该文本的意义，我们就必须从一个问题出发把文本理解为对此问题的一种回答。然而，要理解一个问题，就得对问题本身提问。对问题本身提问，就是去获得问题的视域，就是去理解是该问题成为问题的前提。因为，真正的提问“既预设了开放性，同时也预设了某种限制。提问蕴含了对前提的明确确认，这些前提是确定的，并且正是由于这些前提，可疑问的东西即还是开放的东西才表现出来”[10]。然而，要对文本所回答的问题进行提问，就不得不对之前被当作自明的东西进行发问，所以，这里被重构的问题视域必然已超出其原有的视域而被一个更大的视域所涵盖。这个更大的视域就是当下诠释学处境所规定的视域。因此，通过问答辩证法重新获得问题的视域的过程，就是对诠释学处境的显示。

当然，这里的“问题”是真正意义上的问题，即有其明确的目的和动机，而不是随便问问。因为，问题的意义来自于它的动机。我们总是会谈到所谓的普遍的问题，但不能忽视的是，这里的普遍不应该是抽象的，而应该是具体的。那么，真正的问题源于何处呢？海德格尔和伽达默尔自然会说：问题源于此在的生存论结构，问题源于此在的时间性，即有限性。这种回答可以令人满意吗？此在的有限性实际上说的就是，存在本身对于此在而言始终是成问题的。伽达默尔这样说道："凡是在某种东西能被我们所产生并因而被我们所把握的地方，存在就没被经验到，而只有在产生的东西仅仅能被理解的地方，存在才被经验到。"[11]因此，对于他们而言，揭示那被遮蔽的一般存在之意义，是诠释学的根本任务。

但是，由于此在终究只是一种特殊的存在者，因此，理解只是作为此在的存在者的存在方式，而不是非此在的存在方式，更不是存在本身的显现方式。因此，作为自我理解的经典诠释仍然局限在主体性（虽然是此在）之中，无法真正克服主观主义。

三　作为生活的显现的诠释

生活儒学虽然接受了海德格尔的存在论视域，对存在与存在者进行区分，但是，反对存在与生存的区分，即把生活仅仅看成是此在的生存。生活儒学主张生活本身即是存在本身，生活才是真正的大本大源，生活之外，无所谓存在。生活不是某个主体的生活，也不是此在的生存。在此观念下，"经典诠释并不是诠释者和某种被诠释经典之间的事情，而是生活本身的事情。诠释者和被诠释经典都是在诠释活动之中生成的，这种注释活动或者诠释活动乃是当下生活的一种方式"[12]。这样一来，诠释的可能性就奠定在生活本身之中，而不是主体性之中，也不是此在的生存之中。

首先，在生活儒学视域下，生活本身不同于存在者，存在者是从生活本身中生成的。因此，任何一种区分都预设了一种存在理解，或者生活的本源领悟。这也就是说，无论是主体与客体的对立，还是生存与非生存的对立，都只是一种存在理解。一切存在者都是在当下生活中被给出的。虽然作者与诠释者属于不同的生活世界，但是这些不同的生活世界都源于生活本身，都是生活本身的显现样式。因此，文本与作者在生活本源上就是可理解的。因为生活本身的基本结构是"在生活—去生活"，即我们向来已经在生活之中，并且因此才能超越自己去生活。理解就是"在生活—去生活"本身的显现方式。只有在作为生活之显现的理解中，主体和客体才能诞生，历史和传统才能诞生。

其次，在生活儒学视域下，经典绝不是某个独立于诠释而存在的东西，反之，它是在不断的诠释中被建立和生成的，是在当下生活中显现出来的。因此，经典诠释不是浪漫主义式的复古，不是要返回到那被美化的过去，而是回到经典的真正本源，即生活本身。经典之为经典，只是因为它开启了对生活本身的倾听和诉说，并且不断召唤我们回到那真正的本源。因此，经典诠释是当下生活的一种显现样式，而不是对某个既成的经典的重构。当生活方式发生改变时，诠释的形态就会发生改变，经典和诠释者也会因此而呈现出不同的特征。汉宋之争不仅仅涉及方法论和义理问题，而且更为重要的是还涉及存在论的问题，涉及生活本身的显现样式。因此，经典诠释中的“不易”不是现成的经典和诠释形态的不变，而是生活本身始终是大本大源。因此，儒学复兴就不应该是过去的某个儒学形态的复兴，而是对儒学的真正本源——即生活本身的复兴。

最后，作为生活的显现的诠释超越了主—客架构下的诠释观念，但这并不意味着诠释的客观性被否定，相反，诠释的客观性只有在作为生活的显现的诠释观念下才是可能的。因为，如果我们只是在主—客架构下去理解客观性，势必会陷入主观主义和相对主义而无法自拔，因为诠释只是主体的行为。

参考文献

[1]〔德〕海德格尔：《形式显示现象学：海德格尔早期弗莱堡文选》，孙周兴编译，同济大学出版社，2004，第76页。

[2]〔德〕海德格尔：《形式显示现象学：海德格尔早期弗莱堡文选》，孙周兴编译，同济大学出版社，2004，第77页。

[3]〔德〕伽达默尔：《真理与方法》，洪汉鼎译，商务印书馆，2010，第403页。

[4]〔德〕伽达默尔：《真理与方法》，洪汉鼎译，商务印书馆，2010，第428页。

[5]〔德〕海德格尔：《存在与时间》，陈嘉映等译，生活·读书·新知三联书店，2006，第176页。

[6]〔德〕海德格尔：《存在与时间》，陈嘉映等译，生活·读书·新知三联书店，2006，第179页。

[7]〔德〕海德格尔：《存在与时间》，陈嘉映等译，生活·读书·新知三联书店，2006，第179页。

[8]〔德〕伽达默尔：《真理与方法》，洪汉鼎译，商务印书馆，2010，第379页。
[9]〔德〕伽达默尔：《真理与方法》，洪汉鼎译，商务印书馆，2010，第380页。
[10]〔德〕伽达默尔：《真理与方法》，洪汉鼎译，商务印书馆，2010，第514页。
[11]〔德〕伽达默尔：《真理与方法》第2版序，洪汉鼎译，商务印书馆，2010，第11～12页。
[12] 黄玉顺：《儒家思想与当代生活——“生活儒学”论集》，光明日报出版社，2009，第128～133页。

（责任编辑：涂可国）

墨家文化

弘扬优秀传统文化，发掘墨家学说精华

——论墨子及墨家学说的历史地位和影响

朱传棨*

摘　要　墨子是春秋战国之际最具有开拓创新精神的思想家、政治改革家、科学家和军事家。其学派成员主要是手工业者，“兼相爱、交相利”是其学说的宗旨；主张变革贵族专制的社会制度，建立贤良主政的平民民主的社会制度；积极推行“非攻”的国际和平关系；注重强力从事，发展农业生产，倡导崇尚节俭，反对奢饰久丧厚葬之习俗等，均具有现实意义。墨家学说是中华优秀传统文化的重要组成部分，其学说宗旨和诸多主张极富有当代性。

关键词　墨子　尚贤　兼爱　非攻　节用

当前国内在中华传统文化和国学研究中，突出中华传统文化主导学派儒家学说的研究，是应该的。因为儒家学说不仅在中国长久的历史中有着重要的影响，在国际上也有广泛影响。目前在突出对儒家学说研究的同时，对道、释两家也作了着重研究。但对曾与儒家并称“显学”的墨家学说的研究，尚未予以应有的重视，不能不说是中华优秀传统文化研究中的一大缺憾。因为，中国思想文化是多向和多元发展的。实际上，墨家学说的好多思想和主张，不仅对中国优秀传统文化的影响广泛而深刻，而且具有很强的现代性和贴近实际的借鉴性，很值得深入发掘和弘扬。

---

* 朱传棨（1928～），武汉大学哲学学院教授、中国墨子学会顾问。主要研究领域：哲学和墨学。

一 墨子其人与其里籍问题研究

墨子名翟（约前468～前376），姓墨氏，是墨家学派的创始人。墨子是春秋战国之际具有独创性和实践性的思想家，其学说是当时开始觉醒的小生产者和手工业者的要求和愿望的反映。墨子早年修儒学之业，受孔子之术，后因对儒家倡导的亲疏尊卑等级的周礼不满，自立学派，提出“兼相爱、交相利”的宗旨，主张采用夏政。如孙诒让云：“以为儒者礼烦扰而不悦，厚葬靡财而贫民，久服伤生而害事，故背周道而用夏政”（《墨子间诂·墨子后语上》）。于是提出兼爱、非攻、尚贤、尚同、节葬、节用、天志、明鬼、非乐、非命等十大主张，创立了墨家学派。墨子高扬“兼相爱、交相利”宗旨，以推行贤良主政，匡正礼制等级时弊；广收门徒，传道授业；为造福乡里，惠及列国，以“摩顶放踵，利天下为之”精神，游说诸国王公大人实行义政，放弃攻伐，强力从事，崇尚节俭。其足迹遍及鲁、齐、卫、楚诸邦，特别是他曾起于鲁，苦行十日十夜而至郢，说服公输般与楚王放弃攻伐弱小的宋国，成为传颂千古的佳话。墨家学派的社会影响至广，随与儒家学派齐平。《韩非子·显学》中说：“世之显学，儒墨也。儒之所至，孔丘也；墨之所至，墨翟也。”清代俞樾为《墨子间诂》作“序”中说：“韩非以儒墨并为世之显学，至汉世犹以孔墨并称。”足见西汉之前，墨家学说社会影响之大。大约在周安王二十六年（前376），墨子寿终，“而墨分为三；有相里氏之墨，有相夫氏之墨，有邓陵氏之墨”。自汉之后，墨家学说被压制，受到排斥。因此，司马迁在《史记》中未能为其专门立传，只是在《孟子荀卿列传》中留有二十四字的缀叙：“盖墨翟，宋之大夫。善守御。为节用。或曰并孔子时，或曰在其后。”这里用语不仅过于简单，而且有些含混之意。所以，人们不能确切知道墨子的家世里籍和生平事迹。孙诒让在其《墨子间诂》中的“墨子后语上”关于“墨子传略第一”说：“然就今存墨子书五十三篇钩考之，尚可得其较略。盖生于鲁而仕宋，其平生足迹所及，则尝北之齐，西使卫，又屡游楚，前至郢，后客鲁阳，复欲适越而未果。”又说：“墨子名翟，姓墨氏。鲁人，或曰宋人。案此，盖因墨子为宋大夫，遂以为宋人。以本书考之，似当以鲁人为是。毕沅、武亿，以鲁为鲁阳，则是楚邑，考古书无言墨子为楚人者。《渚宫旧事》载鲁阳文君说楚惠王曰，墨子北方贤圣人，则非楚人明矣，毕武说殊谬。”现代学者顾颉刚先生在其《禅让传说起于墨家考》一文中说："我们认为，墨确是他的真姓氏，可知他是公子目夷之后，原是宋国的贵族。"童书业先生在他的《春秋左传研究》中说："墨子实为目夷后裔，以墨夷为氏，省为墨也。"杨向奎先生以为公子目夷为首目夷子，翟为末目夷子。近20年墨子学说研究的兴起，与墨子里籍研究新进展有紧密关联。山东大学张知寒教授在前人关于"墨子当为鲁人说"研究的基础上，依据梁启超的《墨子学案》、钱穆的《先秦诸子系年》、王献唐的《炎黄氏族文化考》、童书业的《春秋左传研究》、方授楚的《墨子源流》等大量研究文献，以及他本人的实地调查，从墨子的身世、墨子思想学说的渊源、墨子科技思想发展的环境和需求以及墨子群体的社会生活习俗等四大方面，进行了深刻分析，从而得出结论说："墨子为小邾娄国境内'滥邑'人。"据《春秋·左传》经记："昭公三十一年冬，墨肱以滥来奔。"此后"滥"为鲁国的下邑。郳国及其"滥邑"，均在邹鲁文化域内的当今滕州市境内。任继愈先生说，墨子里籍有此定论，鲁班里籍亦当为滕州。由此应该说，墨子生于鲁，为鲁国人，其后半生客居鲁阳。《淮南子·氾论训》说："总邹鲁之儒墨，通先圣之遗教"，就是佐证。其中关于邹鲁之"鲁"是指鲁国，不是指鲁阳。这个结论虽为多数学者所共识或接受，但仍有研究者不赞同，认为鲁国即鲁阳，墨子里籍为鲁阳。并于20世纪90年代引起墨子里籍问题大讨论。个别研究者的文章明显是为里籍而里籍情感之文，不是学术研究之风。其实对墨子研究的重点不应在里籍问题上，因为墨家是以小手工业者为基础组成的集团，为了推行其兼爱非攻的主张，它本身就在游动中，不能把他的终生地说成是其祖籍。当前研究和发掘墨家学说的重点不是其里籍问题，而应着重研究墨家学说在中华优秀传统文化中的历史地位和影响，以及墨家学说的现当代性问题。特别是要在有力推动深入研究、搜集、整理、诠释文献资料等方面多下功夫，论争双方及其组织者应以学术研究的宽容之心协同研究，弘扬包括墨家学术在内的中华优秀传统文化为己任是为至要。

二　《墨子》其书与墨家学派

关于《墨子》其书，孙诒让在《墨子间诂》序中说："汉志·墨子书七十一篇，今存者五十三篇。……今书虽残缺，然自尚贤至非命三十篇，所论略备，足以尽其旨要矣。经说上下篇，……似原出墨子，而诸巨子以其说缀益之。备城门以下十余篇，则又禽滑厘所受兵家之遗法，于墨学为别传。惟修身亲士诸篇，谊正而文靡，校之他篇，殊不类。当染篇，又颇涉晚周之事，非墨子所得闻，疑皆后人以儒言缘饰之，非其本书也。”[1] 这里所说“汉志”，即《汉书·艺文志》。“今存五十三篇”，相传《道藏》本五十三篇。《墨子间诂》所列目录，就是《道藏》本《墨子》原有目录。不过，从孙诒让这个“序”中表明，《墨子》一书不是一人一时而成，是由历代墨者历代薪尽火传、不断加工整理、集体创作而成。特别是墨子的再传弟子禽滑厘等巨子的加工整理的“经说”“备城门”等十余篇的成果，更能说明《墨子》一书是历代墨者集体创作而成。

今人对《墨子》一书主要内容研究，多是分为五类予以阐述，最具有影响的研究者为胡适和梁启超二位的五类说，胡适在其《中国哲学史大纲》中，将《墨子》主要内容“分作五组”。他说：“《墨子》书今有五十三篇，依我看来，可分五组：第一组，自《亲士》到《三辩》，凡七篇，皆后人假造的。……前三篇全无墨家口气，后四篇乃根据墨家余论所作的。第二组，《尚贤》三篇，《尚同》三篇，《兼爱》三篇，《非攻》三篇，《节用》两篇，《节葬》一篇，《天志》三篇，《明鬼》一篇，《非乐》一篇，《非命》三篇，《非儒》一篇，凡 24 篇。大抵皆墨者演墨子的学说所作的。其中也有许多后人加入的材料。《非乐》《非儒》两篇更可疑。第三组，《经》上下，《经说》上下，《大取》《小取》，六篇。不是墨子的书，也不是墨者记墨子学说的书。我以为这六篇就是《庄子·天下篇》所说的别墨作的。这六篇的学问，绝不是墨子时代所能发生的。况且其中所说和惠施公孙龙的话最为接近，是惠施、公孙龙时代的别墨作的。我从来讲墨学，把这六篇提出，等到后来讲别墨的时候才讲他们。第四组，《耕柱》《贵义》《公孟》《鲁问》《公输》，这五篇，乃是墨家后人把墨子一生的言行辑聚来作的，就同儒家的《论语》一般。其中有许多材料比第二组还重要。第五组，自《备城门》以下到《杂守》凡 11 篇。所记都是墨家守城备敌的方法，与哲学没什么关系。研究墨学的，可先读第二组和第四组，后读第三组，其余二组，可以不必细读。”

梁启超先生基本上接受胡适对《墨子》分作五组的说法。不过他说：“现存五十三篇，胡适把他分为五组，分得甚好。但我的意见，和胡适有异同。今采用他的分类，别为解释。”第一类即卷一《亲士》至《三辩》七篇，前三篇《亲士》《修身》《所染》“非墨家言，纯出伪托，不可读”。后四篇《法仪》《七患》《辞过》《三辩》“是墨家记墨学概要，很能提纲絜领，当先读”。说第二类即卷二《尚贤》至卷八《非乐上》，“是墨学大纲目，《墨子》书的中坚，篇中皆有‘子墨子曰’字样，可以证明是门弟子所记，非墨子自著。每题各有三篇，文义大同小异，盖墨家分为三派，各记所闻”。唯《非儒》“无‘子墨子曰’字样，不是记墨子之言”。他说第三类，即卷十、卷十一《经》上下、《经说》上下及《大取》《小取》，“这六篇，鲁胜他叫作《墨辩》，大半是讲伦理学。《经》上下当是墨子自著，《经说》上下，当是述墨子口说，但有后学增补。《大取》《小取》是后学所著”。他说第四类，即卷十二《耕柱》至卷十三《公输》五篇，“是记墨子言论行事，体裁颇似《论语》”。说第五类，即卷十四《备城门》以下“这十一篇是专言守御的兵法，可缓读”[2]。梁启超先生积三十余年的研究，撰著《墨子学案》和《墨经校释》，为墨家思想研究史上树立了丰碑。但是，随着对墨学研究的进展，相对当代墨学研究的新进展、新见解和新思想来说，胡梁二位对《墨子》书的内容分类显得简单和阐释欠深，未反映出《墨子》的核心内涵。

墨子改革创新、摩顶放踵利天下的精神，是先秦时代最杰出的学派。墨子的学说不仅具有重大的历史意义，而且也有重大的现时代意义。清代俞樾曾简括其历史意义说：“墨子则达于天人之理，熟于事物之情，又深察春秋战国百余年间时势之变，欲补弊扶偏，以复之于古，郑重其意，反复其言，以冀世主之一听，虽若有稍诡于正者，而实千古之有心人也。”[3]

三　墨家学说的历史地位及其重要影响

墨家学说早在战国时代就树起了重要的历史地位。《韩非子·显学》篇就明确地说：“世之显学，儒、墨也。儒之所至，孔丘也。墨之所至，墨翟也。”这就充分说明，当时墨家学说和儒家学说并称“显学”。秦汉之后，墨家学说尽管被抑制而中绝，但其影响还是广泛和深远的。

第一，对中国优秀传统文化发展的影响。

依据历史学史和文化学史发展的规律看，任何在历史上有价值的或有积极意义的思想意识和学术观念，不仅有其相对独立性发展的规律性，而且还会渗透到整个文化思想发展中，潜在地起着影响。同样，任何学派的思想主张、哲学概念不仅要与它共存的其他学派的思想主张、哲学观念发生相互影响、相互渗透的关系，还同它以前或以后的其他学派的思想主张、哲学观念发生沿袭与变革、吸收与革除的相互关系。墨家学说创始人墨子是中国文化史上的巨人，其学说是中国优秀传统文化直接源泉之一。当时对《韩非子》《庄子》《孟子》《荀子》等均有深刻的影响。特别是《孟子》，尽管其中对墨家进行无情的批判，指责杨朱、墨子学说是“无君无父”的“禽兽邪说”，却不得不承认墨家学说的影响是名扬天下的。他说：“杨朱、墨翟之言盈天下。天下之言不归杨，则归墨。”认为“杨墨之道不息，孔子之道不著”。并且为了使孔子之道所著，以恐惧的心态呼吁人们拒杨、墨之道。所谓“孔子之道不著，是邪说诬民，充塞仁义也。仁义充塞，则率兽食人，人将相食，吾为此惧”。“距杨、墨者，圣人之徒也。”[4]同时，我们还要指出，孟子在批判墨子过程中不仅承认其学说的广泛影响，还吸取了墨子的重要思想。如孟子提出的“民为贵，社稷次之，君为轻”民本思想，是直接承继了《墨子·尚贤》中“官无常贵，民无终贱”的思想。孟子的“性善论”的“至善”思想渊源，就是《墨子·天志》中的“天民”思想。此外，孟子有关“为官”“刑政”等政治思想也深受《墨子》的《法仪》《尚贤》《尚同》等诸篇的影响。

墨家社会政治思想不仅对《孟子》《荀子》产生很大的影响，对其他的重要历史文献中的有关思想同样产生重大影响。其中突出的文献要算《淮南子》,《淮南子》的《氾论训》《主术训》篇均直接引证《墨子》的有关思想主张，以作为治国为官、改革社会风尚、实施思想教育等主张的依据。特别要指出的是，道教的产生、流传与墨家具有密切关系。道教最初的理论是墨家学说与黄老方仙之道相融合的产物，以致它把墨子其人塑造为道教仙界人物之一，把《墨子》收入道教经籍总集《道藏》中，这不仅表明墨家学说影响至深，也为我们研究墨家学说提供了十分珍贵的文本。《道藏》所收《墨子》是目前最为完整和可靠的版本，从中可以了解墨家学说的全貌和精华。

综合论之，墨家学说对中国优秀传统文化的影响是多层次、多方面和具有长久性的，其在政治、经济、哲学、逻辑学、数学、物理学、人学、军事学、伦理学、宗教学等方面均有其影响和贡献。秦汉之后它虽被压制、被排斥，它对传统文化的发展和影响不亚于儒家学说和道家学说。墨家学说的精华已融入中华民族的血液中，标记着中国优秀传统文化、民族精神的某些基本特征，如兼爱、非攻、强不执弱、富不辱贫、尚贤举能、强力从事、固本节用、尚功尚利等思想精华，均彰显着中华民族精神的基本特征。

第二，对社会改革、治理国家等政治思想的影响。

墨家学在社会改革、国家治理等方面的影响和贡献，也是胜于先秦诸学派的。在《墨子·尚贤》的三篇中，提出创建以利万民的政治制度，主张废除维护世袭贵族的周礼之制，实行尚贤使能的平民民主的政治制度。墨家的尚贤主张与儒家的“举贤才”是根本不同的。在儒家看来，“农与工肆之人”是“贱者”，不在举贤之列的。墨家则相反，认为只要具备贤能的条件就可以。在《尚贤上》说：“虽在农与工肆之人，有能则举之。高予之爵，重予之禄，任之以事，断予之令。”强调实行“尚贤”是治国为政的根本原则，它关系到国家的富强和兴衰；并明确指出，君“求国家之富，人民之利，刑政之治”，必须实行“尚贤”：“国有贤良之士众，则国家之治厚；贤良之士寡，则国家之治薄。故大人之务，将在于众贤而已。”因为贤良之士为官，能保证“举义”和“法治”。贤良之士为官，小到“治邑”，大到“治国”，均能实现“不义不富，不义不贵，不义不亲，不义不近”的原则措施。墨家的社会改革和治理国家的思想对中国历史上的历次农民起义运动、社会改良和革命运动，也都是有深刻影响的，墨家学说在清代末期的改良运动中的兴起，辛亥革命中孙中山重视和倡导墨家学研究，都是很好的说明。

从墨家学被重视和兴起的历史情况看，其宗旨精神与反传统专制、倡导科学民主似乎有着内在的关系，显示着墨家学说的近现代意义。从鸦片战争到新文化运动，墨家学说的主旨思想对进步学者、政治改革的爱国者有着强烈的影响。戊戌变法和辛亥革命以改良和改造社会制度为当时的中心任务，改良派和辛亥革命派均以墨家学说为理论渊源，改良派凸现墨家的救世情怀、贤良政治思想，革命派则以兼爱、互利精神为重要理论来源。改革派梁启超称赞墨子的“兼爱”主张具有社会主义、世界主义的性质，对墨家学派救世之患、急人之难的思想和践行给予高度评价，称之为有益时代发展的精神力量。孙中山则把墨子同中国的黄帝、法国的卢梭、美国的华盛顿并列，看作真正改造社会的救世主。所以，他非常推崇墨子兼爱宗旨。新文化运动的“五四”时期，在倡导科学、民主、反对传统、反专制运动中，胡适等人在研究墨家学说基础上，选择墨家学说作为新文化的立足点。同时，早期无产阶级革命家陈独秀、蔡和森等也是盛赞墨家学说的，他们曾以墨家的政治主张和政治理想来理解共产主义世界观和共产主义事业。但是，墨家学说的宗旨和主张是农民和个体手工业者小私有者利益的反映，其近现代意义是很有限的，在改革运动后期和改造社会运动后期其影响则有很大削弱。

第三，对中国科技发展史上的影响。

春秋战国之际，既是百家争鸣的大好时代，更是中国古代科学技术发展的第一个黄金时代。当时对技艺发展和科学理论的建树做出历史性贡献的是墨家学派。其创始人墨子被当代科学家称为“科技圣人”，是符合实情的。墨家不仅开创了中国的科技史，而且在数学、物理学、时空观、运动观、机械论等领域做出了光辉的历史建树，这里仅就其科技的基本特征及其意义予以简括论之。

首先，墨家科技研发的客观基础是社会生产和社会发展的需求。墨家作为小生产和手工业者的集团，其自身的生存和发展到后期呈现的《墨经》，表明墨家科技思想和实践的整个历史过程经历了应用研究、发展研究到基础理论研究的过程。这是符合科学技术发展规律的，因而其理论价值和实用价值具有历史性的长久意义。我们说是早期墨家的科技思想，主要表现是技艺活动，一方面其着重点在于具体应用，另一方面以其工巧技艺经验应用宣传、谏言其社会改革、发展生产、以利万民的逻辑依据和实证范例，而融入各篇之中。如《所染》《法仪》《鲁问》《公输》等，特别是《备城门》以下诸篇的内容，均有具体说明。

其次，墨家科技思想的研发与应用的第二个显著特征是其出发点和落脚点以及评判技艺的准则在于以利万民。把对人民是否有利作为评判的根本准则，这在《公输》篇的辩论中，表现得最为鲜明。所谓“功利于人，谓之巧，不利于人，谓之拙”。在《非乐》《非命》等诸篇中，也表明了墨家科技思想的这一基本特征。

再次，墨家科技思想另一显著特征就是随着社会发展的需求不断总结和提升已有的实践经验。其突出表现就是《墨经》的呈现，其中诸多有关数学、物理学、力学、光学、声学、宇宙学等原理均是对早期墨家工巧技艺实践经验的总结和理论升华。因此可以说《墨经》是对中国科学技术发展史的贡献具有重要的现当代意义。当代历史学家杨向奎先生 1991 年在全国首届墨子研讨会上曾说：“这个《墨经》的确是了不起。……一部《墨经》等于整个希腊。”他认为，“《墨经》无论在自然科学哪一方面，都超过整个希腊，至少等于整个希腊。”[5]

综上所述，墨子是中国古代伟大思想家、教育家、科学家、社会活动家，由他创立的墨家学说，在中国优秀传统文化史上代表了一个时代的高度，既具有重大的历史价值，更具有现当代意义。在当前倡导继承和弘扬中华优秀传统文化、弘扬中华传统美德、弘扬时代精神、振奋中华民族精神的大好形势下，我们要加强墨家学说研究，继承和弘扬其优秀传统精神，发扬其精华为现时代服务。

参考文献

[1] 孙诒让:《墨子间诂》，上海书店，1986，第3页。

[2] 梁启超:《墨子学案》，《墨子大全》第26册，北京图书馆出版社，2004，第21~22页。

[3] 孙诒让:《墨子间诂》，上海书店，1986，第1页。

[4]《孟子·滕文公下》，《诸子集成》第1卷，中华书局，2006。

[5] 张知寒主编《墨子研究论丛》(一)，山东大学出版社，1991，第34页。

（责任编辑：刘云超）

全球化时代墨家兼爱思想的多维解读

闫　平*

摘　要　“兼爱”是墨子伦理思想的核心，它有别于儒、道思想的精神追求和价值取向，可谓中华民族重要的道德范畴。在世界进入一体化和网络化的全球化时代，深入探讨墨家兼爱思想的丰富内涵和当代意义，赋予其时代内涵和现代表述，增强墨家兼爱思想的影响力，既是构建全球命运共同体的有力思想武器，又可为实现中华民族伟大复兴的中国梦提供强大精神动力。

关键词　墨学　兼爱　意义

2015年末，国家主席习近平在第二届世界互联网大会开幕式发表主旨演讲，在谈到推进全球互联网治理体系变革时，引用了墨子古语：“‘天下兼相爱则治，交相恶则乱。’完善全球互联网治理体系，维护网络空间秩序，必须坚持同舟共济、互信互利的理念，摈弃零和博弈、赢者通吃的旧观念。”针对全球互联网发展现实问题，习主席从墨家文化中汲取智慧，提出“同舟共济、互信互利”的互联网治理新理念，体现了中国在网络空间治理上的全球视野和对等原则，彰显出维护全球网络空间秩序的中国主张。

墨家思想是先秦时期中国文化主干之一，其思想内涵极为丰富而深刻，具有独特的科学精神和人文情怀，特别是“兼爱”这一核心伦理思想，有别于儒、道思想的精神追求和价值取向，可谓中华民族重要的思想资源和道德范畴。在当今世界一体化和网络化的全球化时代，深入研究墨家道德文化，倡导墨家“兼爱天下”的道德理想，推动和拓展墨家学说的大众化、

* 闫平（1966～），济南社会科学院副研究员，主要研究领域：中国传统文化、当代文化发展和地域文化。

普及化和对外传播途径，既是构建人类命运共同体的有力思想武器，又可为实现中华民族伟大复兴的中国梦提供强大精神动力。

一　墨家“兼爱”之人格特质

先秦时期，我国思想界辩家鹊起，思想家辈出，墨家学说能于百家争鸣中独树一帜，与儒学并称为两大“显学”，与其思想立论处处闪烁“兼爱”光辉密切相关。墨家兼爱思想贯穿于墨子学说全部，其“非攻”“尚贤”“节用”“非命”等十大主张皆是以“兼爱”为出发点推衍而来，墨家整个理论学说与实践活动始终是为了捍卫“兼爱天下”这一高尚伦理境界而进行的。

墨子的伟大，不仅在于他的学说，还在于他的人格。[1]在先秦诸子中，能产生仅此一位站在百姓立场上发声、苦心追求“行天下之利，除天下之害”抱负并付诸实践的思想家实属偶然，然而，这种偶然性中又隐藏着一定的必然因素，这就是思想者具有的坚毅、笃实、积极、奉献的性格特征，以及拥有的崇高理想、坚定信念和舍生救世的义勇精神。可以说，墨子的人格特质和高尚品行规定了其思想卓著的趋向。在探讨“兼爱”思想之前，有必要把握思想创立者的人格魅力和行为特质。

（一）“摩顶放踵，利天下，为之”的行义精神

墨子堪称中国哲学史上的行动派，他的兼爱、非攻思想，不只是一种理论，更是一种践行。梁启超将墨子的救世精神评价为“小基督”，言其具有耶稣基督敢于牺牲自己且躬体力行的“救世”精神。墨子认为，“万事莫贵于义”（《墨子·贵义》）意为天下的事没有比行义更重要的了。为了行义可以抛却个人性命。“义”是什么？在墨子看来，“义者，正也”。“天下有义则治，无义则乱”（《墨子·天志下》）；“义，利也”（《墨子·经上》）。可见“义”有着“正”和“利”两重含义，而且此“利”是益于全人类的“公利”，而非个人“私利”。即：凡“正当”而“有利”于人类众生的事情皆称为“义”。墨家这一崇高哲学理想，在中国历史上产生了积极而深远的影响。

墨子认为，“为义犹是也。能谈辨者谈辨，能说书者说书，能从事者从事，然后义事成也”。（《墨子·耕柱》）意思是社会事务离不开个体力量，

每个人都发挥好能动作用，尽最大努力做好自己该做的事情，行义之事便可成立。墨子强调“有力者疾以助人，有财者勉以分人，有道者劝以教人。若此则饥者得食，寒者得衣，乱者得治。若饥则得食，寒则得衣，乱则得治，此安生生”（《墨子·尚贤下》）。人与人之间唯有相互帮助，各显其能，各得其所，百姓才能拥有平安稳定的生活。在行义道路上，墨子汲汲营营，言传身教，试图把“义”的精神传播到民间各个角落，以争取更多正义的力量，做有益于社会的事情。

墨家学说之所以能够在纷乱的战国时代大盛其行且信徒诸多，得益于墨子优异的德行修养和人格魅力。如墨子始终遵循“只做利于天下之事”原则，而且认定的事情，即便困难重重，也绝不放弃对“义”的坚守。因而常叮咛弟子“为义而不能，必无排其道。譬若匠人之斫而不能，无排其绳”（《墨子·贵义》）。是说，不能胜任行义之时，一定不可怪责行义思想。就像木匠砍木不能砍正，不可怪责墨线一样。墨子教导并感召弟子要以坚定的意志行义天下，为崇高的救世理想而奋斗。墨子的人格精神为历代所敬仰，甚至墨家论敌孟子也有钦服之言：“墨子兼爱，摩顶放踵，利天下，为之。”（《孟子·尽心上》）；庄子亦有“以裘褐为衣，以跂蹻为服，日夜不休，以自苦为极”（《庄子·天下》）之赞誉。汉·班固《答宾戏》则曰：“圣哲之治，栖栖惶惶，孔席不暖，墨突不黔。”这些言论皆是对墨家救世济民雄浑气魄和剑履山河英雄气概的褒扬。从本质上说，春秋战国时期的思想学说，多以压制人性来稳定天下，维护君主统治。然而，墨家思想远远超越了当时社会的基本属性，他以急公尚义的卓越精神，甘愿为天下“行义”“积利”，在那个时代的确达到了“赢天下”的目的。

（二）“功，利民也”的践行原则

墨子学说的终极目标是为了“实用”。墨子不仅“坐而言”，还“起而行”，做到言行一致，知行合一。“言足以迁行者，常之；不足以迁行者，勿常。不足以迁行而常之，是荡口也。”（《墨子·贵义》）墨子认为，言论能够付之于行动的，就去推崇；不足以付诸行动还要推崇它，就是空言妄语。“故我曰天下之君子不知仁者，非以其名也，亦以其取也。”（《墨子·贵义》）墨子言，天下的君子不知道“仁”，并不是说不出名称，而是无法择取应用。进而认为，空谈仁义没有用，只有去实行，才能对家国百姓有益。满口仁义道德，却与所作所为完全不符，这种言行不一的人最为墨子所不齿。就此比照同时期古希腊“知识的知识”之哲学观点，墨家思想在讲求“理论思辨目的是为实践”的基础上，更倡导身体力行。

尽管古代先哲的思想体系皆为所处时代政治伦理服务，为治国安民献策，然而墨家思想更具平民色彩，为黎民立德、立言，为百姓利益建功立行，此乃墨家思想体系与诸子百家之明显不同。为了让自己的言论得到实际运用，墨子创立“三表法”作为立论规则和标准。“何谓三表？子墨子言曰：有本之者，有原之者，有用之者。于何本之？上本之于古者圣王之事。于何原之，下原察百姓耳目之实。于何用之？废以为刑政，观其中国家百姓人民之利。此所谓言有三表也。”（《墨子·非命上》）墨子这番话既是方法论又是实践论。用现代语汇解说三表法，则为：一是要对立论追本溯源，二是立论要结合考察社情民意，三是立论要能够用于实践，以检验其思想观点是否符合家国百姓的利益。其中第三点，墨子认为最重要。对此，冯友兰做出评述：“国家百姓人民之利”乃墨子估定一切价值之标准。凡事物必有所用，言论必可以行，然后为有价值。[2]墨子遵照此法以身作则，他的兼爱、非攻、尚贤、尚同、节用、节葬、非乐、天志、明鬼、非命十论，皆历经三表法锤炼而成。不难看出，墨家学说蕴含着将大众利益作为出发点和落脚点，有机统一人本论、能动论与实践论的哲学理念。当今中国特色社会主义理论体系的重要组成部分——以人为本的科学发展观，可谓与墨家哲学思想之传统文化一脉相承。

（三）“述而且作”的创新意识

子曰：“述而不作，信而好古，窃比于我老彭。”（《论语·述而》）孔子说，转述前人的学说而不创建自己的思想，信奉和喜好古时候的东西，我私下把自己比作前人老彭一样。孔子如此评估自己，无非是因膜拜周礼，不敢创新的自谦式治学态度（实则，孔子不乏著书立说、编纂典籍，进而创立了儒家学说和其哲学体系）。然而，后世儒家学者曲解孔子本意，误将“述而不作”作为君子之规。如公孟子说：“君子不作，术而已。”子墨子曰：“不然，人之其不君子者，古之善者不诛，今也善者不作。其次不君子者，古之善者不遂，己有善则作之，欲善之自己出也。”（《墨子·耕柱》）墨子把“照本宣科”与君子品行联系起来，批驳不敢于创建新论的学术立场，并把对待“述”和“作”的不同层次行为喻为“不君子”或“次不君子”，告诫公孟子：“吾以为古之善者则诛之，今之善者则作之，欲善之益多也。”（《墨子·耕柱》）意为君子不但要阐述传承古代圣王之道，还要创立新的学说，如此才可以让世上良好的事情多起来。

墨子极力倡导师古而创新，其“三表法”正是对“述而且作”观念的补充和形态表现。墨子非但在阐述圣贤思想过程中并入自己的主张，而且还注重把主张归结到实用上，即在“调查研究”基础上，找准问题症结且加以改善。坚持在调查研究中求是、创新的工作作风，历来是我国执政党制定和实施各项方针政策的重要前提，在历史脚步迈进今天“十三五”发展时期，它依然是我国实现全面建成小康社会战略目标的必然要求和不二法门。

二 “兼爱”思想的价值指向

墨子将自己的根本思想“兼爱”诠释为人人平等互爱。视人类社会为一个整体，要求人与人之间不分亲疏、无别贵贱、没有差别，当属社会秩序和人际关系理想化的向往和追求。这一点与儒家以“亲亲有术，尊贤有等”宗族血缘为基础的“爱”有着本质区别。儒家的“仁爱”分层次、存厚薄、有差别，维护的是尊卑、亲疏、贵贱的差等秩序，在墨子看来，这是没有驱除私利之心“自私”的爱，这样的爱岂能抵达平民、惠及百姓?！墨家倡导的兼爱思想具有多元指向，既存在爱的多维度价值指向，也具有爱的多向度行为导向。

（一）“兼爱”：无私利的爱

墨子兼爱思想主旨在于反对自私自利。墨子认为，社会动乱的原因是由于人与人之间“不相爱”。如若“诸侯不相爱则必野战，家主不相爱则必相篡，人与人不相爱则必相贼，君臣不相爱则不惠忠，父子不相爱则不慈孝，兄弟不相爱则不和调。天下之人皆不相爱，强必执弱，富必侮贫，贵必敖贱，诈必欺愚。凡天下祸篡怨恨，其所以起者，以不相爱生也，是以仁者非之”（《墨子·兼爱中》）。此段繁复推论，无不是在说明人与人、国与国之所以不相友好，终究为自私自利的道德放纵，势必导致“子自爱不爱父，故亏父而自利；弟自爱不爱兄，故亏兄而自利；臣自爱不爱君，故亏君而自利，此所谓乱也”（《墨子·兼爱上》）的乱世局面。人人都想着别人吃亏受损而自己得利，那么攻杀篡夺的事情就能做得出来，天下岂能安宁?！墨子把“私利”作为人与人不相爱的根本问题，认为只有铲除“私利之心”，才能达到天下安宁。正如梁启超所言："简单说，把一切含有'私有'性质的团体都破除了，成为一个'共有共享'的团体，就是墨子的兼爱社会。"[3]基于一系列逻辑推导和明喻，墨子提出"兼相爱，交相利"的治理良策。显然，墨子这一理论学说超越了时代承受力，难以说服统治阶级，然而墨家以平等、博爱、共享为深蕴的思想体系，却得以流传千古，不仅深深影响着历代统治者的施政纲领和各宗派学术，时至今日，仍在道德建设和社会治理方面发挥着不可或缺的重要作用。

"兼相爱"主张天下的人都能相亲相爱，爱护别人如同爱护自己；"交相利"则要求尊重对方的利益，实现人与人的平等互利。人人如此而为，还会做自私自利的事情吗?！还会发生不惠、不忠、不慈、不孝、不友、不敬的事情吗?！"故天下兼相爱则治，交相恶则乱。"（《墨子·兼爱上》）人与人互爱互助，天下就能安治；人与人相互憎恶，天下就会混乱。于是，墨子倡始"视人之国若视其国，视人之家若视其家，视人之身若视其身"（《墨子·兼爱中》）。看待别人的国如同自己的国一样，看待别人的家如同自己的家一样，看待别人的身体如同自己的身体一样，照此行事，则会是人与人不相损害，家与家不相侵犯，国与国不相攻伐，一切祸乱、争夺、怨恨都可以避免，那么天下就会安宁，社会就能和谐。墨子通过一般伦常社会关系论说兼爱，否认阶层之分、人我之分，终极目的是驱使整个社会由人伦和谐迈向"大同世界"，这种互爱互利的人道主义精神和道德理想境界，不正是世界一体化的时代需求吗?

（二）"兼爱"："俱爱""尽爱""周爱"

《墨经》中的"兼"与"俱""尽""周"词意相近，"兼爱"就是"俱爱""尽爱""周爱"。墨家兼爱学说强调人间之爱的整体性、平等性、周至性、恒常性和交互性等。从理论角度阐释的兼爱不分国家、民族、等级、亲疏差别，讲求爱整体、爱人类全部，具有跨越时空（不受时间、空间条件的限制）对人施以"像爱自己一样爱他人"的"尽爱""俱爱""周爱"。墨子在连接自己与社会群体的关系中，突破了儒家对尊卑长幼差序格局的讲求和"不能为人时则为己"的观念，主张人己（群己）兼顾，赋予"群"与"己"一种应有的、正当的、合理的身份和地位。如此群己关系论顺应当今世界一体化进程趋势的要求，与互联网时代倡导的开放、平等、协作、分享精神相吻合。对此，香港墨教协会主席黄蕉风有言，"墨家'兼爱’所包含的群己观念毫无疑问具备相当的互联网精神”[4]。这种由“追求自由平等”和“勇于拷问人性”的社会理性凝结而成的思想意识、思维方式以及由此派生出的自信自强的精神活力，定会在全面建成小康社会决胜阶段，为实现中华民族伟大复兴提供强大精神动力和文化支撑。

总体看，墨子学说申论的“兼爱”思想内涵包含如下几个层面：

1. 不分亲疏的整体、普遍之爱。儒家信徒巫马子认为爱是有亲疏之别的，根本做不到墨子所言的兼爱。巫马子说：“我与子异，我不能兼爱。我爱邹人于越人，爱鲁人于邹人，爱我乡人于鲁人，爱我家人于乡人，爱我亲于我家人，爱我身于吾亲，以为近我也。击我则疾，击彼则不疾于我，我何故疾者之不拂，而不疾者之拂？故有我有杀彼以我，无杀我以利。”（《墨子·耕柱》）对此，墨子辩驳道，如果人人都坚持利于自己的主张，那么喜欢巫马子你主张的人会杀你以利于自己，不喜欢你主张的人也会杀你以利于自己，因为你散布了不祥之言。墨子认为，分亲疏的爱是虚妄之言，空言妄语必会引来杀身之祸。

2. 不分贵贱的平等之爱。墨家兼爱强调没有贵贱之别，就算对待奴隶也要平等兼爱。《墨子·小取》记载：“获，人也；爱获，爱人也。臧，人也；爱臧，爱人也。”“获”（女婢）“臧”（男仆）虽为地位低贱的奴仆，可他们也是人，爱他们也是“爱人”。墨子正反两向分析爱的平等观，不但阐明作为人无论贵贱皆有被爱的权利，而且奉献的爱亦没有高低贵贱之别，指出“贵为天子，其利人不厚于正夫”（《墨子·大取》）以为，天子是尊贵的，但天子给予他人的爱与普通百姓别无二致。墨子申述的平等之爱为：人与人虽有贵贱之别，但爱与被爱没有贵贱之分。

3. 不分民族、不分古今的恒常之爱。墨子反对孟子“爱古而不爱今”的态度，认为“爱尚世与爱后世，一若今之世人也”。（《墨子·大取》）即要施爱于前人、现代人和未来所有人，提倡兼爱须有恒常心和一贯性，仅仅爱古人是不够的，爱过去的人要与爱现在的人一样。同时提出“爱众众世，与爱寡世相若。兼爱之有相若”。（《墨子·大取》）意为爱天下所有人，应当不分国家或民族大小强弱而一视同仁。这种超越个人、家庭、国家的爱，才是人间大爱之道。

4. 不分彼此的交互之爱。一方面，“爱人不外己，己在所爱之中。己在所爱，爱加于己。伦列之爱己，爱人也。”（《墨子》·大取）的经典论述告诉我们，爱别人并不是不爱自己，自己也在所爱之中。既然自己在所爱之中，兼爱也是爱自己。亦即“爱人”不应排斥爱自己。墨子发蒙的这般关于人的“主体性”萌芽意识，充分反映了墨子及所代表的平民阶层积极主动、乐观进取的人生态度。另一方面，墨子认为，如果每个人都能兼爱并利于他人，每个人也就能够得到他人的兼爱和利之。即所谓“夫爱人者，人亦从而爱之；利人者，人亦从而利之”（《墨子·兼爱中》）。这岂不正是“我为人人，人人为我”的利益交互性主旨所在。负有这般价值取向，就能够对国家、对社会、对他人充满责任感，这种调节人际关系、维护社会秩序、促进社会和谐的永恒因果法则，无疑为引导公民正确价值取向、涵养社会主义核心价值观之公民价值准则有着积极作用。

5. 奉献他人的普世之爱。在论证兼爱的尾声，墨子进一步延伸兼爱思想的价值内涵，提出“无有私”观点。“文王之兼爱天下之博大也；譬之日月，兼照天下之无有私也。”（《墨子·兼爱下》）即文王兼爱天下的博大胸怀如同日月光芒普照大地。这分明是一种只求付出、不图回报的博大普世之爱。在奉献与索取之间，墨家取向于无私奉献。诸如《墨子·贵义》所载“道义高于俸禄”故事、《墨子·耕柱》中的“高石子为义辞官”记载、《墨子·鲁问》用“背义而向禄”反面案例教育弟子的事例，均凸显了墨子不计个人得失、一心服务社会的利他主义价值观。这种精神在当今市场经济下有着不言而喻的现实意义。

（三）“兼爱”：缜密的实用之学

墨子兼爱道德理想有着深刻的人文意蕴和人道主义精神。墨子以兼爱上中下三论，将为何要兼爱？如何兼爱？兼爱具有怎样效应的理论命题，以通俗易懂的说理论证，表述于“兼爱是仁人的使命”“兼爱并不难施行”“兼爱不是梦想”“选择兼爱的人做朋友”“注重发挥权威作用和榜样的力量”“行兼爱之事犹如投桃报李”等篇章，将兼爱丰富的伦理思想清晰透彻地展现给了世人。

墨子秉持“兼爱天下”精神和功利主义原则，融汇人间世事，形成了一套完整缜密的实用之学。当代哲人冯友兰有言：“功”“利”乃墨家哲学之根本意思。[5]墨子把兼爱思想应用于国与国之间的关系，总结出“非攻”军事主张；推行到政治方面，提炼出“尚贤”“尚同”思想；践行于社会经济，产生了“节用”“节葬”“非乐”观念；用于宗教，则有了“天志”“明鬼”“非命”结论。墨子学说处处着眼于“功利”，摒弃一切浪费时间、金钱，消磨感情、精神、生命之行为，其目的，在于“兴天下之理，除天下之害。”求取天下最大多数人的共同利益和福祉。

墨子通过人伦社会关系盘整出人类整体性兼爱思想，弘扬之道在于“祛除私利，兼爱天下”。值得肯定的是，墨子兼爱思想并没有泯灭人的伦常观念，而是对儒家“推己及人”的设身处地情怀和仁爱宽容思想的推进。在政治上，墨子追求“兼爱天下”“兼利天下”的目标；在伦理上，希望达到社会和谐、互爱互利的目的，“有力者疾以助人，有财者勉以分人，有道者劝以教人”（《墨子・尚贤下》）。李泽厚甄别儒墨两家之“爱”，得出：儒家的爱是发自内在心理的“仁”，墨家的爱是基于外在互利的“义”[6]的结论。人人都以实际行为，做身体力行有助他人的“正当”之事，则能抵达“以老而无妻子者，有所侍养以终其寿；幼弱孤童之无父母者，有所放依以长其身”（《墨子・兼爱下》）之和美愿景。届时，呈现世人面前的必将是一派安定祥和景象：“为人君必惠，为人臣必忠；为人父必慈，为人子必孝，为人兄必友，为人弟必悌。”（《墨子・兼爱下》）这正是墨子理想的伦理世界。

三　兼爱思想的当代意义

当今人类已迈入全球化时代，在这样一个客观历史进程中，各国文化不可避免地会出现碰撞与冲突，墨家“兼爱天下”思想深蕴的人人平等互爱之精髓，对于抹平人与人之间差异、降低网络空间与时间分离隔膜、构建和谐世界具有普世性伦理支撑效用；墨家“兼爱互利”思想显现的至真至纯至善之品行，对于调和世界宗教冲突、文化差异甚至是局部战争有着不可忽视的借鉴意义。

在与国际社会交往中，我国历来注重加强友好协作，维护整体利益，维护世界和谐与和平，这是中国文化由来已久的基本精神。近年来习主席在国际性会议讲话中多次引用墨子“兼爱”思想和“强不执弱，富不侮贫”等古语，既针对现状精巧古为今用，又结合实际赋予新解、新义，彰显了墨学古老真理的生命活力和现代价值。[7]习主席汲取中华传统智慧和继承国学精华所呈现的治国理政思路，为弘扬发展中华优秀传统文化树立了典范。由此我们说，努力让中华传统文化适应新的社会实践、适应新的时代和现代化发展所需，可谓传承弘扬中华优秀传统文化之正道！积极运用中华优秀文明成果滋养网络空间、修复网络生态，可谓营建一个安全稳定繁荣的网络环境、构建全球网络命运共同体的中国责任担当！

弘扬中华优秀传统文化，重点应做好创造性转化和创新性发展。所谓创造性转化，就是对有借鉴价值的传统文化内容，按照时代特点和要求加以改造，赋予其时代内涵和现代表达方式。创新性发展，则是对优秀传统文化内涵加以补充、完善、拓展，使其适应时代发展和进步的需要。无论是创造性转化还是创新性发展，一个共同目标，就是增添我国优秀传统文化的生命力、影响力和感召力，塑造中国崭新的大国形象，增强中华民族的自信心和自豪感。

作为媒介新形态，网络打破了时空藩篱，在全球化语境下为人类构筑了一个似乎民主、自由的虚拟世界的同时，也加速了人类的"异化"。它让人与人之间的关系由"社会的"转变为"网络的"，由"真实的"转变为"虚拟的"，使得网络霸权、网络攻击等现象"乘虚而入"，成为阻碍网络空间和平安全发展的不利因素。面对互联网领域的问题和挑战，墨家"兼爱"思想作为一种处理人与人之间、国与国之间关系的道德准则、作为一种和谐世界建设的伦理规范，对于构建和平、安全、开放、合作的网络空间，建立多边、民主、透明的全球互联网治理体系具有道义为先的独特效能。对此，我们提出以墨家兼爱思想，开展全球互联网环境治理的几点建议。

（一）用"兼爱"思想培育国际社会相互尊重、平等互助的人际交往观

应当认识到，在构建和谐世界背景下，墨家"兼爱"思想不只是中国的文化，也是世界的文化。正如英国历史学家汤因比所言："把普遍的爱作为义务的墨子学说，对现代世界来说，更是恰当的主张。"[8] 墨子"兼爱天下""爱无差等"的普世情怀，或将在不远的一天，走出中国、走向世界，成为人类的共同向往和追求。欲使不同文化背景的人拥有共同的普世伦理认同，必须持守"平等相处"原则，具有求同存异、和而不同的理智思维，只有不同民族、不同肤色的人具备这种"同心""同理"的道德对话体验，才能奠定和谐世界的坚实基础。这就要求各国之间在尊重国家主权前提下，建立相互尊重、相互信任的人际交往观念，努力营造平等相待，互助友爱的全球互联网环境，力争达成全球互联网新型平等交往价值之共识。

（二）用“兼爱”思想倡议合作互利的道德观念，推动互联网全球治理体系新变革

说到底，道德是人与人之间所形成的利益关系的产物，一定的经济制度和利益关系决定一定的道德规范。而事实上，道德杠杆往往在利益博弈中不断失衡，造成在特定环境下一种是非观的混沌，一如当前全球互联网的失序状况。从利益关系角度讲，墨家“兼爱”思想作为一种“人爱人”“人利人”的道德要求，恰恰针对利益关系的调整做出强调，即兼顾个体与他人、自身与群体的利益平衡，将“利己”与“利他”相结合，通过利他行为实现利己或于利己的同时实现利他。习主席在互联网大会上专门提出摒弃“零和博弈”的游戏方式，正是要求做到“利己”而不“损人”，通过对话交流与合作，创造更多利益契合点、合作增长点，最终达到“实现双赢”的新亮点。此乃解决网络空间安全问题的根本出路。

（三）传播墨家精神思想，要用人们“听得懂”“乐意看”的方式

抓好传统文化传播方式和传播手段，便是抓住了做好传统文化创造性转化和创新性发展的关键环节。习主席在他的第一本著作里谈到文化建设时指出：“任何内容的文化建设活动，都应注意活动的方式和手段的运用。没有能为别人所接受的方式和手段，思想性就无从体现，宣传教育活动也就无从落实。”[9]传播墨子文化，促进墨学的大众化、通俗化、普及化乃至国际化，首先要采用通俗易懂、人们喜闻乐见的方式。唯有让人们对古老深邃的墨家思想文化“听得懂”“乐意看”，才可以谈及能否达到“以理服人、以文服人、以德服人”的效果。其次，对待墨家思想，不能仅仅停留在符号化和语言层面的解说上，而是要完成一种现代践行方式的“新诠”，把“兼爱”思想诠释为深入浅出、简单易学的学习方式和生活方式，以便把独立个体规定在自我建立的“无有私”的爱的体系当中，让人们在道理的感悟中自觉成长。最后，要提高墨家思想的国际认知度，应做好中华传统文化与外界接受障碍的时间空间考量，从而站好时空交界的合理位置，把墨子请到今天，让墨子活在当下，让全世界热爱和平正义的人，能够自主、自觉而又自如地体味“天下无人，子墨子之言尤在”（《墨子·大取》）之中华文化神韵。

参考文献

[1] 周富美编著《救世的苦行者——墨子》，中国友谊出版公司，2013，第41页。

[2] 冯友兰：《中国哲学史》，华东师范大学出版社，2011，第56页。

[3] 梁启超：《墨子学案》，上海书店影印，1933，第21页。

[4] 黄蕉风：《当习近平在谈论“墨家兼爱”的时候，到底在谈论什么?》，http://www.thepaper.cn/newsDetail_forward_1411070。

[5] 冯友兰：《中国哲学史》，华东师范大学出版社，2011，第56页。

[6] 李泽厚：《中国古代思想史论》，人民出版社，1986，第59页。

[7] 孙中原：《天下兼相爱则治，交相恶则乱》，《光明日报》2016年1月20日第6版。

[8] 汤因比、池田大作：《展望二十一世纪：汤因比与池田大作对话录》，荀春生等译，国际文化出版公司，1985，第425页。

[9] 习近平：《摆脱贫困》，福建人民出版社，2014，第23~24页。

（责任编辑：儒　哲）

文化价值

梁漱溟先生执教北大的原原本本

梁钦元*

梁漱溟先生——我的祖父，被誉为“国学大师”“哲学家”“新儒家开山鼻祖”……而他本人对此却颇不认同。他认为自己只是一个有思想且本着自己的思想去行动的人。

由于诸多缘故，而今的年轻人往往对他不够了解。尤其是他只有高中学历，却在北京大学执教，而那些坐在下面认真听讲的人群中，竟有他高中时的同学！

更有绘声绘色故事广为流传，说他早年投考北大却没考上，于是他立下誓言：北大今日不录取我，将来我非得来此执教不可。几年后，梁漱溟终于心愿得偿，登上了北大的讲台……云云。

其实，在1985年北大90周年校庆之际，92岁的梁漱溟特意撰写了《值得感念的岁月》一文，他在文中申明：“事实是我因中学毕业后投身同盟会活动，无法顾及升学事，及至在北大任教，昔日中学同窗如汤用彤（在文科）、张申府（在理科）、雷国能（在法科）诸兄尚求学于北大，况且蔡先生以讲师聘我，又何曾有投考不被录取，反被聘为教授之事。”

然而，一个仅靠自学的高中毕业生，竟能在北大执教，且在北京大学获得认可，即便在今天看来，仍是让人敬重的。

梁漱溟得以在北京大学登上讲台的最直接的原因，就是他撰写的《究元决疑论》。

他当时写《究元决疑论》，与他的好友、当时很有名望的记者黄远生先生有关。1912年高中毕业之后，梁漱溟担任《民国报》的外勤记者兼编辑，这也是他长达95年的人生中的第一份职业。

---

* 梁钦元（1957～），资深心理咨询师、北京大学“专攻北大”课题组特邀高级研究员，主要研究领域：科技管理。

而在那时，黄远生已是记者中的杰出代表。他被誉为“报界奇才”“中国第一个真正现代意义上的记者”。那时，作为记者中的晚辈，祖父对他很是景仰，却无缘结识。不过，从《民国报》离职后，祖父因一个法律问题去向黄远生先生求助，而得以结识他——黄远生不仅是著名记者，也是位大名鼎鼎的律师。

百余年后的今天，我们实在很难感知来自江西九江的黄远生到底有多杰出，他的名望究竟有多高？——仅在两年之内，黄远生便连中秀才、举人、进士三榜；他是中国最后一批进士，同榜中进士的有沈钧儒、谭延闿、叶恭绰等知名人士，而黄远生是其中最年轻的。

此后，他又东渡日本，攻读法律，回国后常在《少年中国周刊》《论衡杂志》和《东方杂志》发表文章，他还为《申报》等拥有众多读者的大报撰写新闻通讯，深受社会人士关注。在那时的上层社会，他的交游很广，尤其擅长从言谈话语、字词语句中捕捉、发现政治内幕，并在自己的笔下用“踏雪无痕”的方式予以披露。所以，在那时的舆论界，他的影响仅次于梁启超、章太炎诸先辈。

民国初年的知名人士梁启超先生，曾写过一篇名为《中国三少年》的文章。在该文中，梁启超对民国初年三个大有作为的年轻人很是赞赏，其中的第一人就是黄远生，其余二人为张君劢和蓝公武。祖父对我讲，这三位他都认识，其中最早相识、相熟的就是黄远生，而且他们二人彼此“深具好感”。祖父满怀慨叹地边摇头边对我说：“可惜得很啊！我与黄远生相交三年后，他竟在美国遇刺身亡了。”

祖父极度悔恨，他悔恨自己未能在黄远生遇刺身亡之前，将自己所理解的佛法介绍给他，“使他拔离苦海”。

通过祖父撰写的《究元决疑论》中的“著者跋”，不难看出祖父的悲痛与悔恨是多么深切：

> 余造新发心论久而未就，比见黄君远生《想影录》，悲心愤涌不能自胜，亟草此篇，愿为世间拔诸疑惑苦恼，惜远生不能见矣！……然此诚心却不曾献于远生，此可恨也！

在祖父即将年满23岁的1916年9月，《究元决疑论》一文在上海出版的《东方杂志》刊出，因文章较长，故分三期连载。

后来祖父同我讲，那篇文字当时他其实并未想发表，只是直接寄给了在上海的章士钊先生，不巧章先生为推翻袁世凯外出奔走，恰好离开了上海，此文为蒋竹庄先生所得，蒋竹庄先生径自将其交付给《东方杂志》，就被发表出来了，并引起了广泛关注和赞赏。

祖父曾向我讲起他与蔡元培先生的交往过程：祖父自十几岁便喜好哲学，很早就读过蔡元培撰写、翻译的《哲学要领》等著作。祖父虽然久慕蔡先生的为人和学问，可在民国初年，祖父任新闻记者，而蔡先生则为政府内阁成员（临时教育总长），二人只是见过几次面，却未有机会深入交流。

1916 年 11 月，祖父得知蔡元培先生刚刚自欧洲归国，就立刻萌生了拜访蔡先生的意愿。后经由教育总长范源濂引荐，祖父去位于北京南菜园的蔡宅去拜见蔡先生。那次祖父的拜访，既是一偿与蔡先生面谈的夙愿，还期望就自己的《究元决疑论》一文，向蔡先生请教。

祖父讲，其实他去蔡宅拜访蔡先生时，恰是蔡先生被正式任命为北京大学校长的那一天。二人彼此寒暄后，祖父就把《究元决疑论》一文拿出来，一面呈递给蔡先生，一面说："还期望蔡先生能就此文，加以指点斧正。"谁知蔡先生却一边摆手，一边微笑着说道："不必，不必了。你的这篇大作，我早已拜读过了。此文立论有据，很有胆识，见解独到。"

蔡先生这话让祖父很意外，谁知更让他意外的还在后头呢！——蔡先生身体微微前倾，说道："我这次到北大出任校长，当务之急便是网罗人才。我正想请你来北大教授印度哲学呢！"祖父听罢此话，感到实在是太出乎自己的预料了，便诚恳地辞谢。没想到蔡先生却说："我是喜爱哲学的。我此次来北大，重点要办好文科。文科中又以哲学系为重点，你就来哲学系讲印度哲学好了。"

祖父马上很诚恳地回答："先生之喜爱哲学我知道，早在中学时，我即读过先生翻译的《哲学要领》一书。至于我，实在称不上懂得印度哲学。印度宗派是如此之多，而我只不过为解决自己在人生问题上的烦闷，钻研了一些佛典，领会了一点佛家思想而已。"

蔡先生含笑说道："你说你不懂，但又有谁懂呢？我寻不着比你还强的人，就是你来吧！"

祖父一再表示："实在不敢承当。"

于是蔡元培先生进一步劝说道："我看你也是喜欢哲学的。我们把一些喜爱哲学的朋友聚在一起，共同研究，互相切磋，你怎么可以不来呢？来北大，你不要以为是来教别人的，你把到北大当作来共同学习好了。”

祖父则说：“自己学养不够，承蔡先生盛情美意，委我以重任，我只怕担不起这副担子。论学问，我仅仅是近几年埋头自学，略知佛学一二，并不精通印度哲学。我的本意，只是来求教于蔡先生，希望能得到教诲、提点。”

蔡元培先生却说：“今天我另有约，咱们怕不能细谈了。但我邀你来北大任教的主意已定，希望你考虑好再作决定。”于是，这次会面就到此结束了。

几天之后，祖父应邀再度来北大，到校长室与蔡元培先生会面。进去之后，才发现陈独秀先生也在座。蔡校长介绍祖父与陈独秀先生认识后，即开门见山地提出请祖父担任印度哲学一门课程（其时，陈独秀刚被聘为北大文科学长，相当今所谓文学院院长）。

祖父讲：“我何曾懂得什么印度哲学呢？印度宗派那么多，我也只是领会了一点佛家思想而已。要我教，我是没得教的呀！”

蔡先生回答说：“你说你不懂印度哲学，但又有哪一个人真懂得呢？一所大学，学生自然是来深造的，先生又何尝不是来深造的呢？谁亦不过从知道一星半点入手，横竖都差不多。我们寻不到人，就是你来吧！”祖父再三说实在不敢冒昧承当。

蔡先生又说：“你不是喜好哲学吗？我自己喜好哲学，我们还有一些喜好哲学的朋友，我此番到北大，就想把这些朋友乃至未知中的朋友，都引来一起共同研究，彼此切磋。你怎可不来呢？你不要是当老师来教人，你当是来共同学习好了。”蔡校长的这几句话确实打动了祖父，也博得了在场的陈独秀的赞同。于是当场商定，蔡元培校长正式聘请梁漱溟先生为北京大学哲学系讲师。

祖父对我说：“恰恰是蔡先生所抱持的那种彼此切磋、相互砥砺、一道探讨学习的态度，打动了我。”

因为祖父那时尚在司法部任职，一时离不开，蔡先生还特别同意由祖父推荐的许季上先生暂时代课。一直到了1917年的秋天，祖父才正式登上北京大学的讲台。自此直到他1924年辞职离开北大，祖父在北京大学前后执教长达7年。

入校后，祖父先开了“印度哲学”这门课，虽然此课并非北大哲学系的重点，但到场听课者仍然很踊跃；后来祖父又开始在北大讲授“儒家哲学”，这门的听课者就更多了。

据祖父回忆，北大的注册部原来只是安排他在北大一院红楼（即今中国美术馆迤西的沙滩）教室讲课，不料那间教室根本就容纳不下前来听课的人们。于是北大校方不得不把授课地点迁往北大的二院马神庙（今北京沙滩后街人民教育出版社处）的阶梯教室。这门课的听讲人数为二百多人。祖父不无慨叹地和我讲：期末由他亲自批改的考卷就有九十多份，而这个数字就是选修他的课程的那些在北大正式注册的学生人数。他记得很清晰——其中就有冯友兰、朱自清、顾颉刚、孙本文诸位，他们都是在那里与祖父“相聚于课堂”的。而此外的那些作为旁听的学生和其他自愿前来听课的各界人士，有的来自其他高校，有的来自社会。祖父讲，当时北大实行完全的对外开放，任人来听课。“以我所知，如军界前辈广东伍庸伯先生（与李济深同学），江苏江问渔先生（后随黄炎培先生工作，是时任工商部主事），皆年近四旬，而天天来听课。湖北张难先先生（湖北三怪之一，辛亥革命中颇有影响的人物），来听课时更是年近五旬了。年轻后辈如我者，听课人尚且不少，知名教授、新文化运动代表人物如陈独秀、胡适之、李大钊等先生。听课者之踊跃，更可想而知了。”[1]

当然，去听祖父讲课的也并不都是观点、立场与他全然相同的。记得祖父满面含笑地对我说：“我自己就听说过——有持完全反对主张、见地的人也特意来听我的课，而且他们公开声称‘我就是要去听听那个梁漱溟到底荒谬到什么地步。’”祖父还特别向我补充道：“这当中就有北大的学生彭基相和余文伟，他们认为我是唯心主义，素来是持反对意见的。”

每当谈及自己在北大执教的经历，祖父总是很动情地讲：“诸如陈独秀、胡适之、李大钊等各位，皆是因蔡先生包容于北大而得到抒发的人，而我则是被蔡先生引入北大而得到培养的一个人。”

在北大的七年里，祖父在学术及其他方面的表现和作为，至今依然令人赞叹。蔡元培校长确实是慧眼识人。

仅凭一篇文章，就能让一位高中生在北大登堂入室，这实在是前无古人。只是我祈愿这不是“后无来者”才好。

2016 年 8 月 5 日于北京

参考文献

［1］梁漱溟：《值得感念的岁月》。

（责任编辑：刘云超）

如何正确理解和合理处理身心关系问题

——关于“毗婆舍那”修行方法的理论思索

陶　清*

摘　要　在尊重信仰自由和思想自由的前提下，开展学术界与宗教界的理论对话和交流，很有必要。“毗婆舍那”修行方法所提出的如何正确理解和合理处理身心关系问题，具有极其重要的理论意义和非常迫切的现实意义。中国传统学问、西方文化传统和马克思主义的人学思想三者间的良性互动和综合创新，乃是正确、完整和全面地回答和解决这一问题的唯一道路、不二法门；建构和阐明人的本性的深层结构，可以为理解和解决问题提供思想方法和操作路径；而学术界与宗教界的相互尊重、平等对话和交流沟通，则可以为正确理解和合理处理身心关系问题，乃至继承和弘扬民族文化的优秀传统和人文精神提供立足点。

关键词　毗婆舍那　身心关系　人的本性　全面发展

引　言

“毗婆舍那”，是九华山佛学院为在该院学习研修的学僧所提供的、以领悟佛学核心价值理念、指导修养心性践履的修行方法。① 作为一种宗教修

---

*　陶清（1955～），安徽省社会科学院哲学与文化研究所研究员，主要研究领域：儒学和文化。

①　“毗婆舍那（Vipassana）”修行方法，系九华山佛学院原教务长、缅甸仰光国立佛教大学留学僧心源法师，从缅甸修学五年归来时所带回的、缅传佛教的一种修行方法，已列入九华山佛学院功课设置目录。承蒙心源法师慨然馈赠和不吝赐教，谨致谢忱；本文中的引文凡未注明出处者，均转引自心源法师所赠复印本。

行方法，它理应得到尊重；而这一修行方法的理论意义，乃是提出并试图解决具有普遍意义的身心关系问题，也就是通过学术探讨深化认识、探索真理的理论问题。本文侧重于揭明和讨论该修行方法的理论意义，即身心关系问题，对该修行方法的理论内涵、西方和中国传统哲学中关于身心关系问题的基本立场和观点，以及如何正确理解和合理处理身心关系问题三个方面进行论述，以辨明义理、探求真是，就教于方家大德。

一

“毗婆舍那”，是缅传佛教的一种修行方法，它的理论意义是如何依据佛教义理理解和处理身心关系问题。“毗婆舍那”是巴利语“Vipassana”的音译，由“毗（vi）”与“婆舍那（passana）”两个词组成。“毗”的字面意思是各种、种种，在此指万事万物的三项共同性质，也就是佛教关于一切事物和现象都具有无常、苦、无我的基本属性和本质的认识；“婆舍那”意即通过正念观察身心现象而正确了解、领悟；因此，“毗婆舍那”意即正确了解和领悟身心现象的无常、苦、无我；因此，“毗婆舍那”修法，实际上也就是依据和凭借佛教的核心价值理念正确理解和合理处理自己的身心关系问题的修行方法。

如何才能以正念，即正确地了解和领悟身心现象的无常、苦、无我？“毗婆舍那”提出了如下的修法（the Practice）：1. 用心注意（Mental Noting）；2. 坐禅（Sitting Meditation）；3. 行禅（Walking Meditation）；4. 日常生活的正念观察（Meditation of Daily Activities）；5. 疼痛与忍耐（Pain and Patience）；6. 观心（Noting Mental States）。通过坐禅、行禅定修的佛教修行功课和日常生活以及身体状况，尤其是当身体出现反常情形如疼痛对心的搅扰时，保持“心”不随境迁、不为意动、不被情扰，而进入一种反观内省、凝思禅定的心理状态，从而凭借此种心理状态体认佛教的核心价值理念，即对一切运动变化着的，尤其是包括自己的身体及其变化在内的万事万物所共同具有的本质属性：无常、苦、无我持有一种正确的理念。

以与自己有关的外部世界，包括他人、群体的人和类的人以及外部自然、自身自然的根本属性：无常、苦、无我的正确理念指导自己的修行践履，并非借助或凭借某种外在的、被给予的观念和教条去观察和理解外在的、与己无关的万事万物，而是反观自身、体认当下；因此，“这种修行法的要领是：用心注意观察身心现象，以便正确了悟身心现象的真实本质。毗婆舍那修行法的指导原则是：注意当下，观察现在当下发生的任何现象，必须活在当下”。不能反观自身，就容易为他人的身体和气象万千的外部世界所引诱而逐物丧志、放失本心；不能体认当下，想象的力量乃至幻觉也就可以轻而易举地将“心”幻化至虚无缥缈或自然欲望的世界，从而执着无常、苦、无我，而正念灰灭。在这个意义上说，反观自身、体认当下，也就是亲证正念、即通过自己的修行实践，自我确证与自己的内心世界相对相关、相互作用着的外部世界的无常、苦、无我的本质。因此，“以调查求证的态度来修行，时时以正念注意观察，如此，修行者将能认识毗婆舍那修行法的目的，这样的调查求证能引导修行者发现身心现象的真实本质。”

反观自身、体认当下，作为“毗婆舍那”修行法的旨要，要求修行者用心观察；然而，心无旁骛、全神贯注固然重要，甚至可以借助人为的方法和手段集中注意力，如“初修时定力尚弱，借着在内心做记号能够防止心浮散遗漏的倾向发生。不需要真的念出所做的记号，但是内心做记号对初学者很有帮助，必须持续内心在（原文如此。似应为‘在内心’——引者注）做记号，直到能够观察得很熟练，唯有在内心记号会造成干扰时才停止做记号”；但是，用心关注似也不可执着，否则，心有定见前识则是固执己见，反而可能因此遮蔽正念。如：坐禅时，“专注观察腹部的起伏令修行者直接体验风大（指内心定力，足以支撑坐禅者上半身直立——引者注）的作用，也就是：风大的个别性质——移动性、震动性与支持性，于是修行者才能正确了悟风大的真实本质，借而灭除成见”；“风大”乃是由于内在信念所支持的持存定力，从而自然而然地呈现为外在的挺拔，而非刻意做作的僵直。再者，用心关注可能由于环境的变化、因无常而直逐物欲从而分散浮现；特别是在行禅时，鸟语花香、浮光弄影，大千世界和人文环境的色物诱惑，时时处处都可能消解此心的专注。“因此，在行禅时切勿左顾右盼！大家从过去以来就一直在顾盼，以后还有许多年可以顾盼，然而，如果你在这次禅修期中左顾右盼，你就别想定力能加深！左顾右盼是修行者难改的毛病，因此，当你一有想要左顾右盼的欲望生起，你必须用很专注的正念，观察该欲望，直到消失，继续行禅。”以正念、即一切事物本质上都是无常、苦、无我的正确理念，克制逐物纵欲、左顾右盼的欲望，才能做到心无杂念、目不旁视，非正念而不视听言动。

反观自身、体认当下，不只是特定的行为和活动，如僧伽日常功课的坐禅和行禅时的修行旨要，而且也是日常生活，也就是即刻当下、一举一动的指导原则，甚至“对日常生活中的一切举动保持正念观察乃是修行者的生命。一旦修行者遗漏某一举动，没有正念观察，他即丧失他的生命，意即：他在当时不是一个修行者，因为他缺少了正念、定力和智慧”。修行者的生存，是以正念的持续存在为本质特征的；丧失正念，即使只是不能以正念体认即刻当下的生存状况和性质，他也就失去了修行者必须具备的本质规定性，也就意味着他作为修行者的生命已然终结。因此，作为一个修行者，他的举手投足、接人待物乃至容貌仪表、言语谈吐，都必须是内在定力、持续正念的外在呈现，是由念根转化为念力、由持续念力生成深度定力的无间断过程的外在表现。为了保证自己的一举一动不失正念，举手投足间的缓慢小心也就是必然的了。“马哈蒂禅师将修行者比喻作虚弱的病人，一举一动都得很缓慢小心”；慢，是缅传佛教修行方法的重要外在特征。因为“极端缓慢的举动能使定力迅速加深。如果你想要修行有进步，你必须习惯于将举动放慢”；举动缓慢的最大好处，是可以在动作之前或之间有时间冷静地思考，从容地以正念观察和体认。

反观自身、体认当下，还必须直面自身的自然属性。人作为自然的存在物，生老病死是生命过程不可抗拒且无从规避的自然模式。对于在日常生活中反观自身、体认当下的修行者而言，疼痛，由伤病、情感、意念所引发的疼痛，可能是对“正念”及其持存的最大挑战；身体无痛苦，方能心灵无纷扰。然而，当疼痛时时处处提醒修行者与自己的内心世界相对相关且相互作用的外部世界，包括自身自然的本质是无常、苦、无我时，那么，“疼痛是修行者的善友。不要躲避疼痛，它能引导你达到离苦的涅槃境界”。人生必然要经历生老病死的痛苦过程，既然如此，“对一切刺激、搅扰你的心的事物保持坚定的忍耐”，才能或至少可能不去自寻烦恼。人们之所以不愿接受既成的事实，不敢直面现实，凭借想象的力量超脱现实，或为自然欲望所驱策而醉生梦死，其实不过是遮蔽正念的自欺欺人。因此，“忍辱通同（‘同’，或为‘向’——引者注）涅槃，——不能忍耐通向地狱”；一切以神祇或动物的方式而非人的方式对待自己和他人所生成的烦恼、苦闷和堕落，都是自己选择的结果；当然，需要强调的是，这里所说的忍耐痛苦，主要指忍耐由人的自然属性所决定的、不可规避和抗拒的必然结果，如生老病死等，这与世界上一切邪教鼓动信众自残，甚至自戕或谋杀的行为有本质的区别。

反观自身、体认当下，即通过修行，由念根生成念力、由持存的念力引发定力，并最终自我实现和自我确证正念，既非逻辑推导或自然而然的结论，也不是哲学思考的结果，而是信仰的引导与支撑。因此，“不要执着于思维与理论！修行是超越时间和空间的，所以切勿被思维与理论所障碍。觉悟的智慧，必须跟随着深度的定力才能生起，而推理写作与哲学理论只是浮浅定力下的产物而已”。诚然，跟着深度的定力走，较之跟着感觉走，将自己坠落到动物的生存水平，或跟着想象走，在神祇的世界满足自己现实的欲望，确实要高明许多；但是，信仰，尤其是由作为生存依据、生起正念的深度定力所支撑着的信仰，也必须为现实的、具体的人的生存提供支持，以保证个体的人能借此在这个从未尽如人意的世界里存活下去和发展起来。因此，无论是宗教信仰，还是哲学理论，无论是直观体认，还是逻辑推导，都必须而且只有为现实的人的生存提供必要的、充足的或理性或情感或意志的内在支持，才能为自己的存在和被认同提供合理性证明和凭据，从而真正成为既可爱又可信者。“可爱者不可信，可信者不可爱”（王国维语），理想与现实、理论与实践的矛盾和冲突，数千年来已经给人的心灵造成了过多的困扰，也给人的身体带来了极大的痛苦，因而，对各种思维和理论（包括哲学理论）、各种信仰及其实践（包括“毗婆舍那”修法）中对身心关系的思考和解答的部分进行审慎的考察，以辨明是非得失，当有助于正确理解和合理处理人人皆虑、代代追问的身心关系问题。

二

身心关系问题，是一个由来已久的、人的生存和发展无从超脱的、关系到理论与实践两方面的重大问题。几乎与人猿相揖别同时，从动物界中进化而来的人类，就对自己身体构造的精巧而惊异不已，更对自己的心灵可以超越时空而困惑不解，进而思索没有心灵的躯体能否行动、离开身体的灵魂是否存在等问题。严格说来，关于身心关系问题的思索，并非出自“惊异”“好奇”等精神追求的需要，而首先是出于实践尤其是直接生存的需要。作为自然的存在物，人必须通过劳动，首先是谋取生活资料的实践活动来满足自己的自然需要。

谋取生活资料以满足生存需要的实践活动，不仅要求人们具备强健的身体，而且要求人们具有超越对手或对象的丰富心智，否则，猎取和战胜在力量和速度方面远远超过自己的猎物，是完全不可能的事情。为了猎取感觉更加敏锐、行动更为迅捷的动物，先民们惊异地发现：通过观察、比较和归纳被猎动物的生存习性和行为方式，使用现成的或稍加改良的棍棒和石块，就可以捕获或杀死较自己更高、更快、更强的对手；更加令人惊异的是，人体的各种器官构造精巧、足以敷用，器官之间的协作可以有效地形成更为巧妙且有力的功能，甚至还可以通过各种身体符号表达和交流。显而易见，如此精巧的身体结构及其功能，不可能直接来自人自身，因为没有任何个人可以无所不能乃至无所不知；面对客观存在的事实，需要有一个合情合理的解释和说明，当时只能认为是某种超凡脱俗的非人（超人）所为；无论如何称呼这一非人（超人），都只能是人的身体和心灵的创造者，也就是人本身乃至人的命运的主宰者。因此，身心关系问题激活了人最初的想象，想象冥冥之中有一种外在的力量不仅赋予了人身体和心灵，而且决定和主宰了人的生死，乃至收成的丰歉和王朝的兴衰。无论这种想象是通过巫术方技、图腾崇拜或神话传说的方式表现出来，最终都与原始宗教殊途同归。

与对超自然的、无所不知乃至无所不能的非人（超人）的想象不同，最初的哲学思考，即“爱智者”却为“智慧”总是受到身体的制约乃至欺骗而苦恼：“红花绿叶，经历了春夏秋冬四季寒暑而花谢叶落，以致鸟鸣空枝、枯树寒鸦。根据经验，人们有理由相信：冬天到了，春天也就不远了；苞缀枝头、红花绿叶又将再现。这种不能为当下感性直观所直接把握的景象、即春暖必然花开的理念显然较之当下的感觉经验更为真实可靠。而且，单凭感性直观不仅无法穷尽形态各异的红花绿叶，而且竟然找不到看起来并无差异的两片完全一样的绿叶。显然，人们的感性直观，以至感觉经验是有局限性的，从而也就是虚假的和不可靠的；而且，即使只是由于感觉器官的器质性病变，我们的感官也会欺骗我们，颠倒黑白、错置有无。与感性不同，理性追求的是清楚明白的理念，而非变动不居、真假莫辨的表象，更非即物而起、稍纵即逝的感觉”。[1]因此，怎样规避乃至超越身体和感官对心灵和理性的纷扰乃至欺骗，从而以理论思维方式而非感性直观方式把握世界，包括自己的内心世界以及与之相对相关、相互作用的外部世界，成为最初的“爱智者”，即后世所谓“哲学家”们的主要使命。

当然，以宗教信仰，包括其初始的原始巫术的方式把握世界，与以理性思维，包括实践思维的方式把握世界之间，也并非剖然两分、完全对立的，两者仍然无法摆脱相对相关和相互作用这一宇宙间事物和现象存在和发展的普遍法则的制约。意识到自己的身体及感性，即人生来即具有的自然属性，包括自然生理的需求和欲望以及感觉能力，是无法摆脱和超越的人生必然，也就意味着哲学理论也并非完全依赖逻辑推导的力量支持，而且也依赖当下体认的支持；而且，以幸福论为思想目标和理论目的的哲学家，如亚里士多德，甚至把身体的无痛苦和心灵的无纷扰，即身心的快乐和合认定为人生的最大幸福。对此，中国传统学派，尤其是以儒、道、释为代表的中国主流传统文化，更是把正确理解和合理处理人的身心关系问题置于自己思考和探索的首要位置，并将之视作安身立命的根本。

中国传统学派，尤其是以儒、道、释为代表的中国主流传统文化，之所以被后世视作极富终极关怀的人文精神和关注人生的优秀传统，很大程度上取决于儒、道、释的先哲智士对身心关系问题的思考和体认。概括地说，儒、道、释三家对身心关系的思索和体认，大都持有一种整体和谐、和合共生的整体论立场和观点，从而与西方传统哲学的一体二分、二元对立的二元论立场和观点有所不同。如，儒家认为：心寓于身而高于身。通过接触和认知外物的感性直观，经过理性思维的加工制作，形成正确的方法和智慧，以指导人生实践，从而通过身体力行，反身而诚，以正其心，才能以修身、齐家、治国、平天下，以实现和确证“内圣外王”的理想境界；道家则认为：心不可拘于身，但也不可离于身；任性自然、保生全性是人的自然天性，莫若以明；佛学尤其是完成了中国化进程的佛学认为：心寓于身，但却不可为身所累，由身所及的生老病死苦、情欲贪嗔痴，都可以而且必须通过人为地放弃，以保证信仰的虔诚和纯洁。诚然，毋庸讳言，儒学自身也曾演变至宋儒的“灭欲存理”，道家也歧化出道教的白日飞升，佛学尤其是后期禅宗的卑视“臭皮囊”，确实走到了身心分离和对立的极端，有违各学派本旨；个中原因，极为错综复杂，不可能通过一篇文章讲清楚来龙去脉。但是，就中国传统学问的主流本旨及归宿而言，均含有一种身心和合而非身心二元，更非身心对立的基本立场和观点；这也许与东西方思维方式、价值取向，以及不同文明的原点设定及路径依赖有关。[2]

显而易见，把“身”与“心”割裂开来且对立起来的身心二元论，不可能正确理解和合理处理身心间本来存在的相对相关、相互作用关系，因而也就不可能是思考和把握身心关系问题的“正念”；而身心和合论，由于正确地理解和把握了身心间实际存在的相对相关、相互作用关系，就有可能合理处理和解决身心关系问题，因而也就是正确理解和合理处理身心关系问题的唯一正念、不二法门。然而，正确理解身心关系问题只是以理论思维的方式把握世界的一个方面；更为重要并且更加困难的任务还在于：如何去做才能保证身心关系的统一和合，从而能够真正地进入身体无痛苦、心灵无纷扰的幸福状态。中国传统学问、西方文化传统和马克思主义的人学思想三者间的良性互动、综合创新的研究方式，也许可以为上述问题提供一个可能的答案。

三

笔者以为：既然身心关系问题是每个人时时处处面对、无法超脱、无从规避的实际问题，那么，这个问题也就值得每个人认真思考和深入探索；至于这种思考和探索，究竟是通过直觉领悟的宗教信仰方式，还是通过逻辑推导的理论思维方式，或当下体认的实践理性方式，都理应得到尊重，尤其是对自由探索和独立思考的权利的尊重。但是，无论以怎样的方式思考和探索这一问题，都必须遵守严肃的思考和真理的探索所必须遵循的原则，即从实际出发、实事求是的原则，都必须言之成理、持之有故、以理服人，以体现真理面前人人平等的思想原则。

笔者认为，正确理解和合理处理身心关系问题，首先必须以对人的本性的正确理解、真切体认和整体把握为前提。人的本性，即人的本质属性，包括人的自然属性，如吃喝；人的社会属性，如人的各种社会关系的规定性；以及人的个性，如个人的品性人的本性是人的自然属性、社会属性和个性的三位一体、统一和合。可见，就本来的意义而言，人的本性并不只是一种纯粹的理论抽象，而是一个客观存在的事实，是每一个活生生的、具有反省能力的个人时时处处都可以反观内省、真切体认的客观实际。人的本性，即人的自然属性、社会属性和个性的三重规定性，是由人的三种存在方式，即作为自然的存在物的存在、作为社会的存在物的存在和作为有意识的自然/社会的存在物的存在方式所规定的，因而也就是由人的三种需要，即以本能欲望的形式存在于人身上的自然生理需要、以与人交往的形式存在于人身上的社会交往需要和以理想追求的形式存在于人身上的精神追求需要所决定的；因此，每一个具体的、活生生的个人实际上过着三重生活，即肉体生活、社会生活和精神生活，享有三重世界，即自然和欲望的世界、价值和意义的世界、与自己的外部世界相对相关且相互作用的自己的内心世界。确立一个作为经验事实客观存在的人的本性，即人的三重属性，并因此承认和接受人实际具有的三种存在方式、三种需要、三重生活和三个世界的客观实际，是一切关于人的思想、理论、学说乃至思考的必要而且必然的前提，因而也是正确理解和合理处理人的身心关系问题的客观实际和正确基点。从这个意义上说，“毗婆舍那”修法主张反观自身、体认当下，不失为观察和理解身心现象而正确领悟的正念。

其次，正确理解和合理处理身心关系问题，还必须回归个人的日常生活世界。衣食住行、言谈举止以及个人修养、社会交往和理想追求，都是活生生的、现实的个人不可须臾即离的实际生活。诚然，由于以本能欲望的形式存在于人身上的自然生理的需求和感觉能力的客观存在，人也可能只是跟着感觉走，以至只有在吃喝、居家打扮时才感觉到自己是自由的，从而把吃喝等人类机能视为人生唯一的最终目的，也就把自己降低到了动物的存在水平；[3]不仅如此，由于以追求理想的形式存在于人身上的精神追求的需要和想象能力的客观存在，人也可能只是牵着梦的手、跟着想象走。而人的想象的一个特点，就是可以“不用想象某种真实的东西而能够真实地想象某种东西”[4]，因此，把真实地想象某种东西当作某种真实的东西，把想象中的某种东西视为实际存在的某种东西，人也就有可能把自己和他者，包括想象中的幻化人当作无所不知、无所不能的神祇来对待。因此，以动物的方式或神祇的方式对待自己和他者，虽然事出有因且确有实据，却只是对客观实际的虚假的、颠倒的反映，因而也就不是观察身心现象的正念，不可能有助于正确理解和合理处理身心关系问题。仅此而言，“毗婆舍那”修法主张关注日常生活中的一举一动、摈弃主观成见（“我见”），反对逐物外观而纵欲（“左盼右顾”）、急功近利（“匆忙”）和追逐想象（“随着妄想转，妄想个不停”），显然是正确的主张和合情合理的要求。但是，因法界动变不已而目为无常、人生而无不老病死而断言人生皆苦、心有欲求和想象而主张灭除我见，显然是矫枉过正、过犹不及，有违佛学高僧大德的“中道”本义，也不符合人生的客观实际。辩证的思维正是对症之良药，拯救之甘露，并非所有的“推理思维与哲学理论只是浮浅定力下的产物”；而且，根据人的思维活动的基本规律，人的思维活动总是在某种哲学理念、理论的指导下进行的，因此，拒斥真理性认识的引导，也就可能导致受某种错误乃至荒谬的虚假意识的支配，即使这种拒斥只是由于意识形态或信仰不同。

复次，正确理解和合理处理个人的身心关系问题，还必须相信自己，亲证正念，也就是通过实行践履自我实现和自我确证自己的生命价值和生活意义。身心关系总是具体的，因而对身心关系问题的理解和处理总是个人的事情，是个体的人如何理解和处理自己的内心世界与外部世界尤其是与自身自然间相对相关和相互作用的关系问题，因此也就客观存在以怎样的方式对待自己和他人的问题，而且这种对待方式本身甚至也决定了生命价值和生活意义的存在与否。笔者以为，以动物的方式对待自己和他人，绝无生命价值和生活意义可言。因为对于动物而言，它的生命依赖自然方式通过本能活动而存在和延续，因此无价值；它的生存只是活着而已，因此无意义。以神祇的方式对待自己和他人，也无所谓生命价值和生活意义。因为在想象的神灵世界中，自己或他人的生命价值和生活意义完全依赖于他人或自己，是由一种外在的、神秘的力量所主宰和赐予，既无须努力攀升和自我超越，也无所谓切实践履和自我确证，从而也就无生命价值和生活意义可言。如果宗教信仰是一种真正的信仰，即能够为人的生存和发展提供信念支持和仰赖依据的信仰，那么，就应当允许并且倡导和鼓励信奉者相信自己、亲证正念，而不允许并且抵制和拒斥愚昧迷信、盲目崇拜。在笔者看来，“毗婆舍那”修法通过实际践行给予信仰且主张自我体认，但又不是在某一种特定的信仰上停留下来、固执己见，它颇具思想宽容、尊重个体人格的习行品格；而这种思想宽容、尊重个性的习行品格，也正是九华山佛教的基本思想文化特点与理论风格。由于历史的原因，九华山佛教既非某一纯粹的佛教宗派，也非崇奉某一经典的单一的佛学流派，甚至少有传承衍续的文献典籍和专奉独守的戒律清规，被崇奉为开山师祖的地藏菩萨金乔觉，也是至今尚未有文献资料和出土文物证明其真实性的传说。九华山佛教广结善缘、弘扬佛法，九华山佛学博采兼收、学行双修，端赖此思想宽容、尊重个性的习行品格。藏学法师说：“学习佛法不要迷信任何人，不论今人古人；‘目空天下士，只让灵山一个人’，这种气度大家应该有。”[5]刚晓法师甚至直呼：“打倒佛，打倒道，打倒上帝”，因为，“当我们把这些经过改装的佛、道、上帝都打倒，显露出真正的佛、道、上帝，这就够了。也就是说，让神圣的归于神圣，让平凡的归于平凡”。[6]不能相信自己、亲证正念，又不能广纳博采、新知慧命，也就不可能正确理解和合理处理自己的身心关系问题，遑论迷信所谓“大师”的歪理邪说而自设魔障、戕害身心，甚至蚁贱生命、害己害人！

最后，正确理解和合理处理身心关系问题，还有助于人的自由的全面发展。真正能够引导人们追求真理的哲学理论，和真正能够给人的生存和发展提供信念支持和仰赖依据的宗教信仰一样，都应当有利于和有助于人的自由的全面发展，而不是相反；而真正有利于和有助于人的自由的全面发展的理论和信仰，都必须具备真是的世界观、正确的人生观和崇高的价值观，否则，有利于和有助于人的自由的全面发展也就成为无法兑现的承诺和虚幻悬设的乌托邦。笔者以为，人的自由的全面发展，不只是知识的积累、技能的提高和学问的增长，而是人的整个内心世界，包括理智、情感和意志的全面提升和充实，是人的全部本质力量的全面增强和实现；人的自由的全面发展，也不只是体力的增加、体质的增强和体能的提高，而是人的整个外部世界，包括他人、群体的人和类的人以及外部自然、自身自然，由于人的内心世界的全面发展和本质力量的全面实现而受益；自我实现和自我确证一个自由的、全面发展的个人，实际上也就是一个身体无痛苦、心灵无纷扰、能集精神愉悦与身体快乐的统一和合于一身的幸福的人。净空法师认为："如法修行，把你错误的行为修正过来。哪些错误的行为呢？想错的、看错的，这是心理上的错。什么是想错呢？贪、嗔、痴、慢是想错，是非人我是看错；造作不如法，是身体上的错，把这错误的行为改正过来方叫修行。修行绝对不是你一天念多少遍经给佛菩萨听，念完经你照样做坏事，照样打妄想。佛菩萨形象是泥塑木雕的，你也不能去骗他。早晚功课，早上骗一次，晚上骗一次，这样你不堕地狱谁堕地狱？'苦海无边，回头是岸'。你要认真去学，将地藏菩萨心愿、大孝拿到现实生活中去，更好地为众生、为人类服务；这样诸位的功德就无量无边，凭这功德念佛，没有一个不往生的。"[7]不自欺欺人、口是心非，能知错改错、亲证正念，与以真、善、美、利、乐为标志的人的自由的全面发展目标一样，也是自由的全面发展对个人的本质要求，只是释家习于负面思维，更多地洞见人性的阴暗一面而已；其实，千思百虑、殊途同归，道理都是一样的，都是人的身心健康、全面发展的至理宏愿，都是对做一个快乐的自由人的真诚向往。

结　语

身心关系问题的正确理解和合理处理，是一个错综复杂的重大问题。它不仅要求理论辨析，特别是辨明思想理论的真假、善恶、是非和正邪，更重要的是诉诸实践，尤其是个人在真理性认识指导下的实行践履；也就是说，它不仅要求人们辩证地思考，以形成真理性理念，而且要求人们身体力行，以亲证正念。作为一个处于全球化浪潮中的人口大国，这一问题甚至直接关系到中国如何将人口优势转化为人才优势，关系到国家富强、民族昌盛、人民幸福的大问题。而且，随着人类实践活动的不断深入和拓展，以及物质财富的持续增长和累积，享受着丰裕的物质生活的人们更加真切地感受到了精神生活匮乏、内心空虚，由此诱发的一系列精神/心理问题和心因性疾病，以及引发的诸多社会问题和家庭问题，正在困扰着灯红酒绿的繁华世界；而在地球的另一面，数以亿计的人们还生活在贫困之中，甚至连维持生存的清洁饮用水和维持生命的基本食物尚且无法保证。同一个世界，"心"的需求之强烈与其满足方式之匮乏，"身"的需求之简单与其满足内容的缺失，成为可持续发展理念及"以人为本"理念必须正视的严峻挑战；发展中国家尤其是中国，既为综合国力的提高和人民物质生活水平的上升所面临的生活方式、思维方式与生活质量相融洽所困扰，又为数以千万计的农村贫困人口和城镇新增贫困人群的温饱问题所牵制，更为由此产生且日趋加剧的环境问题所滞累。面对如此挑战和困局，充分调动和弘扬中国传统文化，包括佛教文化资源在内的优秀传统和人文精神，有可能为我们的思维方式、价值观念和生活模式的转换，提供可资利用的思想理论支持和背景文化支撑；批判地继承中国传统文化，尤其是以儒、道、释为代表的主流传统文化的思想文化遗产，有助于中国特色的社会主义文化建设尤其是思想道德建设，有助于精神文明、政治文明、社会文明、物质文明和生态文明建设，有利于每一个个人的自由的全面发展。

需要说明的是，本文试图通过中国传统学问、西方文化传统和马克思主义的人学思想三者间的良性互动、综合创新，分别从四个方面为如何正确理解和合理处理身心关系问题提供一个个人的、可能的答案，只是为了深入和全面地解答这一问题。笔者以为，宗教界与学术界应该心平气和、相互尊重，坐到一起、平等对话，从而通过交流沟通、深入探讨，做到相互理解、形成共识，真正做到共同传承民族文化、弘扬传统文化。

参考文献

[1] 陶清：《性学研究——中国传统学问的自我体认和诠释》，南方出版社，2000，第538页。

[2] 参见刘涛《文明史演化的逻辑》，上海社会科学院出版社，2001。

［3］参见马克思《1844 年经济学哲学手稿》，人民出版社，1979，第 45 页。
［4］《马克思恩格斯选集》第一卷，人民出版社，1995，第 36 页。
［5］《九华山佛学院建院十周年纪念》，九华山佛学院刊行，2000，第 64 页。
［6］《九华山佛学院建院十周年纪念》，九华山佛学院刊行，2000，第 35 页。
［7］《九华山佛学院建院十周年纪念》，九华山佛学院刊行，2000，第 49 页。

（责任编辑：涂可国）

附录：

只心是源：心源法师印象

陶　清

从浓雾氤氲的九华山上的东崖宾馆驱车而下，如同腾云驾雾、俯瞰六界，一种天降大任、众山皆小之感油然而生；而当中等身材、清臞而略显稚拙的心源法师紧趋而至，感觉更是如此。白皙略显清瘦的脸庞加上一副稍嫌阔大的眼镜，给修行禅林、栖身林泉的出家人平添了些许学者风度；一领洁净但已褪色的缁衣披在瘦弱的躯体上，使人顿生道貌清风、不胜罡煞的可悯之情。尤其醒目的是，虽然我们明显感觉到山上的气温已经很低了，而且山门清静，更显得冷冷清清，他却光脚趿着一双棉绒拖鞋，似乎不拘细节、摩顶放踵的洒脱与清苦，才能超尘脱俗、六根清净。这，就是心源法师给我的最初印象。

接待我们的主人，是九华山佛学院院长藏学法师。藏学法师显然见多识广，通达圣凡，因而侃侃而谈，应对自如；而坐在旁边的心源法师则显得有些拘谨甚至局蹐。然而，当我问起佛学院的课程设置时，局促不安的心源法师似乎一下子找到了感觉。他说，佛教经论在课程设置中约占三分之二，其余则为人文科学。佛学院对学僧的要求是，既要精通佛学义理，又要掌握人文知识，因明与逻辑兼容，信仰与世法共存。是啊，执信与宽容，正是大肚能容的菩萨心量；博采和海纳，本是佛法无边的源头活水。起源于印度的佛教之所以能够实现中国化，从而在源远流长、博大精深的中华文化中占有一席之地，乃至与儒、道求同存异、三足鼎立，正是凭借这种此博采兼容的宽容心怀，才能在任性逍遥与道貌岸然间左右逢源，在小国寡民与经术饰政中进退自如。

在交谈中得知，刚刚从缅甸仰光国立佛教大学修学五年归来的留学僧心源法师，甫归山林，即出任佛学院的教务长；由于此次调研的目的，我很想详细了解学僧们的研修内容和方法，尤其是如何将教育与教化、宗教修行与道德践履糅合起来，以实现和确证德性与学问、信仰与生活的圆融无碍。可惜，由于我们不懂规矩，甚至缺乏对禅林清规的基本了解，因而谈兴正浓时，藏学法师就不得不离席主持僧伽午饭。正当我们意犹未尽但又不得不悻悻而归时，心源法师却主动邀请我们参观佛学院，且态度之诚恳让人很难拒绝。所谓“正法眼藏”原初也不过就是通情达理、善解人意而已。印象中，佛家似有“过午不食”的条规，法师的主动邀请虽然正合我等凡夫俗子的好奇心理，但也意味着他对自己午饭的放弃。至于我们自己，则全然不必担心，按照早先的安排，山上满桌丰盛的山珍野馐正等着我们享用；但想到一钵一碟的出家人空着肚子陪我们参观，心中仍不免忐忑。好在法师一再说，昨天晚饭进食过多，正打算今天不吃饭，因而我们应邀参观，正好可以帮助他克制按时进食的惯习。出家人不打诳语，我们也就心安理得地去参观。说老实话，心是信本源。听了法师的一席话，我们耽搁别人吃饭而满足一己好奇之心的负重之感，也确实因此减轻许多，甚至不无助人为乐、因己度人的一点得意。

拾阶而上，曲径通幽，层层叠叠依山而建的殿、堂、楼、阁精巧别致，攀登之际给人以步步深入、登堂入室之感，却又不乏循序渐进、不可躐等的警示。也许，真正的信仰与邪教的本质区别，正在于修炼之道需要日积月累而非一蹴而就，遑论白日飞升、一步登天之类的鬼话。法师且说且行，引领着我们来到僧众坐禅的禅堂前。我注意到贴在窗棂上的修行图法与常见者有所不同，经向法师请教，方知正是法师修学归来时带回的缅传佛学的“毗婆舍那”修法。考虑到课题研究的需要，我随即向法师索取，法师欣然应允，率我等直奔“教务长室”。入室打量，斗室蜗居，两壁图书。在法师忙着翻检资料时，我注意到架上图书，除佛学经论、宗教典籍外，还有英文著作和工具书，甚至还有艺术、社会科学书籍和小说。源头活水能以为心本，不捐细流，因势利导，聚涓流才成洋洋，纳百川方为能容。

法师仍在急急忙忙地寻找，口中喃喃地道歉，似乎是他给我们增添了麻烦。在一侧书架上悬挂着一幅挂图，乍看颇似宋儒周敦颐的先天太极图，但文字却如蚯蚓般盘旋往复，环圆轮转，如同天书。心源法师见我等凡俗一脸茫然，就说："请给我两分钟说明一下，好吗?"法师娓娓道来，无非六道轮回、超脱五苦之类。法师说，这是他从缅甸带回来的佛法图说，此图在缅甸本土发掘出来也不过几十年；图说文字为巴利文，即使在缅甸本国，能够破译其文字、诠释其义理者也不多见。接着，法师抱歉地问，"毗婆舍那"修法资料和图解只找到原本，能否再占用我们几分钟时间，让他去复印一份。

我们随法师来到复印室，这里的情景，着实使我有些惊诧：室内不仅有复印机、传真机，沿墙壁还一字摆有数台电脑，均系香客捐赠。我私下揣测，佛门乃清净之地，断不许生徒上机游戏、网上冲浪，也许这只不过是一种应景摆设，看来佛门也很难免俗。我忍不住又向法师询问，法师笑着答道："学僧的课程设置是经论与科学并重，通过互联网既可以汲取新知，又能弘扬佛法，何乐而不为？人为地把自己封闭起来而与外部世界隔绝的苦行僧，已经很难道行双修，更谈不上功德圆满了。"此言不假，心田清如许，皆从此源来；拔本塞源，此心怎能不涸竭枯槁、了无生机，更不要指望创新无量、与时俱进了。

与喧嚣浮躁、往来匆忙的外部世界相比，佛学院的学习、生活节奏显得很慢，连心源法师的言谈，也都是慢声细语、娓娓道来，给人一种清风拂面、润物无声的感觉。对此，法师自有他的说法。在他看来，"大乘佛教一日三餐，坐禅不跑香则会消化不良；而小乘佛教过午不食，跑香则会消耗气力；一动一静，恰是因地制宜，各有本地风光。不过缅甸坐禅的慢字，大有文章。慢，才能体现威仪老成和长者的风度；慢，使动作不浮现视角雅观；慢，传承自那保守而古老的上座部长老；慢，让一切无声身心趋于宁静；慢，连几百人吃饭都不闻钵声。这是一种静态的美，是缅甸佛教整体外在形态的独到之处"。反观我等俗众，匆匆忙忙，皆为名来，风风火火，都为利往，轻浮、烦躁、急功近利、患得患失；在滚滚红尘中，跟着感觉走，且牵着梦的手，为了一点蝇头小利、无实虚名，我们何曾一刻放弃过精心琢磨、苦心经营、尽心盘算，如此全身心投入，怎能不身心疲惫、急火攻心！法师亲切地说，佛学院也备有几间客房，虽然简陋，却也清洁宁静，欢迎各位有空来此小住，静养身心。是啊，只心是源。心有不静，皆因源有不宁；回归本源，方能清洁此心。

行文至此，笔拙语涩如我者，也许使读者认为心源法师是一个慢声细语、安步徜徉的长老。其实，心源法师年不过三十，与言谈举止中不时流露出的童心稚趣恰相印证。这使我想起了此行有幸结识的另一位年轻朋友向叶平老师。向老师与心源法师年龄相近，因而所发心声也许更能相通。向老师说："信奉这样一句话：我手写我心。以我手创造一个异于现实的心灵世界，以这个心灵世界安慰如我般不安的灵魂。"是的，人最可宝贵的，正是清洁无尘的心灵；此心此灵，是否菩提树或明镜台并不重要，重要的是，每一个活生生的个体的人，在自己短暂的、在滚滚红尘中摸爬滚打而保持原有的一点清洁的生命历程，才是一个人值得珍惜的。在这里，口颂或者书写也就微不足道了，弥足珍贵的是那一点一滴的清洁心源，虽然呈现出来的还是那一叶平凡。

面对如同心源法师和向叶平老师那样清澈如水的年轻心灵，我也曾扪心自问：面对扑面而来的名利诱惑，能否无动于衷、心如止水，甚至冰心在壶、超然物外？面临应得而未得、应有而未有之物，能否心地坦然、不计得失甚或逆来顺受？尤其是当这种应得未得、应有未有以一种不公正的方式总是落在你的头上时，能否心如古井、波澜不惊？在家人也不应打诳语，答案我自己心知肚明。面对心源法师和向叶平老师那样坚定如石般的年轻心灵，我想，平凡而优秀者所最可宝贵的，只是那一点灵明。这一点灵明，就是相信自己，只心是源；这一点灵明，就是善待自己，为仁由己。自己究竟是一个怎样的人，完全取决于自己的自由选择：自己心中不想占有"金苹果"，也就绝不会相信什么"大师"可以给自己"金苹果"；自己只有在吃喝，也许还有居家打扮时才觉得自己是自由的，也就有可能把自己降低到动物的生存水平。一切身不由己、出于无奈的托词，只是自欺欺人而已，岂有他哉！

相信自己，只心是源，善待自己，为仁由己，似乎也是九华山佛学院的院训。藏学法师在佛学院的一次开学典礼上，曾谆谆告诫学僧们："我认为，人才不是学校培养出来的，而是自己造就的；严格地讲起来，学校只是为学生提供学习环境，真正成就还得靠自己。学习佛法不要迷信任何人，不论今人古人；'目空天下士，只让灵山一个人'，这种气度大家应该有。"一个人的心可以很小很小，小到钩心斗角、利欲熏心甚至一窍不通；也可以很大很大，大到心平气和、心口如一甚至沁人心脾，只要你折服且善待你心中那一点灵明。记得横渠早有教导，要人"为天地立心"。似拳之心何以能博大如许？"为有源头活水来"，晦庵一语道出了其中的奥秘；可惜，主客二分的思维模式，使我们轻率地将之归为唯心主义。诚然，无产者只有解放全人类，才能最后解放自己，然而，衣食住行、生老病死乃人之常情，而贪、嗔、欲、痴等一己之私尚难祛除，遑论锦衣玉食、香车美色甚至平步青云、生死关头？心是信之源。此心既已蒙尘纳垢，真正的信仰也就难入其中。

按照惯例，我们与心源法师合影留念。告别了佛学院，返回宾馆，心头不觉轻松起来。宋儒陆九渊尝说：学者到我这里只是于他减担，原本以为不过是佯狂说笑而已；心源法师的言谈举止、接人待物，却也着实使我心头上的浮躁轻狂得以消歇。放眼望去，山道上步行的游客，下山者无不昂首挺胸，上山者大都含胸俯首，这也并非游客心存他念，而是山势使然，游山者因此不得不然。心源法师并非高僧大德，向叶平老师也非大师泰斗，但是，优秀者未必不平凡，平凡者可能很优秀。当我们总是习惯于跪着仰视，在祈求处上者的阳光雨露恩赐的同时，也对一般人不屑一顾；此心无源，岂能永不涸竭枯槁？只叶平凡，难道只有心灰意懒？你的心同样也是被自己压迫得如此猥琐逼仄，岂能怨天尤人、顾左右而言他！若想心田清如许，还得清洁此源头。灵光乍现，切莫小窥，此乃以人的方式而非神祇或动物的方式对待自己和他人的根本，更是每个人安身立命的根本。这一点灵明，稍纵即逝，转瞬全非。人啊，千万别小了自己的心。

附注：本文中引用的心源法师、藏学法师法语，均转引自《九华山佛学院建院十周年纪念》大型画册；向叶平老师语，转引自向叶平《燕燕于飞》，中国文联出版社，2000 年。承蒙馈赠，谨致谢忱。

（责任编辑：儒哲）

隐士、隐士文化与儒释道

张 伟*

摘 要 隐士不是中国特有的，隐逸也不是个人的理想行为，而是一种具有普遍性的文化现象。隐士，顾名思义，就是隐居不仕之士。隐士首先是“士”，即知识分子。不仕指不求名、不求利。中国隐逸文化作为特定历史时期的一种风尚，源于先秦，兴盛于魏晋南北朝时期，发扬光大于唐、宋，延续至元、明、清，庞大的隐士群体构成了隐逸文化的主体，而隐士的隐逸形态却随着朝代的更迭、社会的动荡和变革、文化背景的转换而千差万别，构成了隐逸文化多姿多彩的内容和发展空间。隐士们的归隐行为，或受道家绝对精神自由思想的影响，飘逸洒脱；或受儒家积极入世思想的浸染，犹豫在出仕与隐逸之间；或者二者兼而有之。

关键词 隐士 文化 风尚 儒道

一 隐士

说起中国的隐士，似乎陶渊明当属第一，就像元曲里所说的那样，“尽道便休官，林下何曾见？至今寂寞彭泽县”。就连一向看不起隐士的鲁迅先生也说，“陶渊明先生是我国赫赫有名的大隐”。还有一位就是“以梅为妻，以鹤为子”的杭州隐士林和靖，他生活在宋代，但不屑于做官，在小孤山上种梅养鹤，揽清风赏明月，宠“梅妻”护“鹤子”，水清浅处疏影横斜，

* 张伟（1976～），山东社会科学院文化研究所副所长、副研究员，主要研究领域：中国文学和中国文化。

月黄昏时暗香浮动，观庭前花开花落，看天外云卷云舒，活脱脱一个神仙。三国时的诸葛亮、汉代谋臣张良之类，他们智慧超人，神机妙算，俗众难望其项背。他们往往特立独行，气节高雅，淡泊旷达是他们的主要特点。唐朝王绩有诗《野望》记录了隐士们的高洁：

东皋薄暮望，徙倚欲何依。树树皆秋色，山山唯落晖。牧人驱犊返，猎马带禽归。相顾无相识，长歌怀采薇。

超然物外，一腔隐情。诗人内心苦闷怅惘，在现实中找不到相识相知的朋友，就只好追怀伯夷、叔齐那样不食周粟而上山采薇的隐逸之士了。阮瑀有诗《隐士》："四皓南隐岳，老莱窜河滨。颜回乐陋巷，许由安贱贫。伯夷饿首阳，天下归其仁。何患处贫苦，但当守明真。"也道出了隐士们的高洁和超脱。

隐士、高士、处士、逸士、幽士、高人、处人、逸民、遗民、隐者、隐君子等名称杂乱纷歧，列陈书中。隐士数量更是蔚为大观，自从巢父、许由以来，到民国初年的易顺鼎辈，中国隐士不下万人，事迹言行历历可考者亦数以千计。但他们不管怎么"逸"、怎么"幽"、怎么"高"，都逃不开飘逸于喧嚣与浮华之外的一个"隐"字。"隐"是他们共有的特性，也是他们共有的文化人格，因而，他们被统称为"隐士"。

隐士不是中国特有的，隐逸也不是个人的理想行为，而是一种具有普遍性的文化现象。隐士，顾名思义，就是隐居不仕之士。隐士首先是"士"，即知识分子。不仕，指不求名、不求利。《南史·隐逸》云：隐士"须含贞养素，文以艺业。不尔，则与夫樵者在山，何殊异也。"《辞海》将"隐士"解释为"隐居不仕的人"，没有强调"士"，不够精确。《易》曰："天地闭，贤人隐"。又曰："遁世无闷"。又曰："高尚其事"。"天地闭，贤人隐"等，意思是说一般的"士"隐居怕也不足称为"隐士"，须是"贤者"，即有才能、有学问的士人归隐，才称得上"隐士"。《南史·隐逸》谓其"皆用宇宙而成心，借风云以为气"。因而，"隐士"不是一般的凡俗之人。

在中国古代文化史上，那些被冠以"隐士"名号的人，如严光、朱耷、嵇康、陶渊明、孟浩然等，都是极有分量的。隐士在中国数量很多，影响也很大。他们"不事王侯，高尚其事"，像这样的人，历史上不胜枚举。如黄公望、倪云林和戴逵父子等。严光拒绝东汉光武帝的征召和封赏，而是隐居在富春江。隐逸，是中国士大夫阶层的一种人生道路，一种体验另类文化人格的道路。

由于当时社会的种种原因，知识分子既不能面对现实拍案而起，或奋而反抗，或钻营求生，只能退隐。他们或过着悠闲的田园生活，或结庐于山林之中，或隐于朝、隐于市。范晔在《后汉书·逸民列传》序中将隐士分为六类：一、隐居以求其志；二、回避以全其道；三、静己以镇其躁；四、去危以图其安；五、垢俗以动其概；六、癖物以激其清。这六种类型，历史上都不乏其人。作为一个隐士，只有“动其概”“激其清”，才可能“镇其躁”，而只有“镇其躁”，才可能“全其道”，这四点相辅相成，互为因果，能践行者是真正的隐士。作为一种群体，一种文化群体，他们的存在，代表了社会中的另类文化倾向和文化品格。

学者历来认为隐士逃避现实，应负国家衰亡之责。通过鲁迅的作品《隐士》，可以明显看出鲁迅先生对隐士的反对态度。当然，知识分子逃避现实、远离政治、避实就虚不可取，尤其是在当今社会，隐士生活不宜提倡，还应加以反对。但隐逸者并不是不关心天下大事，他们只是为了避免政治和强权的迫害，独善其身而已。

中国古代的隐士大多远离政权，远离官场。陶渊明的“悠然见南山”、王维的“开门雪满山”都达到了“心远地自偏”的境界。不平则鸣，痛苦和不平正是产生优秀文学作品的最好土壤。中国古代的隐士推动了社会的进步，隐逸文化也为中国古代文化史增添了一道独特的风景。

隐逸，这种逍遥傲世的情怀，总体来说是一种消极避世的思想。但时代总是向前发展的，人终归要追寻一种积极向上的东西。周敦颐说“无丝竹之乱耳，无案牍之劳形”，但也说“世人甚爱牡丹”，由此可见，他内心还是存在一种非常入世的文化。隐士意味着孤独，他们远离人群，退出交际活动，让内心静下来，一个人独处。他向内探求，冥想、沉思、静坐、倾听内心的声音。孤独是为了内省，经过一段时间的内省之后，隐士已然到达智能的顶峰。隐士虽暂时离开人群，但并没有否定人际关系的价值，其对内心的探求实际上也为后人指引了道路。

二　隐逸文化

隐逸文化是中国特有的文化现象，西方虽也有，但总体而言，不如中国的完整和具有连续性。隐逸作为特定历史时期的一种风尚，源于先秦，兴盛于魏晋南北朝时期，发扬光大于唐、宋，延续至元、明、清。从上古至近代，每朝每代都有隐士，庞大的隐士群体构成了隐逸文化的主体，而隐士的隐逸形态却随着朝代的更迭、社会的动荡和变革、文化背景的转换而千差万别，在不同的历史时期呈现出不同的特征。隐士们纷繁多样的生活情态和复杂多变的心灵轨迹，构成了隐逸文化多姿多彩的内容和发展空间。

至魏晋南北朝时期，隐逸作为一种朝野、士庶普遍追求的思想行为，成为当时最引人注目的社会文化现象之一，风气之盛，可谓空前绝后。一大批士人，怀抱利器，自甘淡泊，隐居山林不出，隐者群体特别庞大。应当说，隐逸作为中国古代知识分子的一种独特精神追求，以及由此形成的中国特有的隐逸文化，其外在形态和内涵都是不断变化的，先秦、秦、汉、魏晋南北朝、唐、宋、元、明、清各个时期的隐逸精神虽前后传承，但在不同历史背景下，其精神特质却大相径庭。同为终身隐逸之士，其隐逸的初衷以及在隐居过程中精神追求的变化也有很大差异。

对于隐士和隐逸文化，“心隐”的鼻祖——庄子，无论在理论上还是行动上，都功不可没。笔者想从庄子说起。《史记·庄子列传》记载：

> 楚威王闻庄周贤，使使厚币迎之，许以为相。庄周笑谓楚使者曰：“千金，重利；卿相，尊位也。子独不见郊祭之牺牛乎？养食之数岁，衣以文绣，以入大庙。当是之时，虽欲为孤豚，岂可得乎？子亟去，无污我。我宁游戏污渎之中自快，无为有国者所羁，终身不仕，以快吾志焉。”

金钱和权力，是多少人梦寐以求的东西，又有多少人为了它们而把人格品行置之脑后！可是，庄子却不，他能为了理想视金钱如粪土，视权力为束缚！这是怎样的一种境界？匈牙利著名的爱国主义战士和诗人裴多菲写过一首诗：“生命诚可贵，爱情价更高，若为自由故，二者皆可抛”，说的是革命者为了自由和理想可以抛弃生命和爱情。可在这里，庄子抛舍金钱和权力，是因为他看重的是自我的人格和尊严！但是话又说回来，庄周之所以不肯出仕，真的是为了理想而达到忘我的境界了吗？我看未必。

如果我们为猪想一想，或者让猪自己来考虑，它愿不愿意呢？给猪精饲料，喂它三个月，然后斋戒十天，把猪的头砍了，腿砍了，做成牺牲品，那猪还不如就天天吃点糠，吃点猪草，安安静静地躺在猪圈里，饿了就吃，吃了就睡，多舒服呢！这里面暗含着庄子对现实、对政治的不满和反感。

作为人，如果天天想着荣华富贵、升官发财，死了可以很隆重地埋葬自己，有豪华的灵车举殡，那和猪又有什么区别呢？

庄子很明白地说出了他自己心中的想法：他何尝不想过一种位高权重、居万人之上的人上人的生活呢？但是在他看来，当上高官，虽然享得了短暂的幸福，却会因此招人嫉妒，最终会给自己招来杀身之祸，这无异于变相地缩短了自己的寿命。在短暂的享乐与生命的长久之间，他进行了很理性的取舍。说到底，他还是为了自己的自由舒适，才抛弃了做高官的机会。庄子的这种做法，代表了一大批古代隐士的心态。竹林七贤中的嵇康在《与山巨源绝交书》中明白地写明了这种心态。山涛由选曹郎调任大将军从事中郎，想荐举嵇康代其原职，嵇康在信中拒绝了山涛举荐他的好意。

可以看出，嵇康隐居山林的初衷与庄子如出一辙。他之所以不愿意出仕，最根本的原因有二：一是想尽享游山玩水、健康长寿的乐趣，做了官，就会失去这种自由，既不能睡懒觉，也不能打猎钓鱼，还要整天处理烦琐的公务，这实在让他不能忍受；二是他本性率直，喜欢直言不讳，怕做了官之后要阳奉阴违，做一些阿谀奉承、溜须拍马、虚伪不堪之事。这些有违他自己性格的事，他实在不愿意去做。孟子说："鱼，我所欲也；熊掌，亦我所欲也。二者不可得兼，舍鱼而取熊掌者也。"当无力在做官与悠闲的生活之间周旋的时候，庄子和嵇康选择了适合他们自己的生活方式。芸芸众生中，像他们这样的人很多，经受得住高官厚禄的诱惑，耐得住寂寞，可以去寻找自己心中的梦。他们在官之权与民之自由之间，毅然决然地进行了坚定的选择。他们对自己的定位很准，无论是做教师、营业员、清洁工，还是做农民、建筑工人、企业老板，都是做一名普通的公民，都是为了心中的理想，都是为了活出一个真正的自我！这种人是真正为了自己活着，而不是为了别人活着。他们不用考虑今天出门穿什么衣服别人会不会说好看；也不用考虑我这句话说出去，领导会不会不高兴，下次提拔会不会受影响；更不会考虑自己今天做的这件事，会不会对社会有贡献。他们活在自己的世界里，可是，也囿于自己的世界，走不出来。借用一个马克思主义的概念，就是极端个人主义者。

隐士之中，也不乏绝顶聪明之人，能够游走在出仕与归隐的边缘。他们一方面自己不出仕，享受着田园生活的乐趣，在大自然中听山泉叮咚、鸟鸣虫吟，赏春去秋来，叶落花开；另一方面却能利用皇帝想用他做事的机遇，把国库当成自家的银行，为自己换来丰厚的报酬，让自己锦衣玉食，花天酒地。有一个人，他不做官，却能够左右皇帝的思想。他在权力与自由的缝隙里游刃有余，能戴着镣铐轻盈起舞。这人就是陶弘景。

陶弘景（456～536），字通明，号华阳隐居，南朝齐梁时期的道教思想家、医药家、炼丹家、文学家。他隐居在茅山，先是东阳郡守沈约多次写信请他出来做官，他不去。接着，梁武帝又多次以高官厚禄相许，他不为所动。梁武帝百思不得其解，问他："山中有什么吸引你的，为什么不出山呢?"他先写了一首诗《诏问山中何所有赋诗以答》作为回答："山中何所有，岭上多白云。只可自怡悦，不堪持寄君。"山中看起来什么也没有，但是在山上能看到碧蓝的天中朵朵白云自由飘荡，这种美景只能我自己看，却没办法送给您欣赏。后来，又画了一幅画作为回答。他在纸上画了两头牛：一头牛在碧水青草之间徜徉，自由自在；另一头牛锁着金笼头，被人用牛绳牵着，并用牛鞭驱赶。意思很明白，与其戴着金笼头忍受绳牵鞭策之苦，还不如自由自在、信马由缰来得舒适。这正是他不愿出山的原因。

可是他不出山，并不代表他不羡慕做官的优裕生活。为了解决这个矛盾，他就做起了皇帝的顾问，优哉游哉地做起了"山中宰相"，"国家每有吉凶征讨大事，无不前以谘问"。《梁武帝集》中有答陶弘景之诏书二道，书札五封，陶弘景跟梁武帝关系的密切程度可见一斑。而且，他这个皇帝顾问是拿薪水的，梁武帝《答陶弘景请解官诏》记载：

> 卿道累却粒，尚想清虚，山中闲静，得性所乐，当善遂嘉志也。若有所须，便可以闻，仍赐帛十匹，烛二十挺。

从这个诏书中，可以看出，梁武帝对陶弘景这个顾问非常满意，对他的建议也可能经常采纳，所以一次就给他十匹帛、二十挺烛，这在当时可是非常丰厚的报酬。陶弘景之所以能够安心在山中炼丹做学问，就是因为他的生活来源不成问题，"顾问"成为他平衡隐居与出仕的有效工具。

应当说，在古代隐士中，能够像陶弘景一样的人还是很少的。其实，古代的一大批士人之所以归隐，政治的影响非常大，有些完全是无可奈何。这一类隐士往往生活在政权交替之时，旧政权的瓦解、新政权的建立，给当时的知识分子带来巨大的心灵冲击，他们一时无法接受朝代的更替，但是手无缚鸡之力的他们，又没有力量揭竿而起去推翻新政权、复辟旧政权，于是他们就采取了软抵抗的方式——隐居，来表达心中的不满，不与新政权合作，这是一种无声的抗议。这批人占中国古代隐士的一大部分。

伯夷、叔齐是这类隐士的典型代表。他们前半生生活在商朝，他们在骨子里认为天下归商，天经地义。而忽然有一天，商朝被周武王带兵推翻，天下忽然改姓，成了姬姓的天下，这让他们非常不痛快，可是手无寸铁的他们又无力正面反抗，表达心中的不满，于是两人就在首阳山下采薇而歌。后来他们意识到现在所采的薇也姓姬了，于是宁可饿死。他们的爱国气节传颂至今，影响了一大批人，这应当归功于孔子。《论语·述而》说："伯夷叔齐何人也？古之贤人也。"《论语·季氏》里说："伯夷叔齐饿于首阳之下，民到于今称之。"随着孔子学说影响的不断扩大，对伯夷、叔齐品格的赞美也不断升温。

众所周知，我国魏晋南北朝时期战乱频仍，朝代更替频繁。很多有操守的知识分子决心坚持到底，这也正是这一时期隐士辈出的最大原因。《晋书》《宋书》《南齐书》《梁书》和《北史》所载的隐士就有八十多人。这些人心怀亡国之恨，把自然、山川当作自己最好的知己，把一腔报国之志寄托于修炼、治学、著述、炼丹、采药的行动。很多人还倾尽毕生的心血，进行文化思考与创造。刘驎之"好游山泽，志存遁逸。尝采药至衡山，深入忘返"；公孙永"隐于平郭南山，不娶妻妾，非身所垦植，则不衣食之，吟咏岩间，欣然自得"；张忠"隐于泰山。恬静寡欲，清虚服气，餐芝饵石，修导养之法。……无琴书之适，不修经典，劝教但以至道虚无为宗"；陶淡"幼孤，好导养之术，谓仙道可祈。年十五六，便服食绝谷……颇好读《易》，善卜筮"。这种修炼、治学虽颇有神仙道化之嫌，但对后世隐逸文化影响深远。

唐代的韩愈专门写了一篇《伯夷颂》：

> 士之特立独行，适于义而已。不顾人之是非，皆豪杰之士，信道笃而自知明者也。一家非之，力行而不惑者，寡矣；至于一国一州非之，力行而不惑者，盖天下一人而已矣；若至于举世非之，力行而不惑者，则千百年乃一人而已耳。若伯夷者，穷天地，亘万世，而不顾者也。昭乎日月不足为明，崒乎泰山不足为高，巍乎天地不足为容也。

当殷之亡，周之兴，微子贤也，抱祭器而去之。武王、周公，圣也，从天下之贤士与天下之诸侯而往攻之，未尝闻有非之者也。彼伯夷叔齐者，乃独以为不可。殷既灭矣，天下宗周，彼二子乃独耻食其粟，饿死而不顾。由是而言，夫岂有求而为哉？信道笃而自知明也。

今世之所谓士者，一凡人誉之，则自以为有余；一凡人沮之，则自以为不足。彼独非圣人，而自是如此。夫圣人乃万世之标准也，余故曰：若伯夷者，特立独行，穷天地，亘万世而不顾者也。虽然，微二子，乱臣贼子接迹于后世矣。

韩愈在唐朝是影响何其大的人物？他是唐代古文运动的倡导者。宋代的苏轼称他“文起八代之衰”；明人推崇他为唐宋散文八大家之首，与柳宗元并称“韩柳”；杜牧把韩文与杜诗并列，称为“杜诗韩笔”。韩愈有“文章巨公”和“百代文宗”之名。特别应当指出的是，韩愈二十五岁中进士，二十九岁走上仕途，官至兵部侍郎、吏部侍郎。所以，韩愈推崇备至的人，人们争相学习。于是，唐、宋以后，伯夷、叔齐的影响比前代更大。

其实，如果综合分析中国古代隐士出现的原因，不论是庄子式的隐，陶弘景式的隐，还是伯夷、叔齐式的隐，都受到了当时中国社会生活的大环境的影响。自古以来，中国就是个农业大国，农耕社会的最大特点是生活自给自足，如果仅仅为了满足最基本的物质生活需求，基本上不需要与别人打交道，也用不着与别人进行商品交换。在那个时候，“鸡犬之声相闻，老死不相往来”并不是什么新闻。古代的交通又非常不发达，只有富人才用得起车马。即便是马车，一天的行程也不过百余里。古代人口又那么稀少，所以，那个时代在路上遇见一只动物很正常，要见一个人实在是很难。情况虽是这样，但陶渊明远离官场，“结庐在人境，而无车马喧”“采菊东篱下，悠然见南山”式的田园生活，不仅在古代，就是今天，也是一个才华横溢、风骚绝代的文人的梦想。试想，在那样幽雅静谧的环境里，从容自如，洒脱无羁，让自己的心灵得到充分的放松，该是多么的美好。

有了隐士，才有了隐逸文化。隐士，不管他们采取什么样的方式生活，不管他们有着怎样的心灵轨迹，他们的存在，都为隐逸文化注入了新鲜的血液。他们丰富着隐逸文化，发展着隐逸文化，让隐逸文化成为中国文化史上一道独特的风景。

三 隐逸文化的儒释道根源

探究隐士们归隐的思想根源，着实不是一件容易的事情。他们或受道家绝对精神自由思想的影响，飘逸洒脱；或受儒家积极入世思想的浸染，犹豫在出仕与隐逸之间；或者二者兼而有之。但归根结底，让士人们产生隐逸意识，进而上升为隐逸思想，最后成为隐士，离不开儒道思想的渗透。再加上形形色色隐士们的自身状况和处境，就形成了一股强大的、不可抗拒的合力，才让中国古代这些士人们前赴后继，乐此不疲。

1. 乘天地之正，御六气之变——道家绝对的精神自由

笔者在前面已交代，隐士，不是一般的凡俗之人，他们的生活方式与处世态度别具一格，他们的精神和思想超然物外。正如在自由的天空翱翔，却离不开地球引力一样，他们的根都深深扎在现实的社会土壤中。既然是现实的，那就不会是无源之水、无本之木。归隐作为中国古代一种极为重要的文化现象，有其深刻的文化渊源。从精神层面讲，道家思想是隐逸思想的重要源泉之一。庄子溯源逐本，从“内圣”做起，开心隐风气之先河，推动了中国隐逸文化走向成熟。庄子的心隐理论首见于《庄子·庚桑楚》：

> 贵富显严名利六者，勃志也。容动色理气意六者，谬心也。恶欲喜怒哀乐六者，累德也。去就取与知能六者，塞道也。此四六者不荡胸中则正，正则静，静则明，明则虚，虚则无为而无不为也。

能够淡泊宁静，抛却尘世中的是非得失，让自己的心灵首先得到净化，是做一个隐士的首要条件。

做隐士的第二个重要条件，就是心胸开阔、眼光高远。因为隐士首先是士，是知识分子，其见识要不同于常人、高于常人。庄子说：“一雀适羿，羿必得之，威也；以天下为之笼，则雀无所逃。”在庄子看来，后羿之所以能在射微小的事物时百发百中，就是因为他把整个天下当作雀笼，不论哪只小雀迎着后羿飞来，都不能逃脱。后羿能射中小雀，并不完全是因为他射箭的技艺高超，还在于他胸怀坦荡，眼光高远。

做隐士的第三个条件，就是要摒弃人性的弱点，做到无欲无求，这样才能百病不侵、刀枪不入，经受得住各种诱惑，保持品格的高洁。人的爱好，

同时也是人的弱点。伊尹喜欢烹饪，商汤就用庖厨来笼络伊尹，让他来辅佐自己做皇帝。庄子总结说，不投其所好来笼络人心而可以成功的，从不曾有过。言下之意，如果人没有特别的爱好，那就不能授人以柄了。他说：“今世俗之君子，多危身弃生以殉物，岂不悲哉”，对当时有些人为了攫取功名利禄而追腥逐臭十分厌恶。他在《逍遥游》篇里打了一个形象的比喻，指出：名声这个东西，不过是事实的附属物罢了。鹪鹩在深林里做巢，不过占有一根树枝；偃鼠在河中饮水，不过只能喝满一肚皮。有的人“危身弃生以殉物”，这是多么的不值得！他讲的道理很浅显，但是读来却让人如冷水浇背，唏嘘不已。庄子十分清醒地洞察了“君臣大义”对人的束缚，并且一针见血地指出，一旦走上仕途就必将失去自由，当了皇帝就更不自由。

庄子认为，做人的最高境界，是做到心圣。比如，被砍断了脚的人从来不掩饰自己腿瘸，因为他已把毁誉置之度外；服役的囚徒登上高处时心里没有恐惧，因为他已经忘掉了死生。一个达到了忘我境界的人，有人敬重他，他不感到欣喜；有人侮辱他，他也不会愤怒。他发出了怒气，但不是有心发怒，那么怒气也就出于不怒；有所作为但不是有心作为，那么作为也就出于无心作为。这种境界，大概就是我们常说的化境，可以随心所欲不逾矩。应当说，比较高明的隐士就可以达到这个境界，既能做隐士，又能有丰富的物质生活，还能干预朝政，进退自如。可以以退为进，也可以以进为退。他进，别人看着像退；他退，别人看着像进。《新唐书》记载：

> 古之隐者大抵有三概：上焉者身藏而德不晦，故自放草野，而名往从之，虽万乘之贵，犹寻轨而委聘也。其次挈治世具弗得伸，或持峭行不可屈于俗，虽有所应，其于爵禄也，泛然受，悠然辞，使人君常有所慕企，怊然如不足，其可贵也。末焉者资槁薄，乐山林，内审其材，终不可当世取舍，故逃丘园而不返，使人常高其风而不敢加訾焉。

这里所说隐士的最高境界，与庄子心隐的最高境界如出一辙。庄子所倡导的，就是在让自己的内心感受顺应天地万物的前提下，追求自己向往的生活。这其实正是人们所天天期盼的幸福美满。如果每个人的生活都是这个样子，那也就达到了社会和谐。按照这一思路推断下去，古代所有的隐士，几乎都在按照庄子的指引，积极地追求属于自己的独立生活，并把这种生活当作一种享受。这是怎样一种可望而不可即的生活状态！在物欲横流的今天，人们能做到像庄子和古代的隐士一样生活吗？恐怕很难有人能做到。

2. 良禽择木而栖，良士择主而事——儒家崇尚的政治原则

隐士的一个共同特点，就是他们自己不从政，也看不起从政的人，于是便尽力夸大隐居的好处，摆出一副看不起官员的架势，似乎隐士就比官员清高。隐士的这种政治观点，或者说这种对政治的态度来源于哪里呢？

如果笔者说，这与儒家思想有扯不断的关系，人们可能不信，但是事实却容不得怀疑。《易经》有“不事王侯，高尚其事”，这分明已经开启了看不起官员的先河。虽然孔子本人一生都在为自己的主张东奔西走，但却一直主张“但问耕耘，不问收获”，只讲究做事的过程，却不在乎这么做的结果是什么。而实际上，他一生的行为符合“天下有道则见，无道则隐”的原则，而这也正是很多隐士的处世原则。只不过“天下有道则见，无道则隐”并非那么简单。

有的隐士归隐的目的从一开始就不纯，就是为了抬高自己的身价，捞一个更高的官位。东汉末年的庞统，在隐居之时，就号称“凤雏”，认为假以时日，自己一定会高翔于九天，清鸣于云中。他自称：“卧龙凤雏，得一而可安天下也。”后来他果然受到刘备的重用，官拜军师中郎将，为刘备立下了赫赫战功。隋代的苏威也很典型。苏威字无畏，京兆府万年县人。高颎多次称他贤能，隋文帝也一向重视他的名望，就征召他。到了之后，隋文帝请他进卧室，跟他交谈，发现他非常有才华，非常高兴，就任命他为太子少保，不久又让他兼任纳言、民部尚书。苏威上书陈情辞让，隋文帝下诏说“大船当负荷重载，骏马当长途奔驰。因为你一人兼有许多人的才华，不要推辞”。不久，皇帝又让他兼任大理卿、京兆尹、御史大夫。苏威隐居而身兼数职，权重一方，这让许多书生艳羡不已。后来，杜淹和韦嗣昌想效仿他，也过一把官瘾，没想到画虎不成反类犬。《续世说》记载：

> 杜淹与韦嗣昌为莫逆之交，相互谋曰：“上好嘉遁，苏威以幽人见征，擢居美职。”遂共入太白山中，扬言隐逸，实欲邀求时誉。隋文帝闻而恶之，谪戍江表。

杜淹和韦嗣昌只看到苏威隐居而获高官，却没看到苏威虽隐居却有强大的后盾，他的才华让隋文帝亦为之折服。如果没有这种才能而去归隐，就会像东施效颦一样，适得其反。

有的隐士则是以隐士的身份来为朝廷做事，前面提到的陶弘景就是一个例子，元朝的杜瑛也是这样。据《元史·杜瑛传》记载，金朝快要灭亡的时候，一些读书人还打算凭借文章言辞积极进取，杜瑛独自躲避到河南缑氏山中隐居。己未年间，元世祖南征到了相地，召见杜瑛，询问计策。杜瑛回答说：“汉、唐以来，君王用来治理国家的无非三样东西：法令、军队和粮食。国家没有法令不能立国，人没有粮食不能生存，动乱时没有军队就不能守国。现在宋对这三者都蔑视，大概将要灭亡了。振兴天下的希望就在圣主了。如果掌握襄樊的军队，把军事交付手下人，去攻打对方的背后，建国之业就可确定了。”元世祖非常高兴，说：“读书人中竟有这样人才。”元世祖采纳了他的意见，并非常佩服杜瑛的才能，几次想让杜瑛做官，杜瑛都推辞掉了。但是杜瑛后来又在好几件事上给元世祖提出了建议，都被元世祖所采纳。他以在野之身为朝廷做出了突出贡献。

有的隐士则是碰到知遇之人，出山为他效力。诸葛亮就是因为被刘备的热心和诚意感动，走出隐居之地，帮助刘备攻城略地。他在《出师表》中说得很明白：

> 臣本布衣，躬耕南阳，苟全性命于乱世，不求闻达于诸侯。先帝不以臣卑鄙，猥自枉屈，三顾臣于草庐之中，谘臣以当世之事，由是感激，遂许先帝以驱驰。

如果不是刘备亲自上门请他，如果刘备以强权压他，诸葛亮肯定不会去为刘备效力。即使勉强到刘备身边做官，也不可能真心为刘备出谋划策。诸葛亮能够出山，正是因为他有“有道则见”之心，有为天下百姓做一番事业的理想。否则，即使刘备十顾茅庐，恐怕诸葛亮也不为所动。他之所以要在刘备三顾茅庐之后才肯出来，一是试探一下刘备的诚心，看这个人是不是值得追随，二是读书人的面子在作祟，认为自己是个满腹经纶、饱读诗书的有识之士，不是可以招之即来挥之即去的。他要让刘备明白，他出山是因为刘备对他有知遇之恩。

综观笔者所述种种隐士，可以发现，隐士之中，终其一生皆为隐士的人很少。有的看似归隐，却是姜太公钓鱼——愿者上钩的行为，归隐是为了更好地做官；有的则是人生蹭蹬，经历种种不平，遭遇无数次碰壁，最后心如死灰，归隐山林；抑或胸中丘壑万千，却无可施之处，天地虽广，却难觅英雄用武之地，沮丧之余，隐居山林，等待伯乐的到来；要不就是生逢末世，有心杀贼，无力回天，空怀满腔抱负，却因群小当路而不得施展，痛苦绝望袭来，遂萌归隐之意。但这种种行为，都离不了孔子的一句话："天下有道则见，无道则隐"。

《论语·宪问》中有"贤者辟世，其次辟地，其次辟色，其次辟言"的说法，把归隐作为有才能者的最佳选择，似乎是为士子们指出了一条光明大道。但是孔子本人一生的行为，却很难用自己的这句话来解释。他为了让主政者采纳他的主张，乘着马车带着弟子四处奔走呼号，有时候被赶得惶惶如丧家之犬，却"知其不可而为之"，屡败屡战，矢志不渝。在到处灯红酒绿、世态喧哗、人心浮躁的时代，孔子这种人几乎找不到了。但在他所教出来的弟子——这些善于活学活用的隐士们的处世风格中，却处处能找到他的影子。《论语·季氏》中的一句话道破了天机："隐居以求其志，行义以达其道。吾闻其语矣，未见其人也"。人不可能通过隐居来实现自己的理想，也不可能通过民间的行侠仗义来实现自己的抱负，因为国家政权、国家机器永远都掌握在执政者手中。仔细揣摩孔子的言与行，综合分析隐士的成长道路，我们依稀可以找出答案。

3. 自我放逐：隐逸人格的建构与实现

知识分子一旦归隐，他们的人生就因为环境的改变而走上了与众不同的道路。但是，他们也有与常人相同之处，就是无论在哪里隐居，他们都还是一个人，就要吃饭、睡觉、穿衣、说话，就离不开衣、食、住、行。不同的是，常人在平凡的环境中过着波澜不惊的平常生活，而隐士们却在荒无人烟的深山密林中，通过自然与自我的交流和碰撞，实现了人格的升华。对于他们来说，这个过程是才情积聚的过程，是美的体验和提炼的过程，也是灵感和激情迸发的过程。

在这个过程中，隐士们有一个共同的地方，那就是，如果从经济方面来考察隐士们的生活轨迹，用个人拥有财产的多少来衡量，我们就会发现一个非常有趣的现象：几乎所有的隐士都是穷光蛋，他们大都过着一穷二白的生活，其经济贫乏的程度，如果从衣、食、住、行四个方面来剖析，能让人瞠目结舌。

先来看隐士的"衣"。古代隐士的穿着大多比较简陋，有穿树叶、棉麻织物的，也有穿兽皮的。春夏秋冬只有一件衣服。对于他们来说，衣能蔽体就不错了，哪里还能想着有件出门待客的衣服。《宋史·苏云卿传》记载，苏云卿“布褐草履，终岁不易”，一年到头就穿一身衣服，他身上的气味必经久不散。《高士传·披裘公传》：“五月披裘而负薪”，如果他有换洗的衣服，可能不会在五月还穿着裘皮的衣服。还可能有人想，能穿得起裘皮，肯定很有钱。在古代，纺织业很不发达，上好的布料是锦帛绸缎，一般的布料是粗布。有钱人穿的是名贵的兽皮，如狐皮、熊皮等，只有穷人才会穿兔皮、羊皮等。《庄子·让王》记载：曾参在卫国居住的时候，“三日不举火，十年不制衣。正冠而缨绝，捉衿而肘见，纳屦而踵决”。这种穿着打扮，多么像街头的流浪汉。隐士也有分季节穿衣服的。《高士传·善卷传》记载，善卷“冬衣皮毛，夏衣絺葛”。

可以想象，隐士们穿的衣服这么破，他们吃的也好不到哪里去。春秋时代楚国著名的隐士接舆“食桂栌实，服黄菁子”，吃的倒是天然无公害食品，但是长此以往，恐怕也会营养不良。唐代著名隐士潘师正在祟山逍遥谷居住二十多年，只是吃松叶喝山泉水。当然，也有吃的稍好一点的，比如闵贡。虽然闵贡家境贫寒，但他每天买一片猪肝吃，虽然数量不多，但是营养价值还是比较高的。总体来看，很多隐士都练黄老之术，他们吃的也颇与众不同，有的吃树叶、草籽，也有的吃云母、黄菁子，有的好几天吃一顿饭，有的则吃腐烂的食物。这么个吃法，有的是因为贫穷，有的则不排除专门演戏给世人看的成分，让人觉得他确实高人一等，只不过这戏的代价有点高。但是，在生活这样窘困的情况下，有些隐士却与茶结下了不解之缘。杜茶村先生说：“吾有绝粮无绝茶”。隐士与茶有着特殊的关系。中国最早的一部关于茶的专门著作《茶经》，就是隐士陆羽所作。陆龟蒙也是一个爱茶者，他置茶园于顾渚山下，岁取租茶，自判品第，每次外出时都要备上茶灶等物，流传至今的陆龟蒙有关茶的文字有《和茶具十咏》。明代的朱权在隐居之后，除著有《神隐》一书外，还著有《茶谱》。

下面再来看隐士的居住条件怎么样。巢父连个像样的房子都没有，他“以树为巢，而寝其上”，所以人们才叫他巢父。老莱子住的地方比巢父也好不到哪里去，他“莞葭为墙，蓬蒿为室，枝木为床，蓍艾为席”，实际上就是住在野草丛里。长期过着这种天当被、地当床的日子，没有坚强的毅力和常人没有的吃苦精神，恐怕连生存下来都很困难。如果有人认为这是先秦时期物质普遍极端贫乏所致，那么咱们看一看后来的隐士住的都是什么样。三国时期魏国隐士孙登，曾经让阮籍佩服得五体投地，称孙登让他知道了什么是“大人”，并专门写了一篇《大人先生传》，说“大人”是一种与造物同体、与天地并生、逍遥浮世、与道俱成的存在，与“大人”相比，躬行礼法而又自以为是的君子，就像寄生在衣服里的虱子，爬来爬去都爬不出衣服，还标榜自己是循规蹈矩；饿了咬人一口，还自以为找到了什么风水吉宅。作为这样一位高人，孙登住的地方也不过是“于郡北山为土窟居之”。可以想象，这土窟肯定比不上我们现在用来储藏杂物的地下室，可能阴暗潮湿，杂草丛生，别说在这样的地方住一辈子，就是让常人在这里过一个星期，恐怕都无法忍受。宋代的种放，虽然在被宋真宗任命为谏议大夫后，生活非常奢侈，产业遍布丰、镐之间，但在隐居终南山之时，也不过“结草为庐，仅庇风雨”。当然，隐士的居住条件也有稍好一点的，像元代的倪瓒“所居有阁曰清泌，幽迥绝尘，藏书数千卷，皆手自勘定，古鼎法书，名琴奇画，陈列左右，四时卉木萦绕其外，高木修篁，蔚然深秀”。倪瓒的祖父是大地主，富甲一方，他能住得这么好，与家庭有关。隐士能住得像他这样好的，可以说寥寥无几。

如果隐士的衣食住都可以艰苦、简陋来形容的话，他们的“行”就堪称怪异。吴国的披裘公，看到路上有别人丢失的金子，延陵季子外出游玩时恰巧路过。季子对他说：“你把地上的金子捡起来。”披裘公把镰刀丢到地上，眯起眼，将手一甩，说：“你何以地位那么高而眼光那么浅，外貌高雅，说话却那么粗俗？我在五月里披着皮衣背柴，难道是捡人家丢失的金子的人吗？”季子向他道歉，问他的姓名与字号。背柴的人说：“我是个看重外表的人，哪里值得向你通名道姓呢！”说完，就头也不回地离开了。多数隐士不仅行为异于常人，而且在日常生活中也很少与人交往。正如陈羽《戏题山居》所说：“虽有柴门长不关，片云高木共身闲。犹嫌住久人知处，见欲移居更上山。”从骨子里透出的孤高自赏，让他们既不愿与亲戚朋友交往，也不愿与达官贵人交好，对深山来客常有一种排斥心理。

隐士们的物质生活是非常俭朴的，但对精神生活却相当重视。说他们是“物质上的乞丐，精神上的富翁”，是一点也不过分的。隐士作为中国古代知识分子中的一个特殊群体，在精神上有着独特追求。他们虽然不是社会的统治者，却怀抱“达则兼济天下，穷则独善其身”的社会责任心和使命感。他们以艰苦的生活方式磨炼自己的意志，在山林中陶冶自己的情操，无论在什么情况下，都能保持自己内心的纯洁，矢志不渝地追求自己高尚的理想。“隐逸文化”虽然与儒家文化、道家文化有很深的渊源关系，但它始终是一种边缘文化。隐士们甘于寂寞，以一种悲剧性、情绪化的自我放逐形式去追求精神自由，以消极抗世的态度和孤高自赏的姿态来对待现实生活，以近乎自我折磨的生活条件修炼自己，最终形成了独特的隐士精神。

参考文献

[1]《阮籍集校注》，陈伯君校注，中华书局，1987。
[2]《嵇康集校注》，戴明扬校注，人民文学出版社，1962。
[3]《陶渊明集》，王瑶编注，人民文学出版社，1957。
[4]《史记》，中华书局，1998。
[5]《汉书》，中华书局，1997。
[6]《后汉书》，中华书局，1996。
[7]《三国志》，中华书局，1998。
[8]《晋书》，中华书局，1993。
[9]《宋书》，中华书局，2000。
[10]《旧唐书》，中华书局，2009。
[11]《新唐书》，中华书局，1975
[12]《南史》中华书局，2009。
[13]《宋史》，中华书局，1995。
[14]《元史》，中华书局，1997。
[15]《明史》，中华书局，1997。
[16]《清史稿》，中华书局，1994。
[17]《庄子》，《诸子汇函》。
[18]（南朝宋）刘义庆撰，余嘉锡笺疏《世说新语》，中华书局，1984。
[19]（元）辛文房：《唐才子传》，黑龙江人民出版社，1986。
[20]（清）彭定求等修撰《全唐诗》，中华书局，1960。
[21]尤袤：《全唐诗话》，中华书局，1985。
[22]（清）黄宗羲：《明儒学案》，沈之盈点校，中华书局，1985。
[23]邓安生：《陶渊明年谱》，天津古籍出版社，1991。
[24]《谢灵运集校注》，顾绍柏校注，中州古籍出版社，1987。
[25]陈祖美编选《谢灵运年谱汇编》，广西师范大学出版社，2001。
[26]蒋星煜：《中国隐士与中国文化》，生活·读书·新知三联书店，1988。
[27]（清）彭定求辑著《道藏辑要》，巴蜀书社，1995。

（责任编辑：车振华）

民族文化与社会发展

——从韦伯命题出发

王善英*

摘　要　民族文化与社会发展之间的关系，本质上是意识形态与社会存在之间的关系。虽然民族文化最终是由社会存在决定的，但是它对人类社会行为会产生巨大的影响。韦伯通过新教伦理、印度教伦理、儒教伦理与相应社会发展道路之间关系的考察、分析，证明了这一观点。在全面建成小康社会的关键时期，一定要建设好与之相应的民族文化，而这就是具有中国特色的社会主义文化。它必须以马克思主义为指导，以中华优秀传统文化为深厚资源，并汲取世界先进文化的精华。

关键词　民族文化　社会发展　韦伯　传统文化

民族文化与社会发展之间的关系，说到底是作为文化的意识形态与社会存在之间的关系。根据马克思主义基本原理，社会意识是由社会存在决定的，而社会意识又具有独立性，对社会存在具有反作用。正如马克思在《德意志意识形态》中指出的："不是意识决定生活，而是生活决定意识"。但社会存在与社会意识之间的关系又并不像我们想象得那样简单，这种关系不像机械运动一般精确，而是具有多变性和复杂性。有时，社会意识对社会存在的反作用是巨大的，其所产生的伦理价值观念对人类行为和社会行为的影响很大，有时甚至会起到主导作用。正如韦伯所说："直接支配人类行为

---

* 王善英（1978～），山东社会科学院哲学研究所副研究员，主要研究领域：生存哲学、马克斯·韦伯社会理论。

的是物质上与精神上的利益，而不是理念。但是由‘理念’所创造出来的‘世界图像’，常如铁道上的转辙器，决定了轨道的方向，在这轨道上，利益的动力推动着人类的行为”。如果我们从社会意识的角度来考察它所产生的社会影响，显然，韦伯进行了大胆的尝试。正如洪镰德在评价韦伯时所说的：“韦伯把意识形态和心理的变项插入于历史的分析中，使马克思视为当然的社会现象有了更细致、更深刻的解析，这是韦伯补足马克思粗枝大叶的地方。”[3]韦伯在众多影响社会发展的因素中选择了文化精神因素作为切入点，来分析西方资本主义社会的产生与发展，形成了直到今天仍然值得讨论的韦伯命题。

一　从韦伯命题出发

韦伯不仅为我们提供了一种考察文化与社会发展关系问题的角度，还提供了一套卓有成效的研究方法。首先，“确定那些（假定的）‘规律’和‘因素’”。其次，“分析和分门别类地描述由那些因素已在历史上构成的个别组合，以及它们受到历史环境制约的、因其自身性质而有意义的具体的相互作用，尤其是使有意义性的基础和模式能够被理解”。然后，“追溯处于生成之中的这种组合具有当代意义的个别特性，从依然是个别的更早的状况对它们进行解释”。最后，“估计未来可能的状况”。[4]韦伯对新教伦理、印度教伦理以及儒教伦理的考察，都被纳入这种关于宗教伦理与社会发展道路关系的“规律”之中。

（一）新教伦理与西方资本主义社会

韦伯认为新教伦理与资本主义精神存在一种内在的契合，进而从马丁·路德①和加尔文②对宗教观念的革新概括出新教伦理的根本特征即入世禁欲主义，指出入世禁欲主义的新教伦理为西方世界设定了一套独特的世界图像，成为西方资本主义社会产生的内在精神动力。正如韦伯指出的：“这里所宣扬的绝不单纯是立身处世的手段，而是一种独特的伦理”。[5]这种独特的伦理与资本主义精神有着内在的契合性，对西方资本主义的发展产生了重

① 马丁·路德（Martin Luther，1483～1546），德国教士、宗教学者，矿场经营者之子，他攻击天主教各种谬误的《九十五条论纲》掀起了欧洲史上著名的宗教改革。

② 加尔文（John Calvin，1509～1564），法国新教神学家，16世纪欧洲宗教改革运动的主要人物。

要推动作用。

韦伯说："基督新教的现世禁欲最先创造出一种资本主义的伦理，虽然是非意图中的。因为它为最虔诚及最严守伦理的人打开了通往营利事业的道路。"[6]这种精神是促进西方资本主义社会产生的内在动力。首先，新教的职业伦理促进了近代劳动和利润的创造。恪守本职工作、做好本职工作是上帝的意愿，是完成上帝安排在尘世的责任和义务，而对于清教徒来说，能否从事多项职业或者衡量一种职业是否有用的尘世标准在于是否获得了更多的财富。其次，新教的恩宠论对资本主义理性组织与生产具有鼓励作用。客观上，它将宗教徒培养成忠实而理智的劳动者，使他们合乎理性地组织资本与劳动，为近代资本主义经济的发展提供了一批具有合理而系统的生活方式的劳动者，哺育了近代经济人。再次，新教徒的消费观念对资本积累有积极作用。随着财富的增加，势必进行新的投资与扩大生产，这在客观上促进了资本主义社会的发展。但韦伯没有看到由此导致的生产与消费之间的矛盾，正如马尔库塞曾指出的："'内在世界的禁欲主义'在后资本主义已不再是一种推动力量，它已成为了为这个制度而效力的一种羁绊。凯恩斯就这样谴责过它，无论在什么地方，只要它会阻碍剩余商品的生产和消费，它对'富裕的社会'来说就是危险的……人为的商品废弃，有计划的合理性，成了一种社会的必然"[7]。另外，韦伯认为禁欲主义使社会的不公平秩序得以合法化，有利于维护资本主义的统治秩序。这种信念使资本主义社会中的经济、政治等领域中的不平等也合法化了，因为他们认为这是上帝的意愿，这在一定程度上有利于稳固资本主义的社会秩序。

可见，一种文化价值对社会的整个发展进程具有相当重要的影响力。正如帕森斯所说："制度化的价值系统当内化于个人的个性时，就能足以'驱动'经济生产，完成无数的工业化劳动，并且使制度调整以及与这一过程有关的政治结构'合法化'"[8]。也正是怀着这样一种对"规律"的设定，韦伯又考察了亚洲宗教伦理与社会发展之间的关系，其中具有代表性的是印度教伦理和儒教伦理。

（二）印度教伦理与印度社会发展

韦伯深入分析了印度教，认为印度教伦理对印度社会理性资本主义的产生与发展具有消极的影响。正如韦伯所说："印度教所创发出来的，并不是对理性的、经济上的财富积累和重视资本的动机"。[9]印度教的影响"从来就不是发生在对大众的生活态度产生入世的、讲究方法的理性化的这个层面上"[10]。印度教没有创造出新教伦理那样的文化理性化。

印度教中突出的仪式主义产生了印度社会的"法"，这种"法"规定了对个体具有约束性的社会伦理义务。韦伯认为种姓秩序在本质上是传统主义和反理性的，而它与印度氏族的巫术性卡理斯玛又有着紧密的关系，具有不可动摇的稳固性。这将印度教信徒牢牢地束缚在各自种姓的仪式中，使其循规蹈矩，阻碍了西方意义下的"城市共同体"以及"兄弟同盟"的产生，严重地束缚着人与人之间的关系，阻碍着印度经济与技术革命的发生。所以，尽管印度教中也存在职业伦理，却与新教职业伦理产生了相反的结果，前者使人最终转向内在的期待与冥思，而后者却转向外在能动性和创造力。因此，韦伯认为在种姓禁忌如此严重的印度社会中是不会产生经济理性主义的。

而与种姓制度有密切关系的灵魂轮回与业报伦理，也同样对印度社会向资本主义理性化发展设置了障碍。灵魂轮回与业报教义的结合，使印度教徒形成了消极和漠视的世界观和生命价值观。这种世界观和生命价值观使所有印度教系的救赎伦理都趋向逃离现世的神秘主义色彩，而这种伦理对现世政治、法律和科学的影响同样是消极的。所以，尽管印度教伦理是理性主义性质的，但带有严重的神秘主义色彩。这导致印度社会中没有普遍适用的伦理，而只有私人伦理与社会伦理，"不仅永远地阻绝了社会批判性的思维与自然法意义下的'理性主义的'抽象思维之兴起，并且也阻碍了任何一种'人权'观念的形成"[11]。而印度教神圣文献用俗人所不熟悉的梵文写成，并以容易记忆而又随时得以再现的样式写成，有警句、韵文、重复句以及数字形式，充斥着大量的夸言浮词、无限堆砌的修饰、数字游戏以及淋漓尽致的巫术幻想等。韦伯认为，"印度的宗教与哲学典籍所具有的这种特质，尽管整体而言确实蕴含着连西方思想家都绝对会评估为'深刻'的知识，然而本身却也为自己的发展带来了内在的障碍"[12]。"对于现世的真实状况毫不关心，而只在乎于追寻至现世之彼岸的绝对必要之事，亦即，通过灵知自现世解脱而得到救赎。此种思维倾向，在形式上，是受到知识阶层的冥思技术所制约。"[13]由此，韦伯指出了印度教伦理性格对自然科学发展的阻碍。

（三）儒教伦理与中国社会发展

同样，韦伯认为儒教作为一种入世、顺世的伦理，阻碍了中国现代化的发展。

当然，韦伯肯定了儒教在人格塑造以及调节人际关系方面的重要作用，比如君子人格以及社会伦理秩序的塑造和维系，但这种人格塑造却对社会的理性化发展产生了消极影响。就拿对君子的塑造来说，做个君子是传统儒家思想对内外修养的要求，成为君子是个体生命的自然表达。韦伯指出了三点：第一，“君子要避免美的诱惑”[14]，即要具有自我控制欲望的能力，要严格自律，抵制各种诱惑；第二，“对朋友关系的忠诚被高度地赞赏”[15]，即对朋友要讲诚信和义气，要“够朋友”；第三，达到君子要求的路径就是学习知识，学习经典文本并不断反省。当然，这些君子之风并不是儒教的根本伦理所在，“恭顺”才是父子、君臣等一切社会关系中衡量君子人格的最根本标准。儒家伦理对国人的教化作用以及对社会秩序的维系作用是显而易见的，这种观念价值通过社会制度和社会舆论的外在教化和个体的自我控制、约束与管理相结合而产生作用。严格的封建等级制、学而优则仕的社会氛围，将政治、文化与个体人格紧密结合在一起，通过正面与反面的案例，引导着人们的行为，逐渐发展为一种较为普遍的价值体系，在整个中国社会发展进程中发挥着无与伦比的作用。

儒教将个人人格的塑造与社会政治相结合，将人的行为纳入现实社会之中，所以，韦伯指出儒教是一种入世的伦理。个体君子人格的追求成为入世的第一步，止所谓“修身、齐家、治国、平天下”，君子人格的塑造离不开社会政治地位，因为只有官职和地位才能使其人格达到君子人格的完美。具有君子人格的个体与相应的政治地位和社会地位相结合，才能真正体现君子之风的价值和意义，而这种个体的价值又与个体所在家族的盛衰兴亡有着密切的关联，所以个体、家族、国家就联系在一起了。个人威望与荣耀关系到家族的威望与荣耀，这是为官之道。直到今天，这种思想仍然根深蒂固，甚至成为官员腐败的重要原因之一。尽管儒教是一种入世伦理，但它却与新教伦理倡导的职业伦理有着不同的作用。后者致力于当下的工作与事业，来达到自身被上帝恩宠的确证以及来世的拯救，而儒教的精神在于顺应现实，正所谓“识时务者为俊杰”，恭顺的基本要求使得人们缺乏从事社会革新与创造的动力，而是秉持因循守旧与和平主义。因此，韦伯指出儒教“以一救赎宗教促成一种有规律的生活样式的中心力量，则并不存在”[16]。本质上，儒教是一种顺世伦理，它所倡导的恭顺、忠诚、孝道融合在一起，造就了顺从、忠诚的个体人格。

总之，韦伯认为儒教要求个体不断地、小心谨慎地自我控制，以维持在现实社会中的身份、地位和尊严；它倡导一种恭顺的、严格的等级社会关系、家族关系和家庭关系；它使整个社会成为一张纵横交织的关系网和人情网。这些伦理观念严重束缚了个体的个性与创造性的发挥，导致人人循规蹈矩，不敢越雷池一步，使整个社会处于一种不思进取和因循守旧的状态中，缺乏活力和创新，缺乏法制与理性，最终阻碍了中国社会向资本主义社会发展的精神动力和文化渊源。

二　韦伯命题的当下解读

根据韦伯的命题，民族文化对一个民族的发展道路具有重要的影响作用。显然，这里的民族文化是指能够与经济、政治、社会融合在一起的主流的文化，而不是指所有文化。每个民族的文化系统都是由多元文化构成的，只有那种与经济、政治紧密联系在一起的文化才具有这种超强的作用力。比如西方基督新教伦理就是将宗教信仰与工作、职业紧密联系在一起的，在经济上产生了巨大的影响。印度的印度教也是与社会种姓制度紧密结合在一起的。而中国的儒教思想在中国历史上也占据着重要的地位，它关乎修身、齐家、治国、平天下。儒学自春秋时期由孔子创立以来，作为一种关于个人修养和人际关系的道德学说、一种关于人的价值和人的理想的学说、关于人的认识、关于人与自然的关系学说、关于人格和国格的学说，[17]在中国漫长的封建社会里，在调节人际关系、塑造国人性格、认识人与自然和人与社会的关系方面，在维护社会秩序方面起到了关键作用。尽管在这期间，中国思想界出现了百家争鸣的思想局面，产生了法家、墨家、道家、佛家、玄学、思辨哲学等诸多思想流派，但儒学始终在中国历史舞台上扮演着重要角色，而且在很多朝代被推上历史政治舞台，加之儒学本身符合维护封建君主专制体制的要求，在政治上就占有了独特的地位。虽然儒学在一些特定时期受到了其他思潮的冲击，但由于它的政治独特地位，它始终连绵不绝，在维护人伦秩序以及政治、经济、社会、文化秩序等方面发挥着无与伦比的作用。韦伯正是因为看到了儒学在中国社会发展中的重要作用，才把儒学称为儒教，并把它的地位抬高到如基督教在西方国家中的地位一般高。也正是在这一意义上，韦伯认为儒教塑造的顺世、保守伦理阻碍了中国现代化的发展。

虽然随着亚洲四小龙以及中国现代化发展的迅速崛起，韦伯的这一观点受到质疑，但这不能证伪韦伯的观点，而恰恰证明了韦伯命题的正确性。韦伯命题更深远的意义在于它揭示了一个明显却容易让人忽略的问题：一种科学进步的社会价值观念对社会发展具有巨大的推动作用，而愚昧落后的价值观念则阻碍着社会前进的步伐，这与马克思主义历史唯物主义的基本观点不谋而合。如果我们从思想文化的角度去审视中国的现代化道路，恰恰是因为中国引入了更为先进、更符合当时社会发展状况的先进理论，那就是马克思主义理论。鸦片战争后，列强打开了中国封闭的大门，中华民族便面临着内忧外患的危机。主张“师夷长技以制夷”的洋务运动开启了学习和发展西方技术和工业的模式，这为后来中国向现代化发展打下了一定的基础，但是建立在维护皇权统治基础之上的洋务运动最终也失败了。当时的资产阶级改良派和保守派都企图通过修修补补封建大厦来挽救民族危亡，但都以失败而告终。五四运动之后，解救中华民族的新文化精神才逐步确立起来。毛泽东同志曾经详细而深刻地剖析过当时的中国文化现状，他说：“在‘五四’以前……是资产阶级的新文化和封建阶级的旧文化的斗争”[18]。而“‘五四’以后，就是“无产阶级领导的人民大众的反帝反封建的文化”[19]。正是在新民主主义文化思想的指导下，中国人民在中国共产党的领导下，推翻了半封建半殖民地的社会制度，建立了中华人民共和国。新中国成立后，我们也始终以马克思主义理论为指导，始终为了人民的幸福而探索和前进。改革开放正是以马克思主义为指导，并与中国的实际发展相结合，探索“什么是社会主义”“怎样建设社会主义”等基本问题而做出的英明决断。邓小平理论、“三个代表”重要思想、科学发展观以及“中国梦”理论都是在马克思主义基本思想的指导下，将马克思主义与中国实际相结合做出的重要理论探索。

那么，在全面建成小康社会的今天，我们的文化应该是怎样的？让我们来分析一下当下文化的层次结构。显然，在当下的中国文化体系中，包含着马克思主义、马克思主义中国化理论，还有中国传统文化、西方文化等诸多成分。如何处理好这些内容之间的关系，给它们定位，就成为我们在新形势下建构中国特色社会主义文化的关键所在。在面对这些问题时，学术界出现了不同的声音。有人认为马克思主义是党的指导思想，是指导中国革命和建设取得成功的法宝，是当下文化建设中当之无愧的文化主体。有人认为，中华民族的文化根基来自我们的传统文化，这是我们宝贵的精神财富，构建新时期文化，必须以中华传统文化尤其是儒教文化为主体。还有人认为，我们要把马克思主义与中国传统文化结合在一起，构建当下的文化新形态。各种声音争论不休，争论本身固然对我们认清各种文化形态的本质具有积极的作用，也让我们深入思考究竟要如何构建适应中国特色社会主义建设实践的新文化形态。缺乏一种真正的适合当下中国发展所需要的文化形态，对于统一社会思想、达成价值共识是不利的，也会使很多人迷失文化的方向。因此，必须审慎对待，加以澄清。

文化不能脱离经济、政治、社会而独立存在，它始终是一定社会存在的反映。正如毛泽东同志指出的："一定的文化是一定社会的政治和经济在观念形态上的反映。"[20]在全面建成小康社会的关键时期，我们必须要有适应这个阶段的文化观念，为经济、政治、社会的发展指明方向、鼓舞精神。生产资料公有制为主体的经济制度、人民民主专政的政治制度以及社会主义性质的国家制度，决定了我们文化的社会主义性质、主旨和方向。因此，任何背离社会主义方向的文化都是有损社会主义文化的，应当摒弃和剔除。我们要建构真正的中国特色社会主义文化。

三　建构中国特色新型文化

首先，马克思主义是中国特色社会主义文化的重要内容，而且还在整个文化体系中具有中心指导思想的地位，处于复杂的文化层次中的最上层，这是对马克思主义在中国特色社会主义文化中的科学定位。

因为我们的社会主义道路没有改变，全心全意为人民服务的根本宗旨没有改变，为了人的自由和全面发展的宏伟目标没有改变，那么，马克思主义指导思想就不能变。它作为中国革命和建设的指导思想是历史的选择，是人民的选择。它在纷繁复杂的价值冲突中能够脱颖而出，是因为它契合了中国的实践，肩负起了当时中华民族的命运。19 世纪后期，是世界资本主义迅速发展的时期，科技的迅速发展推动了第二次工业革命。美、德、英、法等早已走上资本主义道路的国家向垄断资本主义过渡，而原本落后的日本、俄国等也因为走上了资本主义道路而迅速发展起来。在这种大背景下，改革政治、社会制度，发展生产力是世界大趋势。从大的方面讲，在半封建半殖民地的社会中，贫穷、落后、政局混乱、军阀割据、经济凋零、民不聊生，外敌虎视眈眈，随时入侵。在这种内忧外患的在境况下，什么才能救中国，中国应该往哪里去，这个宏大的历史课题摆在人们面前。走怎样的道路才能得到民族的独立和解放，才能让人民过上好日子，这是整个民族的迷茫。不少有识之士在探求救亡图存的道路。也正是在这个时候，马克思主义传入中国，并指导我们取得了革命、改革、建设的一个又一个举世瞩目的辉煌成就。

这是马克思主义在中国的胜利，也是马克思主义在世界的胜利，是对资本主义和社会主义发展规律认识的胜利。今天，马克思主义的使命一方面仍然是作为我们的指导思想，指导中国社会向着共产主义社会迈进，向着最广大人民群众的幸福的道路行进。另一方面，它所提供的科学的世界观、方法论、辩证历史唯物主义的立场和观点是指导任何社会发展的法宝。中华民族能够屹立在世界民族之林，首先是因为以马克思主义为指导，获得了民族的独立和人民的解放，从根本上促进了生产力的迅速发展和经济实力的增强。马克思主义的立场、观点和方法是我们处理社会发展的根本观点和方法，那就是一切从实际出发、实事求是。马克思主义指引的道路方向是我们前进的目标，这个道路是共产主义的方向和目标，是为了人民的幸福和自由，是为了人的自由全面发展。这不仅是中国的发展目标，同样是世界各国的发展目标。不管资本主义各个国家现在发展到何种程度和阶段，最终都要向着社会主义国家的价值目标来行进和发展，因为马克思主义的解放是整个人类的解放，是全世界人民的解放，是全世界人的自由全面发展，是人类共同体而不是民族共同体。

今天，马克思主义的世界观、方法论依然是指引整个社会发展方向和目标的指导思想，仍然是党的指导思想，在中国特色社会主义文化体系中仍然居于灵魂的地位。在这个总的思想指引下，坚持毛泽东思想、邓小平理论、“三个代表”重要思想、科学发展观以及“中国梦”理论，关键还在于将马克思主义与中国建设实践相结合，不断推陈出新，培育和践行社会主义核心价值观，从而推进中国特色社会主义文化的大发展。

其次，传统文化是中国特色社会主义文化的深厚根源，是文化根基所在，是维护中华民族民族性的基础。

表面看来，传统文化在价值多元化的今天，因为受到各种运动、思潮和主义的冲击而消亡了，实际上并非如此。作为中华民族的内在精神力量，作为一种内在超越性的文化形态，作为一种根深蒂固的本土文化，传统文化始终在中国社会发展的历程中扮演着不能忽略也无法忽略的角色，虽然时隐时显，但它从未脱离开中华民族的怀抱。传统文化那种根深蒂固的影响力早已通过各种形式深入人心，影响、指引着人们的思想的行为。正如韦伯描述的那样，传统文化实际上已经形成了一种传统伦理，渗透到人们的行为中。它仍然渗透在经济、政治、文化和社会各个领域中，在安排和影响着人们的生活，其中既有积极的影响，也有消极的影响，比如忠贞、诚信、孝顺等观念。很多观念并不是单纯地发挥积极或消极作用，而是既作为传统力量阻碍着社会的现代化进程，同时又成为市场经济条件下道德约束的重要力量。所以，不管传统文化曾经受到多少打击，今天在中国特色社会主义文化体系中，它仍然是在位的。而恰恰因为这种在位，才使中华文化保持了独特的民族性魅力。也正是传统文化作用的复杂性和双面性，导致了人们对传统文化态度的分歧。

有人认为，中国传统文化是中华民族精神之根本，要大力弘扬传统文化，发挥传统文化在当下中国特色文化建设中的主体作用。这部分人一般为中国传统文化研究者和爱好者，对中国传统文化有着较为深厚的感情。因此，他们对传统文化寄予了厚望，希望传统文化能够在当下中国特色文化建设中发挥中流砥柱的作用，并在思想界掀起一股复古之风。诚然，重视传统文化的发掘和整理，为中国特色文化和社会建设服务，这是对的，但若过分抬高传统文化的地位，矫枉过正，则不仅无益，反而有害。也有人认为，中国传统文化是一种落后的文化形态，已经不能适应当下社会发展的要求，要着力批判、大胆抛弃，只有马克思主义这种先进的文化形态才能在中国特色文化建设中发挥作用。马克思主义是我们的根本指导思想，这是确定无疑的；中国传统文化是一种相对落后的文化形态，这也是符合实际的。但这不表明传统文化一无是处，它仍然有对当下社会发展有益的成分，值得研究和弘扬。当然，也有不少人认为中国传统文化既有糟粕也有精华，要批判地继承。但什么是传统文化的精华，什么是糟粕，其划分的标准和原则应该是什么，在这个问题上，人们又存在模糊的认识。

基于以上种种观点和现象，笔者认为有必要澄清和明确对待中国传统文化的科学态度，那就是批判地继承，取其精华，弃其糟粕。也许有些人觉得这是一种中庸的态度，其实不然。真正去深入了解中国传统文化，并客观地进行评价，找到中国传统文化中适应社会发展、符合人民群众根本利益的价值理念，为当下所用，抛弃那些束缚人的发展和社会发展的腐朽观念，恰恰是马克思主义对待传统文化的科学态度。正如习近平总书记指出的："要认真汲取中华优秀传统文化的思想精华和道德精髓。"[21]

在这个过程中，我们要警惕两种人：一种是打着弘扬传统文化名义大行复古之风的"封建卫道士"，另一种是打着马克思主义旗号将中国传统文化一棒子打死的"伪马克思主义者"，以便在当下复杂的文化建设工作中明确方向，找到出路，为中国特色社会主义文化建设做出贡献。毛泽东同志曾经说："学习我们的历史遗产，用马克思主义的方法给以批判的总结，是我们学习的另一任务。"[22]毛泽东对传统文化的态度，直到今天仍然是符合实际的。虽然这么多年我们一直在对传统文化进行研究整理和发掘，但这项工作直到今天都没有完成，仍然任重而道远。现任党的领导集体高度重视优秀传统文化的继承发扬，习近平总书记说："抛弃传统、丢掉根本，就等于割断了自己的精神命脉"，"要加强对中华优秀传统文化的挖掘和阐发，努力实现中华传统美德的创造性转化、创新性发展"。[23]社会变革不仅是经济、政治的变革，同时也是文化的变革。传统文化形态固然可能对当下中国的社会变革起到一定的阻碍作用，但是，这是新、旧社会力量和文化价值的较量，根据马克思主义的根本观点，新生事物一定能战胜旧事物，那么，新的文化形态最后一定会战胜旧的文化形态。但这并不是说旧的文化形态就一无是处，旧的文化形态必然会以某种新的形式参与到新的文化形态的建构中，这就是创造性转化和创新性发展。任何新的文化形态都是在不断改造的过程中、在旧的文化形态的基础上演化而来，都留存着旧的文化形态的痕迹。中国特色社会主义文化要坚守民族性特色，就一定离不开中华五千年的文明史，离不开中华优秀传统文化这片深厚的土壤，这就是民族精神。

最后，在互联网时代，在世界交往大潮之中，中国特色社会主义文化必然要面对西方文化的冲击。在中国特色社会主义文化建设过程中，我们要认清西方文化的精神实质。对于西方文化中先进的东西，我们要汲取，但同时更要坚决抵制西方文化对社会主义文化的破坏和颠覆。

世界资本主义和社会主义两大社会阵营的对垒，造就了资本主义文化和社会主义文化的天然敌对。中国作为社会主义现代化发展迅速的发展中国家，经济的崛起让世界刮目相看，更让资本主义世界虎视眈眈。两种意识形态的较量、文化的较量成了另一个没有硝烟的战场。马克思主义曾经深刻地指出："如果从观念上来考察，那么一定的社会意识的解体足以使整个时代覆灭"[24]。习近平总书记也曾强调："经济建设是党的中心工作，意识形态工作是党的一项极端重要的工作"[25]。在全面建成小康社会的今天，文化建设更加重要。西方文化从来没有放弃过对我们的文化入侵，他们利用一切机会、以各种形式传播自己的文化价值观，打着自由、民主、科学的口号传播个人主义、自由主义、拜金主义、享乐主义、历史虚无主义等消极价值观，并广泛散布一些否定和攻击社会主义、反党反人民的言论和情绪，攻击社会主义文化，破坏我们的意识形态建设工作。这些主义和思潮通过各种各样的形式传播：有的直接以赤裸裸的假新闻、假报道来扰乱民心和社会秩序；有的借助宗教势力，利用歪理邪说来发展信徒，输出价值观和信仰；有的利用暴力色情图片、游戏、文字、视频等误导人们的价值观和生活方式，瓦解和摧毁人们的信仰和意志。

新媒体的兴起为这些思潮或主义的传播提供了更具隐蔽性和针对性的手段，它们充分利用网络技术、根据大数据的收集分析，确定受众关注度和兴趣点，分类投放信息，通过 QQ、微博、微信等新型手段进行渗透性传播，更具隐蔽性、针对性和危害性。比如一些敌对势力和不法分子收集一些信徒的 QQ 群号或者微博、微信群号，直接把一些反对共产主义信仰、反对社会主义、反党反人民的资料信息发向群里，引起信徒的关注，甚至还免费将一些纸质文字材料寄往信徒家中，连普通的 QQ 群或微信群都成为他们传播的重要渠道。一些普通网民很容易被迷惑，甚至不自觉地成为一些不法信息的传播者。这些不法分子目的很明确，就是利用各种媒体，尤其是网络新媒体丑化和歪曲我国历史和改革现实，散布反动言论，攻击党和政府，离间党同群众的血肉联系，破坏党的群众基础。试图瓦解我们对社会主义、共产主义的信仰，输出自己的所谓普世价值，颠覆社会主义制度，实现和平演变。因此，我们必须始终保持对西方文化的戒备心理，建设好中国特色社会主义文化，牢牢掌握意识形态的领导权、话语权和管理权，保障意识形态安全，加强理论自信、道路自信、制度自信，为中国特色社会主义现代化建设提供良好的舆论环境、坚定的理想信念和强大的精神动力。

参考文献

[1]《马克思恩格斯文集》（第一卷），人民出版社，2009，第 525 页。

[2]〔德〕韦伯：《中国的宗教；宗教与世界》，康乐、简惠美译，广西师范大学出版社，2004，第 477 页。

[3] 洪镰德：《从韦伯看马克思：现代两大思想家的对垒》，扬智文化事业股份有限公司，1999，第 165 ~ 166 页。

[4]〔德〕韦伯：《社会科学方法论》，韩水法等译，中央编译出版社，2005，第 26 页。

[5]〔德〕韦伯:《新教伦理与资本主义精神》，黄晓京、彭强译，四川人民出版社，1986，第24~25页。
[6]〔德〕韦伯:《宗教社会学》，康乐、简惠美译，广西师范大学出版社，2005，第265页。
[7]〔德〕马尔库塞:《现代文明与人的困境——马尔库塞文集》，李小兵等译，生活·读书·新知三联书店，1989，第82页。
[8]〔美〕帕森斯:《现代社会的结构与过程》，梁向阳译，光明日报出版社，1988，第113页。
[9]〔德〕韦伯:《印度的宗教——印度教与佛教》，康乐、简惠美译，广西师范大学出版社，2005，第457~458页。
[10]〔德〕韦伯:《印度的宗教——印度教与佛教》，康乐、简惠美译，广西师范大学出版社，2005，第457页。
[11]〔德〕韦伯:《印度的宗教——印度教与佛教》，康乐、简惠美译，广西师范大学出版社，2005，第185页。
[12]〔德〕韦伯:《印度的宗教——印度教与佛教》，康乐、简惠美译，广西师范大学出版社，2005，第214页。
[13]〔德〕韦伯:《印度的宗教——印度教与佛教》，康乐、简惠美译，广西师范大学出版社，2005，第216页。
[14]〔德〕韦伯:《中国的宗教；宗教与世界》，康乐、简惠美译，广西师范大学出版社，2004，第232页。
[15]〔德〕韦伯:《中国的宗教；宗教与世界》，康乐、简惠美译，广西师范大学出版社，2004，第233页。
[16]〔德〕韦伯:《中国的宗教；宗教与世界》，康乐、简惠美译，广西师范大学出版社，2004，第243页。
[17]张岂之主编《中国思想史》（上卷），西北大学出版社，2011。
[18]《毛泽东选集》（第二卷），人民出版社，2009，第696页。
[19]《毛泽东选集》（第二卷），人民出版社，2009，第698页。
[20]《毛泽东选集》（第二卷），人民出版社，2009，第694页。
[21]《人民日报》2014年2月26日第1版。
[22]《毛泽东选集》（第二卷），人民出版社，2009，第533页。
[23]《人民日报》2014年2月18日第1版。
[24]《马克思恩格斯文集》（第八卷），人民出版社，2009，第170页。
[25]《人民日报》2013年8月21日第1版。

（责任编辑：刘云超）

当代中国精神文明协调发展机制保障体系

汪霏霏*

摘　要　当前中国精神文明理论和实践自身不断取得新成就和新经验，但如果当代中国精神文明想取得长远稳定的发展，就需要建立一套协调发展的机制和保障体系。一切人类活动都存在机制。精神文明建设的机制可以分解为两大方面：自我发展机制和自我约束机制。加强精神文明建设机制设计无疑有助于构建合理完善、充满活力、富有效率的精神文明建设机制系统。精神文明建设机制的构建是一项复杂的系统工程，各项机制的改革与完善不应孤立进行，不同层次、不同侧面必须互相呼应、相互补充，使机制的构建更具有目的性、完整性。精神文明建设的制度与机制创建不能完全分离，而应相互交融，因为制度可以规范体制的运行，机制可以保证制度的落实。在机制构建过程中，要特别重视人这一主体因素，要避免模式化和形而上学，要随时进行相应的调整。

关键词　精神文明　建设　机制　建设

党的十八大以来，党中央一直十分重视精神文明建设，将其提升至“四个全面”战略布局的重要组成部分的地位，并且在此前提下进行决策部署，使得社会主义精神文明建设在理论和实践两方面都能有效地发挥统一认

---

* 汪霏霏（1981～），山东社会科学院文化研究所助理研究员，主要研究领域：影视文化、文化产业和文化建设。

识、凝聚人心的强大力量，同时推动精神文明理论和实践自身不断取得新成就和新经验。中央政治局常委近年来多次召开专题会议，就精神文明建设领域的相关问题进行研讨，组织中央政治局的集体学习和讨论，对精神文明建设进行全面决策部署。十八大以来，每年都要召开全国宣传思想工作会议；每年都要召开全国宣传部长、文明办主任会议，大力推进精神文明建设工作和宣传思想工作理念创新、内容创新、手段创新，更以创新增活力；2013年至今已经召开四次中央文明委全体会议；多次就精神文明建设领域工作出台各类意见、通知……2013 年 8 月，全国宣传思想工作会议更加鲜明地指出："只有物质文明建设和精神文明建设都搞好，国家物质力量和精神力量都增强，全国各族人民物质生活和精神生活都改善，中国特色社会主义事业才能顺利向前推进。"[1]

改革开放以来，中国社会生产力飞速发展，物质生活极大丰富，人民的物质生活需求在一定程度上得到了满足，但我们不能顾此失彼，全面建成小康社会也离不开精神文明的小康，如果只是物质需求得到满足，精神文化需求却得不到满足，这种生活称不上物质精神双丰收的真正文明的生活。当前国际国内环境复杂多变，我国正处于经济转型，产业升级，养老、医疗、教育、贫富差距、社会公平等问题日益凸显的阶段，同时也是全面建成小康社会的冲刺决定性阶段，国家与国家之间的综合国力竞争，除了以经济、科技为标杆的"硬实力"的当面过招，还有越来越重要的精神文明引领的"软实力"的长远竞争。中国人民理想中的生活，在完成了仓廪实、衣食足的物质丰富生活以后，还应追求向往知礼节、知荣辱的精神文明生活。作为顶层设计的"中国梦"，为中国人描绘了富国强民的物质建设的目标，还有给人精神动力的精神源泉。

让人民群众生活得更美好是精神文明建设的出发点和落脚点。既然目标明确，相应的活动也应该是接地气、连民心的群众性实践活动。"大力宣传推动——'讲文明树新风'公益广告、'图说我们的价值观'，设立中国人民抗日战争胜利纪念日、南京大屠杀死难者国家公祭日，讲述精彩的中国故事等，让 12 个关键词、24 个字深入人心；立足传统文化——'我们的节日''我们的家训''厅堂悬挂家训、培育文明家风'等活动，通过把优秀传统文化的'养分'与社会主义核心价值观相结合，推动传统文化创造性转化、创新性发展，增强做中国人的骨气和底气；融入学校教育——'学习雷锋，争做美德少年''认星争优''童心向党''向国旗敬礼'等活动，面向青少年宣传普及社会主义核心价值观，让青少年在学习成长的过程中慢慢品味、细细琢磨、逐步领会；融入创建活动——文明城市、文明村镇、文明行业、文明单位等群众性精神文明创建活动在各地深入开展，城乡环境面貌和群众精神风貌显著改善。近年来，设立企业诚信‘红黑榜’惩治‘老赖’推动了诚信建设制度化，‘微信十条’‘账号十条’等举措让网络空间更加清朗……”[2]这一系列举措回答了百姓关心的社会风气问题。这一系列措施，从良好动机出发，力图解决社会发展中的突出问题。精神文明建设用一点一滴解决问题的方式，在当今社会形成弘扬中国精神、凝聚中国力量的社会风气。这些举措渐渐显示出了它的初步效果。但如果当代中国精神文明想取得长远稳定的发展，就需要建立一套协调发展的机制和保障体系。

一　机制与精神文明机制的内涵

机制是指有机体的构造、功能和相互关系，泛指一个机构或组织部分之间相互作用的过程和方式，它以一定的运作方式使系统的各个部分协调运行。制度通常是指由行为主体所建立的调整主体之间社会关系的具有正式或非正式性的规范体系。根据性质和范围来划分，制度总体上可以分为根本制度、基本制度和具体规章制度三个基本的层次。机制重在事物内部各部分的机理，即横向相互关系；体制指的是有关组织形式的制度，是机关、单位在划分管理权限、机制设置和领导与隶属关系等的规制、体系、形式、方法等的总称，限于上下之间层级关系。机制从属于制度，对制度的实施和完善具有反作用，它按照一定方式排列制度系统内部的组成要素，并且通过这些要素的相互作用来实现它的特定功能。从广义上讲，制度、体制和机制都属于制度范畴。总之，制度制约体制与机制，体制与机制又推动制度的巩固与发展。

加强当代中国精神文明建设的机制系统专题研究，就现实价值而言，机制是驱动精神文明建设系统中人、财、物等要素实现合规律性流动的内在动力，是使主体能够自动地趋向于精神文明制度目标的具体建制，因此，除致力体制改革外，还应转换机制，强化机制创建。加强精神文明建设机制设计研究，无疑有助于为构建合理完善、充满活力、富有效率的精神文明建设机制系统提供决策参考。就理论价值而言，从实践理性维度加强精神文明建设机制系统的微观实证研究，可以弥补现有精神文明建设机制研究的不足，进而丰富和完善文化与哲学中有关文化发展机制和制度文化的理论。从现实意义来说，把精神文明强国确立为当代中国文化建设和文化发展的鲜明时代主题和长远奋斗目标，是进一步加快社会主义现代化建设的必然战略抉择，而要实现这一战略目标和战略任务，就必须着力构建充满活力、富有效率的机制体系。深入探索精神文明建设机制问题，将会为保障精神文明建设长效运行提供理论支持。从理论意义来说，文化哲学一般将文化分为物质文化、制度文化、行为文化和精神文化四大子系统，精神文明建设是立足于中国文化大发展、大繁荣，以文化强国为理想目标的社会实践活动，属于行为文化层面；而精神文明建设的机制构建则同其制度、体制一道，共同构成了中国文化建设的主流制度文化。研究精神文明建设机制系统，有助于从制度文化和行为文化的结合上丰富和完善文化哲学的文化类型和文化形态理论。

一切人类活动都存在机制。精神文明建设的机制可以分解为两大方面：自我发展机制和自我约束机制。制度、体制和机制处于精神文明建设有机体结构的不同层面，各有自身的特殊规定和功能定位。制度位于精神文明建设体系的宏观层面和基础层面，侧重于结构；体制位于精神文明建设体系的中观层面，侧重于形式；机制位于精神文明建设的微观层面，侧重于运行。精神文明建设机制的构建是一项复杂的系统工程，各项机制的改革与完善不应孤立进行，不同层次、不同侧面必须互相呼应、相互补充，使机制的构建更具有目的性、完整性。精神文明建设的制度与机制创建不能完全分离，而应相互交融，因为制度可以规范体制的运行，机制可以保证制度的落实。机制构建要特别重视人这一主体因素，要避免模式化和形而上学，要随时进行相应的调整。

二　完善精神文明发展的机制体系

（一）传统文化的汲取转化机制

1. 传统文化的汲取传承机制

每一个民族的传统文化都是民族延续的血脉，每一个民族的传统文化都有精华和糟粕。站在今天的历史坐标上，基于马克思主义的相应评价标准，中华传统文化也有精华和糟粕。优秀传统文化是中华传统文化中文明智慧元素的结晶，是历经沧桑传承下来的部分。优秀传统文化最核心的竞争力是它能够超越时代的局限，能够反映中华文明的永恒价值，能够与民族利益和福祉相契合。

对于传统文化中的优秀元素，我们既不能漠然置之，也不能敬而远之，应当从远远仰望转为温情守护。传统文化作为传统美德的载体，能使道德内化于心，人们往往日用而不自知。我们应当加大对优秀传统文化思想价值的挖掘，萃取中华传统文化中的精华部分，用通俗易懂的当代中国故事和中国表达赋予传统文化新的时代内涵和时代精神，为优秀传统文化大厦的建设添砖加瓦，完善体系，进而充分发挥优秀传统文化怡情养志、涵养文明的重要作用。特别是对于作为传统文化大省的山东而言，应当克服面对浩瀚文化遗产的“眩晕”心理，健全传统文化的研究、分析、提炼的完整机制，在推动精神文明创新发展的格局下，充分认识传统文化的价值，头脑清醒地进行总结提炼，汲取推动精神文明建设的有益元素，并通过恰当的方式为我所用。

2. 知行合一的转化实践机制

要推动精神文明建设自身的发展，并为物质文明建设提供精神动力和思想保障，必须始终坚持知行合一导向。把“知行合一”作为精神文明建设的出发点和落脚点，引导群众把先进观念内化于心、外化于行。所有的理论创新，只有转化成实践创新，才能发挥理论应有的作用。将理论研究和社会发展的要求、人民群众的生活和丰富多彩的实践结合起来，才能实现理论研究的社会价值。理论和实践的有机结合是马克思主义最根本的要求，更是这个时代的要求，而实现理论和实践有机结合的路径，就是从理论创新转化为实践创新。马克思主义认识论告诉我们，社会实践是理论创新的基础和前提，实践创新又是理论创新的根本目的。精神文明理论要引导社会进步，就必须转化成实践。精神文明理论创新本身并不是创新的最高目标，用理论创新推进精神文明实践创新，再反过来用实践创新给理论创新提供源源不断的创新源泉，才能推进精神文明理论和实践的知行合一，这也是精神文明创新的根本目的。

3. 促进发展的机制

从文明传承、创新和发展相互关联的维度，探讨建立精神文明特别是传统文化促进经济社会发展的具体机制，才能真正发挥其精神动力、行为规范、目标引领的作用，通过继承和创新实现社会的全面协调发展，从“分而治之”的文化发展观向“统筹协调”的文化发展观转变。我国的文化发展一直处于分层管理的状态，这一管理方式仍然保留了计划经济时代的特征，不能满足和当下文化融合发展的要求。时代发展趋势迫切要求树立“统筹协调”的文化发展观。一方面要统筹文化领域内的相关发展，推动新内容、新要素进入文化发展领域；另一方面要协调文化和其他内容的发展，推动综合利用，提升文化的综合竞争力。比如，文化和旅游的融合发展就是文化建设与生态文明建设协调发展的必然路径。一是利用文化的贯穿做好顶层设计和长远规划，二是发挥旅游反哺文化的作用。又如，文化和科技的融合发展就是文化和科技互为引擎。一是通过文化技术创新体系的建立带动经济社会的全面发展，二是以万众创新的精神面貌推进科技的再创新。

（二）精神文明建设的推进机制体系

1. 领导组织机制

深入探讨加强精神文明建设的决策、指挥、监督等领导活动的具体制度、组织机构，以及如何建立分工负责、层次有序的领导体制机制。精神文明建设涉及社会各个方面，必须在党委、政府统一领导下，各部门和社会各界密切配合，才能形成整体效应。为此，应当建立起党委统一领导、各部门分工协作、齐抓共管的领导机制，形成推进精神文明建设的合力。组织领导机制作为进行决策、指挥、监督等精神文明建设领导活动的具体制度或体系，通过严格的制度和组织职能和岗位责权调整与配置的运行方式，保证领导活动的完整性、一致性、稳定性和连贯性，把精神文明建设的主体和客体协调起来，因而务必建立完善，特别是要建立精神文明建设方面群众参与、专家论证和集体研究相结合的科学决策机制。

2. 任务分解机制

探索建立健全推动精神文明建设的长效运行机制，分析精神文明建设中的文化协同工作机制、文化帮扶机制、政府主导和市场相结合机制等的作用和方略。对每一项创建任务，都应建立明确的分解机制，通过层层落实，使各部门明确分工和责任。明确责任主体和责任范围，排出时间表和路线图。健全共同推进精神文明建设工作的运行机制。推动社会主义精神文明建设是全社会的共同责任。要建立健全党委统一领导、有关部门分工负责、党政齐抓共管、宣传部门组织协调、社会力量积极参与的工作格局和工作体制，才能形成精神文明建设的强大合力。

3. 竞争激励机制

竞争激励机制是调动文化强国建设活动主体积极性的一种机制。激励在哲学上又可分为物质激励和精神激励。剖析精神文明建设的成就激励、能力激励、环境激励和物质激励问题，重点探讨如何建立行之有效的奖惩机制。精神文明建设竞争激励机制的改革与完善，是根据人的行为规律，通过各种方式去激发人的文化创造活力，使主体迸发出文化建设的积极性、主动性和创造性。精神文明建设竞争激励机制的建立，可借鉴赫尔维茨的经济激励相容理念，使之能够产生帕累托最优配置。揭示建立建设社会主义文化强国评价考核机制的重要作用，阐明如何在操作层面构建设社会主义文化强国的评价机制、考核机制和反馈机制，尤其是要对建立客观、公正、量化、合理的社会主义文化强国测评指标体系进行科学的设置。

4. 约束控制机制

控制约束机制是同竞争激励机制相反相成，保证文化强国建设活动有序化、规范化的一种机制。控制与监督是约束机制中的重要环节，目标责任制、财务监管、成本核算、法律规范、关键岗位制约以及审计等方面的制度建设和责权配置是完善控制约束机制的重点。深入阐述文化强国建设约束控制机制的五个基本要素，即约束制约的主体、客体、方法、目标和环境条件，以解决谁去约束、对谁约束、怎样约束、向什么方向约束以及在什么条件下进行约束的问题。同时，建立健全奖惩制度，使之成为有效的保证手段。奖惩任免干部重要内容的机制，做到有目标、有要求、有部署、有督促、有检查、有总结、有评比，如山东省公安系统的禁酒令、省立医院的“五不”“五无”，都规定得非常具体明确。同时，还制定了严格的监督制度，做到奖惩分明。烟台市推行的社会服务承诺制，向社会公开服务内容、服务标准、服务程度和办事时限，明确经济赔偿标准，未履行承诺的责任单位和责任人必须按规定对当事人进行赔偿。

5. 典型示范机制

经过长时间的探索，山东在先进典型的发现、培养、树立、推广方面创造和形成了一套比较清晰、完整的工作思路和比较成熟的工作机制，形成了级级抓典型、行行出典型、层层有典型、人人学典型的良好局面。在新时期，应当在新的形势下不断完善创新典型示范的机制，特别是在发现和推广方式上，应当借鉴网络自媒体等各种方式进行创新。精神文明建设良好机制体系的构建和完善，应吸收和借鉴国内文化强省（市、区）和国外精神文明建设在机制方面的先进经验和做法。通过对国内精神文明先进地区的实践进行分析，在个性中提炼共性，由地方性知识上升为全局性知识，为文化强国建设机制的设计提供科学指导；通过对发达国家的文化强国建设机制构建思路和模式的探索，为文化强国机制建设提供借鉴。世界上一些文化强国在精神文明发展机制方面积累了宝贵的经验，要扎实推进精神文明建设，务必学习和借鉴一切有利于推动我国精神文明发展繁荣的管理理念和机制。

（三）保障机制体系

1. 群众参与机制

精神文明建设成效的大小，离不开群众的广泛参与。要想取得实效，就必须动员群众积极参与精神文明创建活动。党的根本宗旨是为人民服务，而精神文明建设又是群众的重要事业，所以，精神文明建设工作的出发点和落脚点要落到群众真正的需要、真正的期盼上来，这样才能最大限度地满足人民群众日益增长的物质文化需求，进而激励群众全身心地参与到创造美好生活、改造社会风气的社会实践中，最终形成促进精神文明建设永葆生机活力的强大合力。根据广大群众最关心的问题，从基层群众的需要出发，开展群众精神文明活动。这些精神文明活动要精心策划，充分考虑群众的生产实际和生活习惯，做到丰富多彩、形式多样，增强精神文明服务的吸引力，这样才能调动群众参与精神文明文化活动的积极性、主动性，使广大群众便于参与、乐于参与，做到寓教于乐、润物无声，最终创造良好的精神文明环境。

2. 舆论宣传机制

为扩大先进典型的社会影响，使典型人物的先进事迹家喻户晓，应通过多种渠道、运用多种形式，对先进典型大张旗鼓地进行宣传，使他们在报刊、讲坛、舞台、屏幕上成为“主角”，成为有口皆碑的“名角”，成为人民群众竞相学习和仿效的榜样。主要通过三种形式：以党委、政府的名义召开学习动员大会，做出学习决定；组织英模事迹报告团到各地巡回报告；新闻、出版、文化等部门紧密配合，运用多种手段，组织战役性宣传。综合运用各种形式，优势互补，形成声势，增强宣传的效果。

3. 可持续推进机制

精神文明的可持续推进必须依靠建章立制，在规范化、制度化方面下功夫。一方面，要制定切合实际、可操作的规划，使精神文明建设既有长期目标又有阶段性计划；另一方面，制定规范、制度和准则。为促进文明习惯的形成，制定文明家庭、文明市民、文明村民守则。为加强职业道德建设，制定明确、规范、便于操作的行为准则。通过行之有效的制度建设，可以使山东省精神文明建设形成一套正常的工作机制，能够广泛、深入、持久地开展。立足于精神文明的文化理想目标，分析中国文化复兴与发展的途径、方法和条件，阐明精神文明建设要注重传承、交往和创新。

4. 投入保障机制

投入保障机制是为管理活动提供物质和精神条件的机制。促进精神文明发展是一项面广线长、因素众多的活动，需要有相应的和必要的政府投入作为保证。探索精神文明建设在资金、项目、政策、人才、资源等方面的机制问题，尤其是配套政策。为使精神文明建设经常化、制度化、持久化，应加大相关项目、政策、资金的调度和整合力度，落实和完善各项政策，制定支持和保障精神文明建设的投入机制。从人才机制来讲，则应加快培养造就德才兼备、锐意创新、结构合理、规模宏大的精神文明人才队伍。着力建立精神文明建设人才及后备人才数据库，实施动态管理、跟踪培养，及时掌握入选人才的工作情况和服务需求。

5. 科学决策机制

要想健全科学决策机制，首先要健全信息采集和处理机制。第一步是设计周密系统的调查研究模式，第二步是广泛收集反映民意和社情的精神文明信息，第三步是通过收集和调查得来的信息对精神文明发展的状况和走向进行全面、客观、准确的把握，第四步是通过对所收集的信息进行深入分析，进而理清思路，做出科学决策。健全信息采集和处理机制后，就要完善以问题为导向的决策解决机制。一方面，通过建立民主参与平台，敞开胸怀，与人民群众积极沟通，广泛征求意见。另一方面，通过建立危机干预平台，利用网络舆情分析系统以最快的速度获得最新网络舆情，对第一时间掌握的舆情进行充分研究判断，并对发现的社会风险苗头进行及时预警，采取科学方式进行积极有效的干预，想方设法对这些风险进行化解，最终达到协调各方利益、安抚社会情绪、稳定社会秩序的目的。

三　优化精神文明发展政策体系

要想加快山东精神文明建设的创新式发展，就必须牢固树立并且切实贯彻共享、创新、绿色、协调、开放的发展理念，实施融合战略、特色战略、科技战略、人才战略，注重调动群众在精神文明创新发展方面的创造性、主动性和积极性，在投入机制、教育网络体系、载体建设等方面创设完善的政策体系。

（一）以育人化人为本，以提高人的素质为基点

社会主义精神文明建设，根本目的是提高全民族的科学文化素质和思想道德素质，为经济发展和社会全面进步提供强大的精神动力和智力支持。这就决定了精神文明建设必须把基点放在提高人的素质上，以培育适应社会主义现代化要求的一代又一代有理想、有道德、有文化、有纪律的公民为本。人的素质的提高是一个历史过程。根据山东省居民目前的素质情况，对不同阶层和状况的人，应有不同的素质要求，但在总体上，应着力抓好以下四个方面：思想道德素质、科学文化素质、业务素质、心理素质。

（二）做好德化与法治的结合，提高道德治理能力

道德治理是国家治理体系中的重要组成部分。国无德不兴，人无德不立。中国有两千多年的以德治国的历史传统，道德建设在维护社会稳定、实现社会公平和国家富强文明方面发挥了重要作用。道德治理作为国家治理体系的重要组成部分，应当发挥更重要的作用。

改革开放以来，经济建设取得了极大进展。在物质条件逐步改善的同时，部分人出现了过分注重物质、忽视精神和文化的倾向，文化的教化功能和规范功能没有充分发挥作用。道德建设最重要的方面是激发人们形成强大的道德情感、善良的道德意愿，培养准确的道德判断和虔诚的道德责任。在提高道德理论能力的同时，也要提高道德实践能力，特别是自觉的道德践行能力。挖掘并且运用传统文化的优质资源，树立崇高道德理想，有助于在全社会形成良好道德规范，引导人们向往和追求尊道德、讲道德、守道德的生活，形成向上和向善的强大力量。

道德建设应当与法制建设相辅相成。道德具有调节、教育、激励、导向、认识等多种功能，应该充分发挥社会主义道德原则和规范对人的品质的塑造作用，以及对人的行为的约束作用。对于广大群众来说，“德化”是提高思想道德水准的重要途径。不过，由于道德主要是通过社会舆论、内心信念和个人良心等发挥扬善抑恶的作用，缺乏强制性。而法律大多是建立在道德基础上，且以物质性力量为支撑的。因此，在加强思想教育和道德修养的

同时，要辅以法制化、制度化管理。今天的德治，首先应当通过提高领导者的道德水平和素质，发扬民主，发挥社会公众的监督作用，使德治成为社会主义民主政治的一个有机组成部分。其次，应当将道德建设融入制度建设中，形成科学高效的诉求表达机制、利益协调机制、矛盾调处机制、权益保障机制，完善激励机制，褒奖善行义举，实现道德提升和治理效能的相互推动和相互促进，最大限度地增进社会和谐。最后，应该制定一套统一可行的思想规范、道德规范及其他行为规范，强化人们的规范意识，加强行为养成教育。

（三）构建精神文明教育网络体系

新形势要求山东省精神文明教育走系列化、经常化、制度化和网络化的道路。以社会主义道德教育为例，可以划分为家庭教育、学校道德教育、岗位道德教育和社会道德教育等。这些不同类型的道德教育，具有不同的功能、内容和特点。社会主义道德教育不仅是学校的事情，全社会都应积极参与。应该将家庭道德教育、学校道德教育、岗位道德教育及社会道德教育协调一致，形成合力，形成相互衔接的教育网络。针对不同年龄、不同层次的对象，创作和推介有针对性的道德普及材料，在全社会大力宣传、普及社会主义道德规范知识。

（责任编辑：刘云超）

提高我国文化安全防范与应对能力

徐建勇 *

摘　要　在冷战结束、和平与发展成为时代主题的背景下，我国作为世界上最大的社会主义国家和发展中国家，已经成为西方文化霸权主义的主攻目标，给我国的文化安全、政局稳定带来了强烈的威胁和挑战。我们必须对西方文化霸权主义有清醒、全面、深刻的认识，健全文化安全防范机制，制定科学的文化发展战略，全力捍卫中国特色社会主义制度与中华民族文化的独立和尊严。

关键词　文化安全　文化霸权　意识形态

伴随着广大民族国家力量的不断壮大和文化软实力在综合国力竞争中的地位日益重要，文化霸权主义取代了经济、军事霸权主义，成为西方霸权主义的主要形式和对外政策中的主要战略。以美国为首的西方国家试图凭借文化霸权，以西方价值观重塑世界，继续维护和巩固其霸主地位，相继策划和推动了独联体、中东、北非等许多国家的“颜色革命”，造成了世界范围内的动荡不安和地区发展的退步。回顾这些发生“颜色革命”国家的变革脉络，往往是从西方国家对其加快文化、价值理念输出，制造颠覆政权的思想舆论开始的。随着我国在世界上的迅速崛起，西方加快了对我国推行文化霸权的步伐，以各种形式进行价值观念输出，开展意识形态上的渗透、颠覆活动。因而，我们必须全面提高文化安全意识，采取果断有效措施，严阻西方通过对华推行文化霸权主义实现其“和平演变”“颜色革命”的图谋。

---

* 徐建勇（1980～），山东社会科学院助理研究员，主要研究领域：文化体制改革与文化产业发展。

一　当前西方文化霸权主义的主要表现

西方文化霸权主义在长期的演变过程中，复合了价值移植、思想渗透、意识诱导、娱乐浸润、学术推广等多种形式，并且不断出现新情况、新表现，需要全面清晰地认识。

一是意识形态霸权。意识形态属性是文化的核心属性，一切文化产品和服务都承载着特定的价值观念。西方国家的文化霸权主义就是要以文化为载体向全世界推行自己的价值观和意识形态，消除异种文化、异种意识形态。[1]正如美国现实主义大师汉斯·摩根索所说，“文化帝国主义的东西，是最巧妙，它的目的，不是征服国土，也不是控制经济生活，而是征服和控制人心，以此手段而改变两国的强权关系。”[2]以美国为首的西方发达国家在有选择地输出经济和技术的同时，进一步提出“政治全球化”和“文化全球化”，无保留、有目的地大量输出思想文化和价值观念。在当前形势下，西方的文化霸权地位尚难以撼动，西方意识形态借助文化霸权主义的利刃，不断渗入社会主义意识形态的行动仍将长期存在。

二是文化经济霸权。当前西方文化霸权主义战略的重点是充分利用市场力量来传播其自由民主思想和价值观念。美国前总统老布什曾指出，“世界上还没有哪个国家发现一种办法，既进口世界的产品和技术，又能够把国外的思想阻止在边界”[3]。美国历史文化资源虽然稀少，但是凭借世界第一经济强国、科技强国、人才强国和完善的市场体系的优势，美国的文化创意产业在全世界处于绝对优势地位，通过其传媒企业控制和引领世界文化市场、国际文化对外贸易，明修文化贸易之栈道，暗度价值观输出之陈仓，通过自己的文化产品来影响其他国家人民的思想观念，直至实现其政治利益、政治目的。

三是文化传播霸权。传媒是西方国家输出价值观念和思维方式的重要渠道。目前，世界传媒市场呈现出从发达国家向发展中国家传播的单向流动。在广播电视方面，西方广播电视网覆盖全球，美国国际卫星电视的规模和影响，均居世界首位。在电台广播方面，美国拥有多家对外宣传的电台，用其他国家民众所能接受和信赖的语言，宣扬美国的文化和意识形态，攻击他国政府，散布反动言论，极富蛊惑性，已成为美国政府推行其话语霸权的一个必不可少的工具[4]。这些报道显然经过了特殊选择和加工，毫无例外地掺杂了西方国家的政治倾向、意识形态和价值观念。

四是文化教育霸权。由西方发达国家主导的全球化教育，为文化霸权主义的推行提供了有利条件。美国国务院教育和文化事务局与美国国际教育研究所发布的调查报告《2015 年国际教育交流开放门户报告》显示，2014～2015 学年，在美国高校就读的国际学生人数达 97.5 万人，其中中国大陆学生人数占总人数的 31.2%[5]。通过加强对留学生和移民的文化影响，美国将其改造为西方价值观念和意识形态的拥护者[6]。

五是文化交流霸权。通过对外文化交流及援助进行文化渗透，也是西方国家推行文化霸权的重要手段。他们或资助一些文化交流项目，或设立奖学金鼓励外国学生到该国留学，或把该国教师、医生、传教士派遣到海外从事志愿活动，或向海外赠送图书、杂志、画册等[7]。美国政府曾专门针对中亚“年轻一代”投入 90 亿美元的专项援助，输送大量青年学生前往美国“再教育”。在之后的中亚各种政治运动中，青年组织和团体表现得特别活跃和坚决。格鲁吉亚的“科马拉”、乌克兰的“波拉”、吉尔吉斯斯坦的“凯尔凯尔”均起到了冲锋陷阵的作用。

六是网络文化霸权。互联网技术的绝对优势，为西方文化霸权的实施提供了技术基础。世界互联网所有的根服务器、域名体系和 IP 地址均由美国互联网机构统一管理。2009 年，美国曾令微软公司切断过古巴、朝鲜、伊朗、叙利亚、苏丹五国的 MSN 服务，开创了一种新的国际制裁手段——信息制裁。西方国家通过占据世界信息发布权的优势，制定着信息化进程中的游戏规则，逐步构建起自身在网络上的信息垄断地位，构建起全球范围内的互联网时代信息霸权。

二 我国文化安全面临的风险和威胁

早在 20 世纪 80 年代，邓小平就指出，以美国为首的西方国家“正在打一场没有硝烟的第三次世界大战。所谓没有硝烟，就是要社会主义国家和平演变”[8]。随着我国的日益崛起和中华民族伟大复兴的加速，美国等西方国家倍感不安，不遗余力地采取各种手段对我国进行文化殖民和入侵，给我国带来了巨大的思想文化风险和政治危险。

1. 威胁我国的意识形态安全

西方文化霸权主义在我国的扩张，是一场赤裸裸的意识形态斗争。美国的影视文化、快餐文化，法国的消费文化，日本的动漫与成人文化，“韩流”之风严重影响着青少年一代的成长。西方资本主义意识形态的渗透和入侵，已经对中国国民的价值观念产生了很大影响，长此以往，必将影响广大人民群众对社会主义制度的认同，直接影响国家政权的安全与稳定。

2. 消解中华民族的文化自信与民族认同

中华民族在漫长的历史进程中之所以能够长期保持团结统一，传统文化发挥了重要的凝聚作用，是民族认同的重要纽带。然而，随着西方文化霸权主义对我国的全方位入侵，传统文化受到巨大冲击，甚至被贴上了“落后文化”的标签，传统的爱国观、义利观、是非观、荣辱观等遭遇空前挑战，一些人甚至认为中华民族传统文化根本不具备表达存在的话语权与空间，并产生了很深的文化自卑感。一个民族如果连文化上都存在自卑心态，绝不会产生民族认同。

3. 影响我国的文化经济安全

国家的文化安全离不开文化产业的强大。美国凭借其强大的经济基础和科技实力，在很大程度上左右着世界文化产业的发展和走向[9]。我国的文化产业起步较晚，在对外文化贸易中长期处于“逆差”状态，对外辐射能力较弱。西方国家利用这种不对等的产业互动关系，大量输入其文化产品，占领我国文化市场，使我国的文化产业有被扼杀的危险，给我国文化经济安全造成严重威胁。

4. 威胁我国的信息传播安全

随着网络技术的进步，微博、微信等自媒体成为一些突发事件的信息源，而自媒体信息的传播具有碎片化、交互式、真假难辨、对错交陈的特点，为敌对势力制造和传播谣言、蛊惑人心、破坏社会秩序提供了便利。他们通过操控事件发布权和解释权干扰舆论秩序，打击主流舆论和党政机关的权威。在 2014 年的上海外滩踩踏事件中，微博、微信成为主要传播源，加上主流媒体反应滞后，造成了非常不利的社会影响。近几年，西方文化霸权主义的一个突出表现就是借社会事件炮制概念，借助媒体和一些知名人士的力量，造成广泛的传播效应，污化党的领导和现行体制，严重扰乱我国的文化信息传播。

5. 影响社会的和谐稳定

近年来，我国社会发展过程中出现的一些问题，引发了部分民众的不满情绪，导致了一些群体性事件。这些原本可以通过改革发展解决的问题，在西方文化霸权主义背后推手的操纵下，使不满的矛头更多指向党和政府。甚至在一些网络舆论中，已经形成反腐败、反政府、反体制的固定话语模式，将具体个案转化为普遍现象，从而将矛头直指我国的社会主义制度。这说明，西方文化霸权主义已经在我国的舆论场中有较深的渗透，在一些人群和社会阶层里有了一定市场，正起着不可忽视的影响，如不加以重视、遏制和清除，会影响和谐稳定的社会发展局面，甚至损害社会主义现代化进程。

6. 破坏我国的国际形象

以美国为首的西方发达国家，利用其在传媒和科技方面的优势，在国际传播领域垄断话语权，谴责、压制并打压中国的话语体系，将中国的声音淹没在西方传媒巨鳄的扩音器里。西方传媒在标榜自身“公正性”和“客观性”的同时，根据其意识形态偏见，对我国进行歪曲和丑化。美国斯坦福大学的一位教授做过一项统计，在1996年之后的5年时间内，在《纽约时报》《华尔街日报》以及《时代周刊》等美国主要媒体上出现的关于中国负面报道与正面报道的比例高达30∶1。[10]以美国为首的西方国家鼓吹“中国威胁论”“中国霸权论”，片面放大中国的“阴暗面”，刻意扭曲发生在中国的客观事实，其目的就是制造不利于中国构建全球形象的负面舆论环境。

三　我国文化安全防范工作中存在的薄弱环节和不足之处

文化安全问题直接关系到党的领导和我国社会主义制度的生死存亡。当前意识形态领域渗透与反渗透的斗争依然尖锐复杂，维护国家文化安全的形势更加严峻，工作中仍然存在一些不足和“短板”。

1. 国家文化安全意识有待进一步强化

现在不少人正在对西方文化霸权主义失去警惕和戒备。一些党政机关、人民团体、社会组织的政治敏锐和性鉴别力不强，在开展对外文化交流和学术交流、引进文化产品时缺乏必要的警惕性。由于西方文化霸权主义渗透的渐进性、长期性、隐蔽性，不少人只记得与西方合作，却忘记了西方的渗透与和平演变。这些错误思想观念不仅模糊了国家文化安全意识，更将国家文化安全推到了危险的边缘。[11]

2. 主流意识形态建设不到位

一些国家“颜色革命”的发生，都是因为本土舆论阵地和思想体系的失陷给了西方思想长驱直入的机会和空间。从全党和全社会的情况来看，不重视马克思主义基本理论的教育仍然是一个严重问题。马克思主义在社会科学研究、新闻舆论、文艺工作等领域的边缘化现象依然存在。扭转社会科学话语体系严重西化的现象，仍需一段时期的巨大努力。针对意识形态领域的错误思潮，我们虽然发出了一些声音，但与这些错误思潮的大规模侵袭相比，尚未产生压倒性优势，缺乏强有力的交锋，正面发声不够响亮，且对敢于“亮剑”、旗帜鲜明地坚持正确观点的同志缺乏足够支持。

3. 文化发展创新的活力还没有充分释放

目前，我国文化在世界文化格局中呈现出某些方面的弱势，一方面与西方文化确实在某些方面具有优势有关，但关键在于我们自己的文化创新能力不够，缺乏适应时代发展潮流、满足现代人精神需求的文化内容和形式。在应对文化霸权方面的理论准备不足，文化生产关系落后，文化产业、文化事业不够强大，没有出现能够与西方文化企业抗衡的大型文化传媒集团等，造成了文化传媒领域的弱势，成为美国对我国实施文化“入侵”和文化“殖民”的一个重要条件。

4. 国家文化安全制度有待健全完善

近年来，中央成立了国家安全委员会，把文化安全作为重要内容，文化安全受到了高度重视。但在实际工作中，文化安全工作协调机制、跨部门会商工作机制、国家文化安全审查制度建设还存在不完善、不健全的地方。文化安全方面的法律法规建设还较为欠缺，国家文化安全预警系统没有建立完善，政府在文化安全方面的监管力度和资金投入不足。[12]

5. 网络文化阵地还不巩固

进入 21 世纪以来，互联网已经成为西方反华势力妄图“扳倒中国”的主要武器，成为我国国家安全面临的“最大变量”。但是，当前我国的网络意识形态工作还处于被动应付状态，在应对敌对势力的攻击渗透中还存在“本领恐慌”，网络主流意识形态的公信力、吸引力还有待提高。同时，我国对新媒体的监管相对落后，相关法律法规建设滞后，尚面临传统媒体影响力减弱、新媒体将强未强，新兴媒体与传统媒体融合发展步伐滞后的局面，亟待合理规划，加快发展进程。

四　维护我国文化安全的战略思路和措施

维护我国的文化安全，必须提高文化安全忧患意识，健全文化安全防范机制，制定科学的文化发展战略，增强国家的文化软实力和传播能力，构建国际文化新秩序，从思想源头上筑起文化安全的防线，不给西方国家以可乘之机，全方位防范西方敌对势力的“和平演变”，确保国家的文化和政治安全。

1. 加强舆论引导，把好舆论导向

我们的各级党委、政府部门要做到思想上高度重视、工作上精准有力，做好正面舆论宣传，精心策划组织主题宣传、成就宣传、典型宣传，更好地弘扬主旋律、传播正能量、提振精气神，增强吸引力和感染力。要创新理念、内容、体裁、形式、方法、手段、业态、体制、机制，增强针对性和实效性，适应分众化、差异化传播趋势，加快构建舆论引导新格局。要推动融合发展，主动借助新媒体传播优势[13]，增强我国媒体的国际传播力和影响力。

2. 加强国家文化安全意识的教育普及

加大宣传教育力度，使人们认清当前西方文化霸权主义的本质、手段、特征以及危害，认清当前国家文化安全面临的严峻形势，认识维护国家文化安全的重要性和紧迫性，切实增强国家文化安全的危机意识、忧患意识[14]，树立正确的国家文化安全观，自觉抵制西方文化霸权的侵袭行为，自觉维护国家的文化安全。

3. 进一步推动文化创新发展

要大力发展文化事业，丰富群众的精神文化生活，用先进文化占领思想文化阵地，不给错误的思想传播的空间和渠道。要把做大做强文化产业、建设社会主义文化强国作为我国抵制西方文化霸权的重大举措，继续完善文化产业发展战略，推动文化产业成为国民经济的支柱产业。要加强文化贸易工作，形成一批参与国际文化市场竞争的“国家队”，扶持文化产品出口，鼓励文化资本输出，建立完善的、多元的文化出口、文化传播渠道，促使中国文化在世界文化市场中的主导力不断增强。

4. 加强对外传播能力建设

要加强顶层设计，完善国际文化战略，推动建立国际文化传播新秩序，争取国际信息发布权和话语权，构建起有利于广大发展中国家和社会主义国家的国际文化环境。大力开展国家对外文化交流，以积极主动的进攻性措施来防御西方文化霸权主义[15]。鼓励和推动相关单位积极参与国际信息传播，积极利用新的传播手段，充分提高信息传播的科技含量和信息制作质量，增强我国媒体在国际舆论界的竞争力，树立良好的中国国家文化形象。

5. 注重将发展优势转化为话语优势

应对西方文化霸权主义，必须将马克思主义理论与中国改革开放的伟大实践相结合，总结改革开放的成功经验，并将其上升到理论高度，来充实和完善马克思主义，增强主流意识形态的凝聚力与向心力。在理论创造与理论宣传过程中，注重将我们在发展中取得的成就与优势上升到理论的高度，并转化为在国际上的话语优势。通过对中国发展经验的理论总结，展示中国特色社会主义强大的生命力，来应对西方文化霸权主义的冲击，必然具有更强的说服力、感染力与感召力。

6. 强化社会思想舆论监督和管控

坚决贯彻习近平总书记的指示，那些恶意攻击党的领导、攻击社会主义制度、歪曲党史国史、造谣生事的言论[16]，一切报刊图书、讲台论坛、会议会场、电影电视、广播电台、舞台剧场都不能为之提供空间，一切数字报刊、移动电视、手机媒体、微信、博客等新兴媒体都不能提供方便[17]。要密切关注社会思潮动向，对意识形态领域出现的杂音、噪声，及时加强引导、依法管理，对其中具有煽动性、迷惑性的内容和观点，应做到迅速反应，及时澄清，及时“发音定调”，有效有力地反击和应对。对不坚持党性、思想混乱的党员干部，尤其是党政机关的领导干部，要坚决清理，纯洁队伍。对散布错误言论、制造各种谣言的高校教师、研究机构工作人员及所谓网络名人要敢于“亮剑”。对部分记者、编辑乃至传媒单位的高层人士，利用职务便利发表攻击党的领导和社会主义制度、挑唆民众不满情绪的言论要进行管制。

7. 加强国家文化安全预警机制建设

强化文化安全法制建设，建立和完善文化安全保障体系的法律法规，制定和强化技术准则，保障文化信息安全和管理规范化、标准化，促进以互联网为代表的文化传媒规范化运行[18]。建立国家文化安全预警系统，充分运用大数据采集和分析国内和有关国家政治、经济、文化政策法规、文化商品的发展趋势和流通渠道，密切监测国内外舆论的最新动向，尤其是要关注互联网传播中的倾向性、苗头性问题，及时将有关信息汇总，建立相应的数据库和模型，动态预测国家文化安全状况和趋势，评估国家文化安全级别，更好地规避文化风险[19]。

参考文献

［1］苏梁波：《全球化时代中国军事文化安全问题研究》，博士学位论文，南京师范大学，2012。

［2］〔美〕汉斯·摩根索：《国际纵横策论》，卢明华译，上海译文出版社，1995，第 90 页。

［3］George Bush：Public Pages United States，1991，Washington D. C.，U. S. Government Printing Office，1992，p567。

［4］邱斌、胡凤飞：《透视全球化背景下的美国话语霸权》，《学术交流》2006 年第 4 期。

［5］刁海洋：《中国大陆学生在美高校就读人数突破 30 万》，新华网，2015 年 11 月 17 日。

［6］周苑：《霸权对中国国家文化安全的挑战及对策思考》，硕士学位论文，西南大学，2007。

［7］邱斌、胡凤飞：《透视全球化背景下的美国话语霸权》，《学术交流》2006 年第 4 期。

［8］《邓小平文选》（第三卷），人民出版社，2001，第 344 页。

［9］若淑：《文化创新贵在落地》，《商业文化》2016 年 1 月 5 日。

［10］王以超：《美国对我国负面与正面报道的比例高达 30 比 1》，新浪网，2001 年 4 月 13 日。

［11］周苑：《霸权对中国国家文化安全的挑战及对策思考》，硕士学位论文，西南大学，2007。

［12］朱旭峰：《西方文化霸权主义对我国影响之研究》，硕士学位论文，东南大学，2005。

［13］《习近平总书记关于党的新闻舆论工作重要新论》，《中国信息安全》2016 年第 2 期。

［14］周苑：《霸权对中国国家文化安全的挑战及对策思考》，硕士学位论文，西南大学，2007。

［15］陈宝文：《论冷战后美国对外文化战略及我国应对之策略》，《内蒙古农业大学学报》（社会科学版）2008 年第 4 期。

［16］李捷：《以忠诚、干净、担当的精神认真贯彻落实习近平总书记关于意识形态工作系列重要讲话精神》，《时事报告》2015 年 4 月 15 日。

［17］尹韵公：《担负起党的新闻舆论工作的职责和使命》，《红旗文稿》2016 年第 4 期。

[18] 李法周：《文化霸权及其消解》，硕士学位论文，延安大学，2009。
[19] 陈宝文：《论冷战后美国对外文化战略及我国应对之策略》，《内蒙古农业大学学报》（社会科学版）2008 年第 4 期。

（责任编辑：涂可国）

文学文化

金箍棒、金刚杵与橄榄棒*

张同胜**

摘　要　孙悟空的武器金箍棒，其原型一般追溯至铁棒、生金棍、金镮锡杖、金刚棒等。然而，它们其实不过是流而不是源。据邢义田的考证，古希腊大力神赫拉克勒斯的英雄事迹向东传播至印度，演变为护法金刚，而其武器橄榄棒也随之转变为金刚杵。孙悟空的印度原型是哈奴曼，哈奴曼的武器是金刚杵。于是金刚杵成为赫拉克勒斯的橄榄棒与孙悟空的金箍棒之接榫，从而表明孙悟空的金箍棒源于橄榄棒，孙悟空形象的塑造亦曾深受赫拉克勒斯之潜在影响。

关键词　金箍棒　金刚杵　橄榄棒　孙悟空

引　言

孙悟空的原型固然有哈奴曼与无支祁或二者的混血儿之争，但正如鲁迅所言，艺术形象的原型取材不一，乃碎片的百衲衣。从武器来看，无支祁没有武器；而哈奴曼的武器则是金刚杵。那么，孙悟空的武器金箍棒又是缘何而成的呢？

前贤时俊一般以为，孙悟空的金箍棒源于之前西游故事中的铁棒、生金

* 基金项目：本文系甘肃省社科规划项目（项目编号：14YB018）、兰州大学中央高校基本科研业务费专项资金资助（Supported by the Fundamental Research Funds for the Central Universities）（项目批准号：16LZUJBWZD006）阶段性成果。

** 张同胜（1973～），文学博士，兰州大学文学院比较文学与世界文学研究所所长、副教授，主要研究领域：比较文学与中国古代文学。

棍、金镮锡杖或金刚棒等。但对于金箍棒与赫拉克勒斯的武器橄榄棒之关系及其源流变迁，从未见有所涉及。本文试从比较文学影响研究之角度，对其进行简略的梳理和论析。

一 金箍棒的源流变迁

关于金箍棒的原型，迄今主要有以下五种说法。

（一）性器寓意说

关于金箍棒，小说《西游记》第三回叙述道：“（孙）悟空十分欢喜，拿出海藏看时，原来两头是两个金箍，中间乃一段乌铁；紧挨箍有镌成的一行字，唤做‘如意金箍棒’，重一万三千五百斤。”[1]

在小说中，金箍棒又名如意金箍棒、金箍铁棒、如意棒、灵阳棒、铁棒、棒等。而其中的“如意”“灵阳棒”等称谓，是晚明情色泛滥的痕迹。“如意金箍棒”与晚明的情色社会思潮密切相关。它是性器的象征，主要体现在两点上：其名“如意”，与“如意君”有关；“金箍棒”与性器之外形相似。石鹏飞认为：“‘棍’者，男根也。故俗称无妻之男为‘光棍’。‘棒’，亦是男根。”[2]

如意金箍棒可随人意变粗或变细、变长或变短，这与男根何其相似！“如意金箍棒”之称谓，尤其是其中的“如意”二字，具有明显的表征意义。棒子是能指，而所指为男根，它是齐天大圣大闹龙宫、大闹地府和大闹天宫的力量之所在，也是唐僧师徒西天取经路上捉妖降魔的能力之所在。

从这个角度来看，金箍棒的原型应为湿婆[3]。湿婆，是印度的三大神之一，是舞蹈之王、破坏之神，其前身是生殖神兽主和风暴神鲁陀罗，兼具生殖与毁灭、创造与破坏的双重功能。湿婆有不同的相貌，其中的林伽相就是男根之形。古印度在六七千年前就有对林伽即男性生殖器的崇拜。公元前三千年至公元前两千年间，“人们往往以男性生殖器为礼拜对象，并视之为湿婆的表征”。湿婆是宇宙的创造本原，“他的表征为一硕大的男性生殖器。据说，大梵天和毗湿奴缘此物分别向上、下而行，以探寻其顶端和根部，结果徒劳而返”[4]。湿婆的武器为三叉戟、弓和巨棒等，其中之一是棍棒。湿婆的一个儿子室健陀（又名鸠摩罗）是战神。金箍棒是棍棒自不待言，孙悟空历经九九八十一难终成正果，被如来封为斗战胜佛，这些似乎皆与湿婆有关。

不仅金箍棒被解读为男根，而且连孙悟空也被视为男性性器。在《西游记》中，孙悟空又被称为“心猿”。北宋石泰著有《还源篇》，其中的诗句充满了性象征，如“意马归神室，心猿守洞房。精神魂魄意，化作紫金霜。”（第十五首）日本学者中野美代子认为，“‘神室’是鼎器的异称，在房中术中指子宫，加之洞房指女人的寝室或新婚夫妇的房间，我们就会明白心猿和意马的真实含义了。另外，马亦称‘乾马’，从纯阳卦的乾来看，此处显然是作为男性的代名词来使用的。《还源篇》第十首中还有一句‘乾马驱金户’，此处的金户一词意指子宫口，由此也可以了解到大致情况”。中野美代子进而认为，“在《西游记》中，常常称孙悟空为心猿，这不仅因为他是一只活泼的猴子，而且借用了宋、元时代炼丹术著作中的‘心猿意马’一词”[5]。显然，中野美代子认为“心猿”指的是男性生殖器。

“铁戒箍”束缚孙悟空妄心，在《西游记》杂剧中，“（观音）［看行者科］通天大圣，你本是毁形灭性的，老僧救了你，今次休起凡心。我与你一个法名，是孙悟空，与你个铁戒箍、皂直裰、戒刀。铁戒箍戒你凡性，皂直裰遮你兽身，戒刀豁你之恩爱，好生跟师父去，便唤作孙行者。……”[6]。铁戒箍，即金戒箍。金箍棒之金即铁，故金箍棒又名铁棒。铁戒箍，是戒凡性的。金箍棒是隐喻，如果棒乃男性性器之隐喻，那么金戒箍就是戒性定心之孙悟空的隐喻，所以在《西游记》中，孙悟空是不好色的。或者也可以这样说，金箍棒即孙悟空皈依佛教后的表征性符号。

（二）铁棒和生金棍说

除却情色的隐喻，金箍棒最近的流，来自蒙元时期的平话《西游记》。孙皓、段晴认为，金箍棒的“原型是《西游记平话》中的铁棒和《西游记杂剧》中的生金棍。在故事的骨架上，《西游记》龙宫取宝故事对佛经中大海寻如意宝珠的故事有所袭取，成了《西游记平话》中的铁棒演变为《西游记》中如意金箍棒的关键情节”[7]。

金箍棒源流的考镜，从相关文本的内在叙述来看，可能更有说服力。在《西游记平话》中，孙悟空的武器为铁棒。据《朴通事谚解》影印本，“《西游记》热闹，闷时节好看有。唐三藏引孙行者到车迟国，和伯眼大仙斗圣的你知道么？……孙行者师傅上说知，到罗天大醮坛场上藏身，夺吃了祭星茶果，却把伯眼打了一铁棒。小先生到前面教点灯，又打了一铁棒”[8]。从中可知，在《西游记平话》中，孙行者的武器乃铁棒。

杨景贤《西游记》杂剧是最早的写唐僧取经故事的戏曲，在小说《西游记》的成书过程中具有重要的意义。现存六本二十四出，其第三本第十一出《行者除妖》，写到了孙悟空的兵器叫生金棍。“行者云：‘我不是别人，大唐国师三藏弟子。你放心，随我师父西天取经回来，都得正果朝元，却不好来？若不从呵，我耳朵里取出生金棍来，打的你稀烂。’”[9]生金，就是生铁，生金棍即生铁棍。

宋太祖赵匡胤棒打四百州之棍，不是木棒，而是铁棍。蔡絛《铁围山丛谈》记载：“太上皇以政和六七年间，始讲汉武帝期门故事。初，出侍左右宦者，必携从二物，以备不虞。其一玉拳，一则铁棒也。玉拳真于阗玉，大倍常人手拳，红锦为组以系之。铁棒者，乃艺祖仄微时以至受命后，所持铁杆棒也。棒纯铁尔，生平持握既久，而爪痕宛然。”[10]

蒙元平话和杂剧中孙悟空的铁棒，与宋太祖赵匡胤手里的铁棍关联极其密切。同一时期的水浒故事，也有赵匡胤“一条杆棒等身齐，打四百座军州都姓赵”[11]的叙述。况且，佛经中的大力明王、金刚手秘密主等的护法武器即金刚棒，而自东汉以来的皇帝大多以转轮王自居，铁棒便成为其间的契合点。

（三）金镮锡杖说

张锦池考察了世德堂本《西游记》成书前有关取经故事的文献资料后，提出金箍棒的原型为金镮锡杖[12]。据《大唐三藏取经诗话》，大梵天王赐给唐僧的宝物有三：隐形帽、金镮锡杖和钵盂。在“过长坑大蛇岭处第六”，唐僧遇到白虎妖怪的时候，金镮锡杖被猴行者变作了一个夜叉，“头点天，脚踏地，手把降魔杵”[13]。降魔杵，就是金刚杵。金刚杵有“密宗假之以缥坚利智，断烦恼伏恶魔”的说法，因此又有降魔杵之名。

《大唐三藏取经诗话·入九龙池处第七》叙述道：“被猴行者骑定馗龙，要抽背脊筋一条，与我法师结绦子。九龙咸伏，被抽背脊筋了，更被脊铁棒八百下。”[14]从而可知，孙悟空的前身猴行者尚没有任何武器，他是用唐僧的金镮锡杖来降妖的。而在这里，金镮锡杖化身为一铁龙，后出西游故事中的铁棒是否受到了它的影响？

关于金箍棒的原型为金镮锡杖的说法，孙皓、段晴提出质疑，认为“事实是，在《取经诗话》中这样交代法师玄奘得到金镮锡杖的来历……是赐给玄奘自用的，与金箍棒毫无关系。另外，从形制上看锡杖与孙悟空所使用的金箍棒有很大区别……而与孙悟空的兵器金箍棒在外形上则有较大差距。”[15]如此一来，认为金箍棒的原型为金镮锡杖，似乎与真相相去甚远。

（四）“金刚棒和金镮锡杖的混合物说”[16]

日本学者矶部彰从佛教原典特别是密教经典出发，认为密教中不动明王的形象影响了《西游记》中孙悟空的形象，并且推出金箍棒似也可视为金刚棒和《大唐三藏取经诗话》所说的金镮锡杖的混合物。

蔡铁鹰也认为，对孙悟空的探源，应该将目光转向西北地区。就以金箍棒而言，他认为“中国传统文学中似乎从未发现较为接近孙悟空金箍棒的法器或武器，而现在猴形神将肩上的长棒，使我们觉得它们之间的联系几乎没有疑问。”[17]蔡铁鹰认为金箍棒与佛教中的猴将有关联，而金箍棒则是从猴将的长棒演化而来。

在《西游记》中孙悟空最后被如来封为斗战胜佛，而之前的猴行者、孙行者本质上都是唐僧的护法。而西游故事又本是在佛教俗讲、勾栏说话和杂剧的基础上丰富发展起来的。于是，金箍棒的起源，自然应该从佛教传法中去寻觅。

印度两大史诗《摩诃婆罗多》和《罗摩衍那》的故事，本是随着佛教的东传来到中土的，因而金箍棒的原型探析转向佛教原典，在思路上无疑是正确的。但是，将护法金刚的武器金刚棒与说话艺术中的金镮锡杖相结合，却缺乏依据。

（五）金刚棒说

《佛说出生一切如来法眼遍照大力明王经》云：“佛以右手安慰众生。次佛右边四臂大力明王，左手向佛顶礼，右手执拂，左上手执金刚索，右上手持金刚棒。彼眼如朱，发如炽火，如焰上耸。”[18]大力明王的武器为金刚棒，孙悟空身上似乎亦有大力明王的影子。除了武器相似，孙悟空的眼睛也与之相似：火眼金睛。

“时金刚手秘密主如佛所现，过于东方二十一恒河沙等世界，一切魔王悉尽降伏。身赤，眼碧，四牙外出，颦眉，怒目，发竖如朱，有大威德，右手持棒，左手持金刚。龙为庄严，虎皮为衣。”孙悟空的造型特点之一为虎皮裙，可能与金刚手秘密主“虎皮为衣”相关。

“尔时魔王绕佛三匝退坐一面，白佛言：‘世尊云何名大力？’佛告魔王：‘如来名大力，法藏名大力，法名大力，法眼名大力，大乘名大力，金刚手名大力。’尔时魔王赞金刚手秘密主言：‘善哉，善哉，秘密主。我从今向去不敢恼乱一切修行之者。誓归三宝佛法僧众。’”孙悟空被称为大力王菩萨，与此有关吗？

而在《续藏经》中的《瑜伽焰口注集纂要仪轨》部分，则有如是之说：“准诸仪轨经，乃是降魔之具，即金刚枝，或金刚棒。右有一日字，左有一月字，表二自性。金刚顶瑜伽他化自在天理趣会普贤修行念诵仪轨云：‘右日左成月，流散金刚光。入门而顾视，诸魔咸消散。’地藏菩萨请问法身，赞云：‘以大力升进，执持智慧棒，一切无明，普遍碎坏。’”[19]

在印度佛教典籍中，如来的护法无论是大力明王还是金刚手，皆手持金刚杵。然而，在汉译佛经中，金刚杵都变成了金箍棒。这一变化，其实是值得细思的。

除了以上关于金箍棒探源的五种说法外，周汝昌认为，金箍棒的原型是“荆觚棒”[20]。这是根据字音进行推测的一种思路。通过梳理金箍棒的来龙去脉，可知荆觚棒从未出现在其源流正变的历史中，从未与金箍棒形成一种互文性的关系，所以它不可能是金箍棒的原型。

二　赫拉克勒斯的武器：从橄榄棒到金刚杵

（一）橄榄棒

橄榄树被希腊人称为圣树。为什么呢？据希腊神话，智慧女神雅典娜和海神波塞冬争夺对雅典的保护权。宙斯决定，依据两位神祇给予雅典的礼物来确定保护权的归属。波塞冬赠予雅典的礼物是马，而雅典娜的礼物则是让雅典的土地长出了橄榄树。凯克罗普斯判决，雅典娜享有雅典的保护权。于是，雅典娜成为雅典的保护神，而橄榄树也成为雅典的圣树。

据说，橄榄树还与古希腊神话中的大力神赫拉克勒斯有关。他在萨伦湾发现了一棵橄榄树，从橄榄树上砍下了一根木棒。后来，他把木棒靠在赫尔墨斯神像旁，这根木棒在地里生根发芽了。从此以后，在奥林匹克运动会上，赛跑的优胜者就被戴上橄榄枝编成的桂冠。

在古希腊艺术世界中，“赫拉克勒斯造型里有三大元素：狮头盔、狮子皮和棒子”[21]。“戴着狮头盔，披着拖条尾巴的狮子皮，狮子的两个带爪前肢交叉系在胸前，就变成了赫拉克勒斯在希腊艺术里的一个招牌造型”[22]。“另一个招牌造型兽赫拉克勒斯手里拿着一个棒子，据说这是用地狱长出来的橄榄树枝做成。他把树枝砍下，做成一头大一头小的棒子，上面还留着许多没砍尽凸起的枝杈。这个棒子成为他无坚不摧的武器，也成为他造型里最具代表性的配件”[23]。因为做成此橄榄棒之橄榄枝是从地狱里长出来的，所以它象征死亡或死神的力量。在某种意义上可以说，它是夺命棍。赫拉克勒斯完成了十二件功绩，橄榄棒功不可没。

在古希腊神话中，橄榄棒成为赫拉克勒斯身份的象征。一提起橄榄棒就会使人想起赫拉克勒斯，反之亦然。武器与其主人合二为一，武器与使用者的一体化，似乎具有普遍性。在古今中外的文学作品里，一提起某武器就使人想起其使用者的现象比比皆是，例如金箍棒与孙悟空、九齿钉耙与猪八戒、青龙偃月刀与关羽、丈八蛇矛与张飞、橄榄棒与赫拉克勒斯，等等。

（二）金刚杵

犍陀罗，是印度西北边陲的一个地区。犍陀罗在波斯帝国的统治之下，直到亚历山大大帝于公元前330征服波斯。阿育王改信佛教之后，犍陀罗人也都成为佛教信徒。但是，这一地区大多数时候被外族统治，从而形成了多种文明交融的文化。

东西方文化的交融，使得犍陀罗文化兼具异质性文化特征。随着亚历山大和罗马皇帝的开疆拓土，赫拉克勒斯也传到了犍陀罗地区，其艺术造型发生了在地化之转变。犍陀罗艺术是宗教艺术，是古希腊、罗马雕塑艺术与印度佛教思想的结晶。佛陀最早的形貌，取自古希腊太阳神阿波罗。早期犍陀罗艺术中的夜叉和金刚力士，借用了希腊海神波塞冬和智慧之神阿西娜和爱罗神的外形[24]，后来借用了大力神赫拉克勒斯的形貌。

大乘佛教又称像教，以图像来说法。由于犍陀罗艺术与大乘佛教关系密切，赫拉克勒斯“以变身后的造型出现在佛祖的身旁，身份也变换成佛陀的护法金刚——金刚神”[25]。犍陀罗出土的石雕像、泥塑像，如邢义田《立体的历史：从图像看古代中国与域外文化》（以下图示的出处，皆指此书）中的图37、图39和图40，赫拉克勒斯的狮头帽或狮子皮依然在，橄榄棒却一律换成了佛教中的金刚杵。[26]印度佛教中的护法金刚，手中拿的是具有印度特色的法器金刚杵。然而，在西域的变相中，却又有带棒护法金刚。它们可能就是孙悟空及其金箍棒艺术造型的“中介”。

（三）赫拉克勒斯及其橄榄棒来到了中土

大乘佛教以图像说法，在它东传的过程中，犍陀罗艺术风格也随之进入中国，其中尤以西域即今新疆的造像和石窟受其影响最大。最早的作为金刚神的赫拉克勒斯变相，也出现在新疆克孜尔石窟。其中第175窟的金刚神（图43），头戴兽头帽，手持金刚杵。邢义田认为此造型源自犍陀罗。[27]橄榄棒是赫拉克勒斯身份辨认过程中的标志之一。新疆克孜尔石窟第77窟壁画（图45）中牧牛人手中的棒子，邢义田经过考证，认为是赫拉克勒斯的“招牌棒子”[28]，即橄榄棒。

自魏晋南北朝至唐代，赫拉克勒斯以护法金刚或乾闼婆的身份，随着佛教造像艺术由西亚、中亚、新疆传播到甘肃、陕西、四川、山西、河南、河北等地。赫拉克勒斯造型的三大元素，在东传的过程中有变异，如狮头帽变为虎头帽；有分离，如在四川出土的“带棒护法金刚”手持橄榄棒（一头粗一头细，表面凹凸不平），但是没有头戴狮头帽或狮子皮；有保留，如麦积山石窟第4窟前廊正壁上的天龙八部之一（图50），戴着兽头帽，手里拿着棒子。

在中国的雕塑或画像中，赫拉克勒斯变身为金刚神，其武器是金刚杵，而带棒护法金刚则手持橄榄棒。也就是说，金箍棒可能受到了金刚杵和橄榄棒的共同影响。更何况，希腊陶瓶图像中的橄榄棒，有的画得短而粗，在赫拉克勒斯的手中，与印度金刚杵之一种即独股杵颇为相似（如图9.3赫拉克勒斯陶瓶局部[29]）。但不管如何，有一点是确定无疑的，那就是佛教的传播。而这一点对于孙悟空及其武器金箍棒的原型研究则是至关重要的。

金箍棒为何两头皆为金箍？金刚杵、橄榄棒都是一头大一头小，而金箍棒则具有平衡美、对称美。这大概是由中国人的审美观决定的。

三　金刚杵：金箍棒与橄榄棒的接榫

金刚杵是古代印度的一种兵器，由于质地坚固，象征坚固、摧毁二德，这种兵器具有鲜明的民族性。在古代印度神话中，因陀罗是雷雨神，雷杵是他的武器。这里的雷杵，如同权杖，其形状为一棍子的形象。后来，他成为战神、天神之王，武器也由雷杵变成了金刚杵。因陀罗的功绩之一，是用金刚杵杀死了妖蛇弗栗多。据印度神话，因陀罗曾把金刚杵插入迪蒂的子宫，这似乎表明金刚杵即男根的表征。

在印度神话中，以金刚杵为武器的不仅有因陀罗，还有许多其他神祇，如神猴哈奴曼、帝释天、护法韦陀、执金刚神（即“持金刚杵者”）等。

密教自称金刚乘，金刚源于金刚杵。金刚杵是密宗的法器之一，有独股杵、三股杵、五股杵、九股杵、普巴杵和羯磨杵等。婆罗门教中的因陀罗后来演化为佛教中的帝释天，金刚杵也成为护法金刚力士的武器。在印度神话中，常见的持独股杵的诸尊有：大力金刚、帝释天、金刚持菩萨等[30]。

公元7世纪，随着巫术和部分婆罗门教教义融入佛教中，金刚杵开始在密宗中广泛使用。根据出土的金刚杵可知，独股金刚杵、三股金刚杵和五股金刚杵在唐代已传入了大理、中原等地。[31]在千寻塔和弘圣寺塔等处皆出土了大黑天的独股金刚杵。大黑天是大自在天即湿婆的化身。《苏悉地经》云：“行者手持三股杵，则不为毗那夜迦所障难。”而其中的湿婆、行者很容易引起与孙行者有关的联想。随着密宗传入西藏、大理、中原和蒙古等地，修法、造像、法器包括金刚杵等也被传播到了这些地方。金刚杵与密宗可谓如影随形。

在印度故事中，金刚杵随处可见。然而，汉语言文学世界里，除了受佛教影响的作品外，很少见到金刚杵的踪影。在小说《西游记》中，只有哪吒这位从西域而来的神灵使用降妖杵或降魔杵，此外十八般兵器诸如刀剑叉鞭枪斧等样样皆有，但唯独没有金刚杵，也表明了金刚杵的异域性。

中国古代常见的武器，以十八般兵器为主。汉武帝于元封四年（前107）筛选出18种类型的兵器：矛、镗、刀、戈、槊、鞭、锏、剑、锤、抓、戟、弓、钺、斧、牌、棍、枪、叉。据《五杂俎》和《坚瓠集》，十八般兵器为弓、弩、枪、刀、剑、矛、盾、斧、钺、戟、黄、锏、挝、殳（棍）、叉、耙头、锦绳套索、白打。《水浒传》写到的十八般兵器是：矛、锤、弓、弩、铳、鞭、锏、剑、链、挝、斧、钺、戈、戟、牌、棒、枪、扒。以上所列，皆未见金刚杵的踪影。

接受的在地化问题，是由接受者前有结构所决定的。在地化是源文化与异文化的融合生产过程，在本质上是事件化。所以，文化在传播和接受过程中都会产生变异。如果符合接受者的审美意识，异文化就会被接受、被归化；如果不符合，就会被遗弃或被异化。金刚杵随着佛教传入中土，除了极少数原有人物手持金刚杵得以保留之外，中土对金刚杵似乎有点隔。赫拉克勒斯的橄榄棒在东传的过程中也发生了变异，至犍陀罗演化为金刚杵。

公元前4世纪，亚历山大大帝东征至印度西北部，也将古希腊文化传播至该地，促成了犍陀罗佛教艺术的生成。如前所述，赫拉克勒斯东传至印度，成为护法后其武器橄榄棒转化为金刚杵，这里的金刚杵是独股杵，一头粗一头细，俨然是他的橄榄棒的外形。从犍陀罗到克孜尔石窟壁画中的金刚力士图像，表明赫拉克勒斯的形貌从古希腊人演变为当地人，而其武器也从木棒转化为金刚杵[32]。

密教受印度教性力派影响，崇尚男女性的结合，提倡男女和合之胜乐。作为密教法器之一的金刚杵，也是男性性器的象征。印度古典文献《百道梵书》称男根为“酥油金刚杵”。《百道梵书》云：“因为酥油就是金刚杵，天神用酥油金刚杵打击自己的妻子，使她们弱下去。”在印度密宗金刚乘中，般若（prajna）代表女性创造活力，方便（upaya）代表男性创造活力，分别以女阴的变形莲花（padma）与男根的变形金刚杵（vajra）为象征，通过男女交欢的瑜伽方式亲证般若与方便融为一体的极乐涅槃境界。[33]如此一来，金箍棒的性器象征，与金刚杵便在象征意义上相通且完全一致。

金刚杵、金箍棒和橄榄棒，它们之间除了上述内在的关系和联系外，还有一点应该指出，那就是三者在外形上虽然不大一样，但功能却是完全相同的，即都具有降伏妖魔的功能。

余　论

由以上可知，孙悟空的武器金箍棒的原型，可追溯至赫拉克勒斯的武器橄榄棒，其中介是金刚杵。从而可进一步推知，孙悟空在前往西天取经路上的降妖伏魔的行动，有可能也受到了赫拉克勒斯十二件英雄事迹的影响。赫拉克勒斯的十二件大功又被称作十二件苦差，分别是剥下尼密阿巨狮的兽皮、杀死九个头的大毒蛇、生擒赤牝鹿、活捉厄律曼托斯野猪、在一天之内把奥革阿斯的牛圈打扫干净、射杀怪鸟、驯服克里特岛上的公牛、制服食人马、夺取女王希波吕忒的腰带、制服疯牛、摘取赫斯珀里得斯的金苹果、制服冥王的看门狗刻耳柏洛斯。这些英雄事迹，与孙悟空在保护唐僧西天取经路上降服的老虎、大蛇、母鹿、野猪、金翅鸟、大青牛、龙马、大白牛等何其相似！赫拉克勒斯天生神力，被誉为大力神。孙悟空在《西游记》中被称为“大力王菩萨”。诸如此类，二者所具有的惊人的相似性，很难不令人想到其内在的联系。那么，孙悟空这个艺术形象似乎亦曾深受赫拉克勒斯的潜在影响。譬如，孙悟空的金箍帽是否受到了赫拉克勒斯造型的影响？似乎亦有可能。据大夏银币上坐姿握棒的赫拉克勒斯头像（图 22）可知，赫拉克勒斯的头部没有狮头帽，而是一个金环[34]。由金箍棒和橄榄棒之间的关系，似乎可引申出一个有意义的课题。

参考文献

［1］（明）吴承恩：《西游记》，上海古籍出版社，2009，第 20 页。

［2］郭莹：《说“光棍”》，《文史知识》2002 年第 10 期。

［3］张同胜：《〈西游记〉与“大西域”文化关系研究》，中国社会科学出版社，2013，第 147～150 页。

［4］〔美〕布朗：《印度神话》，克雷默主编《世界古代神话》，华夏出版社，1989，第 288～289 页。

［5］〔日〕中野美代子：《西游记的秘密》，王秀文等译，中华书局，2002，第 78～79 页。

［6］（元）杨景贤：《西游记》，《全元曲（杂剧篇）》（二），学苑音像出版社，2004，第 39～59 页。

［7］孙皓、段晴：《论“如意金箍棒”的原型及演变过程》，《南京社会科学》2009 年第 8 期。

［8］《奎章阁丛书》第八，京城帝国大学影印本，1943，第 16 页。

［9］（元）杨景贤：《西游记》，《全元曲（杂剧篇）》（二），学苑音像出版社，2004，第 3962～3963 页。

［10］（宋）蔡絛：《铁围山丛谈》，中华书局，1997，第 3 页。

［11］（明）施耐庵、罗贯中：《水浒传》，上海古籍出版社，1995，第 1 页。

［12］张锦池：《西游记考论》，黑龙江教育出版社，2003，第 139 页。

［13］李时人、蔡镜浩校注《大唐三藏取经诗话校注》，中华书局，1997，第 17 页。

［14］李时人、蔡镜浩校注《大唐三藏取经诗话校注》，中华书局，1997，第 21 页。

［15］孙皓、段晴：《论“如意金箍棒”的原型及演变过程》，《南京社会科学》2009 年第 8 期。

［16］〔日〕矶部彰：《“西游记”の演变史》，东京创文社，1993，第 234 页。

［17］蔡铁鹰：《西游记的诞生》，中华书局，2007，第 121 页。

[18]《佛说出生一切如来法眼遍照大力明王经》，《大正藏》卷21，第207页。

[19]《瑜伽焰口注集纂要仪轨》，《续藏经》第104册，新文丰编审部，1983，第948页。

[20] 周汝昌：《“金箍棒”的本义和“谱系”——古代小说中的民俗学研究举隅》，《陕西理工学院学报》1984年第2期。

[21] 邢义田：《立体的历史：从图像看古代中国与域外文化》，生活·读书·新知三联书店，2014，第170页。

[22] 邢义田：《立体的历史：从图像看古代中国与域外文化》，生活·读书·新知三联书店，2014，第162页。

[23] 邢义田：《立体的历史：从图像看古代中国与域外文化》，生活·读书·新知三联书店，2014，第162~163页。

[24]〔英〕约翰·马歇尔：《犍陀罗佛教艺术》，王冀青译，甘肃教育出版社，1989，第53页、第73页。

[25] 邢义田：《立体的历史：从图像看古代中国与域外文化》，生活·读书·新知三联书店，2014，第185页。

[26] 邢义田：《立体的历史：从图像看古代中国与域外文化》，生活·读书·新知三联书店，2014，第185~187页。

[27] 邢义田：《立体的历史：从图像看古代中国与域外文化》，生活·读书·新知三联书店，2014，第189~190页。

[28] 邢义田：《立体的历史：从图像看古代中国与域外文化》，生活·读书·新知三联书店，2014，第191页。

[29] 邢义田：《立体的历史：从图像看古代中国与域外文化》，生活·读书·新知三联书店，2014，第163页。

[30]《佛教的持物》第23册，中国社会科学出版社，2003，第20页。

[31] 金远：《中国古代金刚杵的发现及其源流考》，硕士学位论文，吉林大学，2006，第35~36页。

[32] 霍旭初：《龟兹金刚力士图像研究》，《敦煌研究》2005年第3期。

[33] 王镛：《印度美术史话》，人民美术出版社，1999，第153页。

[34] 邢义田：《立体的历史：从图像看古代中国与域外文化》，生活·读书·新知三联书店，2014，第174页。

（责任编辑：车振华）

中国“俗文学”漫议*

车振华**

摘　要　“俗文学”与“雅文学”相对而称，是富有民族特色的文学传统。它是通俗的文学、大众的文学，与“民间文学”“平民文学”“民俗文学”关系密切，而又并不完全等同。“俗文学”的语言通俗浅显，注重趣味性、知识性和程式化，各种体裁相互影响，同一题材内容常常为不同的体裁所用，与商业因素有着密切的联系。“俗文学”在很长一段时间内受到歧视，这与儒家崇尚文学的功利主义、中国古代的“礼仪”制度、儒家的“义利观”以及中国以抒情为主的文学传统有关。研究俗文学，不能把它看作一种孤立的文学作品或文学现象，而要把它放在一个大的文化背景中来审视。要防止矫枉过正，不能忽视和贬低雅文学。唯其如此，才能对俗文学进行准确的评判。

关键词　“俗文学”　“雅文学”　《中国俗文学史》

中国是一个文学大国。同西方相比，中国文学领域不仅优秀的作家和作品层出不穷，而且在几千年来的文学发展过程中，形成了从未间断过的传统，体现出鲜明的民族特色。“俗文学”就是这种富有民族特色的文学传统之一，虽然它的定义和内涵还存在不同程度的争议，但是这种文学传统或者说文学类型的存在，却得到了广泛的承认，并且已经有越来越多的研究者开始意识到“俗文学”的重大价值，意识到这类富有顽强生命力的文学形式

* 基金项目：国家社科基金青年项目“20世纪中国‘俗文学研究’史论”（14CZW009）。

** 车振华（1979～），山东社会科学院文化研究所副研究员，主要研究领域：中国古代文学。

在中国文学领域所占的重要位置。

虽然俗文学的产生和发展已经有很长的历史了，正如李福清先生所说："西方俗文学在文学史地位并不高，时间亦不长，大约产生于 17 世纪，到 18 世纪末便停止了。中国则不然，从宋代发展到清末，很流行，不断地出版。它的地位介乎民间文学与作家文学之间。"[1]但真正学理性的俗文学研究却是从 20 世纪开始的。1916 年，日本学者狩野直喜在《艺文》第 7 卷第 1 期和第 3 期上发表了《中国俗文学史研究的材料》，认为"从敦煌文书的这些残本察看，可以断言，中国俗文学之萌芽，已显现于唐末五代，至宋而渐推广，至元更获一大发展"[2]，明确提出了"中国俗文学"的概念。其后，王国维和罗振玉等学者对敦煌文学展开了研究，但真正使"俗文学"研究产生重大影响并成为一股学术潮流的学者是郑振铎。他于 1929 年在《小说月报》第 20 卷第 3 期上发表了《敦煌俗文学》一文出版。把敦煌所藏各种通俗浅易的文学作品统称为"俗文学"，这是中国学者首次使用这一学术概念。1938 年，郑振铎所著的《中国俗文学史》一书出版。该书结构严谨，框架清晰，极富系统性地把视野从敦煌文学扩大到了整个中国文学，标志着"中国俗文学"学科的正式诞生。

在《中国俗文学史》问世以前，郑振铎的俗文学理论在《插图本中国文学史》的自序中已经进行了阐发。他说："唐、五代的许多'变文'，金、元的几部'诸宫调'，宋、明的无数的短篇平话，明、清的许多重要的宝卷、弹词，有哪一部'中国文学史'曾经涉笔记载过？"[3]高度评价了俗文学的巨大价值，明确表达了要为俗文学争一席之地的强烈愿望。俗文学学科的兴起，固然与研究者个人的学术兴趣有关，但更重要的是受到了当时的政治思潮和文学思潮的影响。五四以降，伴随着思想界对传统文化进行变革和改造的呼声，中国开始大规模地向西方文学学习，提倡破除旧文学，倡导新文学，提倡"人的文学"和"平民文学"，要把以前为正统文人所不重视的、不登大雅之堂却又为广大人民群众所喜闻乐见的文学提高到它应有的地位。

一 "俗文学"的定义及内涵

同其他学科一样，为"俗文学"下一个定义并确定其内涵是研究俗文学要解决的首要问题。作为俗文学学科的奠基人和开拓者，郑振铎在这方面所做的工作最早、最多，也最有代表性。

在《中国俗文学史》中，郑振铎认为，“‘俗文学’就是通俗的文学，就是民间的文学，也就是大众的文学。换一句话，所谓俗文学就是不登大雅之堂，不为学士大夫所重视，而流行于民间，成为大众所嗜好，所喜悦的东西。”[4]郑振铎将“俗文学”分为五类：一是诗歌，包括“民歌、民谣、初期的词曲等等”；二是小说，专指话本，即以白话写成的小说，而不包括传奇和笔记小说；三是戏曲，包括南宋戏文、元杂剧和地方戏；四是讲唱文学，包括变文、诸宫调、宝卷、弹词和鼓词；五是游戏文章。很明显，郑振铎所谓的“俗”是相对于传统的“雅”提出来的，其意义大体上与通俗相近，但又并非完全相同。它指的是那些为正统的“雅文学”所忽略和鄙视的文学体裁，这类体裁的共同特点就是质朴、俚俗和富有鲜活的生命力。

郑振铎提出的俗文学内涵大体是合理的，但他所归纳的“俗文学”的六点特质却有些问题。例如，他认为俗文学是“无名的”，是“口传的”，但实际情况并非完全如此。变文、宝卷、木鱼书等众多说唱文学的作者固然是无名氏，但也有相当多的俗文学作品是有作者的，如蒲松龄的聊斋俚曲、马如飞的弹词开篇和韩小窗、罗松窗的子弟书等，都是标明作者的，这些作品都是作者独立意识的反映。郑振铎所谓俗文学作品“口传”的特点也并不尽然，因为虽然大多数俗文学作品是在民间或城市中口头流传的，但也有很多是有底本的。例如，弹词有文词与唱词之分，而文词主要是用于案头欣赏的，演出的效果就要差一些；另外，现存话本已不是原来说话人的底本，而是文人有意创作的拟话本，其作用也是欣赏和消遣，如《清平山堂话本》的分集为“雨窗”“长灯”“随航”“欹枕”“解闷”“醒梦”，就标明了拟话本的功用。

出现这个问题，是因为郑振铎为“俗文学”下的定义没能将俗文学与民间文学区分开来，混淆了这两个学科。其实，这两个学科虽然有很多相似之处，但还是存在许多不同点。我们可以将其归纳为以下三点：第一，民间文学具有口头性、集体性、传承性等特点，而俗文学不仅包括口头作品，也包括书面的作品；第二，“民间文学所包蕴的文化内涵往往是传统的，其内容情节有较大的稳定性，即使有变异，‘主杆’依然如故。而俗文学更多的与社会思潮、民众心理密切有关，因此俗文学所表现的内容往往更现实些”[5]；第三，“这两种文学流传的地域不同，前者主要兴于乡村……后者则主要遍布于城镇，在广大市民中流传。”[6]

郑振铎在“俗文学”的定义上将其等同于民间文学，而在实际操作中，在对俗文学内涵的理解上又排除了一些民间文学的体裁，将其与通俗文学等同起来。这是因为郑振铎的“俗文学”概念是针对雅文学和正统文学提出来的，还未把注意力放在区分俗文学和民间文学上。

俗文学的作者并不一定是平民，其受众也不一定是平民，文人也可以创作俗文学，并以之消遣。如果文人没有向俗文学学习，就不可能得其长处，从而实现对雅文学的改造和创新。俗文学的流传范围也不一定限于民间，在城市中也可以流传，例如市民文学，它是俗文学的一部分，但它的作者却大多为下层文人，流传的区域是城市，面向的受众是广大的市民阶层，诸宫调和明清的时调小曲都是如此。

郑振铎注意到了俗文学从一种体裁向另一种体裁的变化，常常指出二者之间的关系。例如，他说中国的变文来源于印度和佛经，变文是宝卷的祖弥，而“宝卷是变文的‘嫡系’子孙”，是很有见地的，但是他忽视了一种俗文学体裁起源的复杂性。一种文学体裁的产生，绝不是仅仅受到另一种体裁的影响就可以了，需要有一个长期酝酿的过程。印度的讲唱佛经，毫无疑问影响到了变文，但因此就说变文是受此影响而产生的，就有些欠妥了。因为在变文产生以前，中国已经有讲唱文学的传统了，这些体裁对变文的产生也有着深刻的影响，所以国人在接受佛经的讲唱时，不至于觉得突兀。

再拿变文讲唱之配合图画来说，也不仅仅是受到了佛经的影响。中国古代的一些文学作品也有配合图画，以增强其形象性和感染力的做法。“自周、秦到六朝，许多画家使用图文合解的形式为经史绘图，如有：诗《云汉》图（汉刘褒绘）、《北风》图（汉刘褒绘）、《春秋》图七卷（汉严彭祖绘）、《毛诗》图三卷、《韩诗》图十四卷、《春秋左氏》图十卷……”[7]这些都说明变文的产生绝不是简单地由佛经而来，而是有着本土的基础。

随着研究的深入，当代关于俗文学定义的论述与郑振铎有了一些不同，如吴同瑞、王文保、段宝林编《中国俗文学概论》认为：“凡是弘扬了中国传统文化精神、表现了民众思想情趣而又能在民众中广泛流传的作品，不论它是民间创作还是文人加工创作的作品都应该是俗文学”。[8]他们将俗文学分为六类，一是诗歌类，包括民歌、拟民歌体的诗、史诗、民间故事诗、俗曲等；二是说唱文学；三是戏曲文学；四是小说，包括传奇小说、笔记小说和章回小说；五是故事类，包括神话、传说、故事等；六是其他类，包括对联、诗钟、谜语、绕口令、谚语等。这种定义和分类方法同样没有区分俗文学与民间文学，而且存在将俗文学的内涵扩大化的弊端，如对联、谜语、歇后语等究竟是俗文学还是一种仅仅体现了民众情感和兴趣的民间语言艺术形式，实在还有讨论的必要。

在范伯群、孔庆东主编的《通俗文学十五讲》中，俗文学的内涵更加广泛。该书认为俗文学包括通俗文学和民间文学，并提出了区分俗文学的三条标准：一是看它是否与世俗沟通，二是看它是否通俗易懂，三是看它是否有娱乐功能。根据这个标准，将俗文学分为四大子系：通俗文学子系，如通俗小说、通俗戏剧等；民间文学子系，主要指民间口头文学；曲艺文学子系，或称讲唱文学、说唱文学；现代化的音像传媒中属于大众通俗文艺的部分。[9]

还有一种观点认为，“俗文学”的“俗”就是民俗。例如，施蛰存在《“俗文学”及其他》一文中说：“……俗文学会成立的时候，曾正式声明这个‘俗’字是‘民俗学’（folklore）的‘俗’，‘俗文学’就是‘民俗文学’（folklore literature）的译名了。这样，很可以澄清一些误会。民俗学是21世纪的新兴科学，它的研究对象是各个民族古代和当代的风俗、习惯、神话、迷信、传说、谣谚、礼仪、语言等民族文化现象，民间的文艺创作是民俗学的研究资料。”[10]

应当承认，俗文学与民俗学有着密切的关系，二者都体现了不同时代民众的思维模式和情感愿望。俗文学代表了大多数下层民众的心声，从俗文学作品中又可以看到当时的社会风貌。俗文学为民俗学提供了研究的资料，民俗学也为俗文学的研究提供了理论支持。各种各样的民俗现象无不体现出民众祈福和驱邪的愿望。通过民俗学，可以对俗文学的创作目的和思想内容等进行更加深入的研究。其实，郑振铎的《插图本中国文学史》已经注意到了这个问题。在论述插图的作用时，他说，插图可以呈现出原书的式样以及书中描写的人物和事件，“但他方面却更有一个重要的原因，使我们需要那些插图的，那便是，在那些可靠的来源的插图里，意外的可以使我们得见各时代的真实的社会的生活的情态”[11]。虽然如此，并不是说俗文学的创作就是为民俗学服务的，如果严格区分，二者并不是一回事。如果把“俗文学”的“俗”视为民俗的“俗”，那就势必会取消“俗文学”学科的独立地位，使其成为民俗学的“附庸”。

二 “俗文学”的主要特质

最早对俗文学的特点进行归纳的是郑振铎。在《中国俗文学史》中，郑振铎认为，“俗文学”的第一个特质是大众的；第二个特质是无名的集体的创作；第三个特质是口传的；第四个特质是新鲜的，但是粗鄙的；第五个特质是其想象力往往是很奔放的，非一般正统文学所能梦见，其作者的气魄往往是很伟大的，也非一般正统文学的作者所能比肩。但也有其种种的坏处，许多民间的习惯与传统的观念，往往是极顽强地黏附于其中；第六个特质是勇于引进新的东西。[12]

如上文所说，他把俗文学和民间文学两个学科搞混了。民间文学具有口头性、集体性、传承性等特点，而俗文学不仅包括口头作品，也包括书面的作品。

范伯群、孔庆东主编的《通俗文学十五讲》用比较俗文学与雅文学差异的方式指出了俗文学的特征：

（1）雅文学重探索性、先锋性，重视发展性的感情，对于社会大局对各阶层的感情上的冲击，特别是知识分子的敏感反馈等态势是很敏感的。而俗文学作家则满足于“平视性”，站在平民的立场上平视民间民俗生活。

（2）雅文学重自我表现，主体性强，而大众俗文学是一种迎合读者期待视野的文学。

（3）雅文学作家时时企望作品能有一种前所未有的创新，但俗文学却是模式化的，有大团圆模式，强调善恶报应分明。

（4）雅文学崇尚永恒，而大众文学期盼流通。前者以塑造典型为追求的目标，而后者则重趣味性。[13]

综观各类俗文学体裁，我们可以将其特点归纳为以下几点：

（1）语言的通俗浅显。俗文学之“俗”有着“通俗”的意思，如李渔《闲情偶寄》云：“诗文之词贵典雅而贱粗俗，宜蕴藉而忌分明，词曲则不然，话则本之巷谈语，事则取其直说明言……戏文做与读书人与不读书人同看，又与不读书之妇人小儿同看，故贵浅不贵深”[14]。在叙述模式方面，俗文学以表达清楚为最高目的，而不以简洁为准，特别是那些面向听众讲唱的体裁。拿变文来说，总是排比铺陈，极尽夸张之能事，为了使听众听明白并印象深刻，有时不惜前后重复，如敦煌卷子中的《庐山远公话》记树神奉山神之命前往询问惠远，然后把惠远的回答又原封不动地复述给了山神，不像后来的小说中常常用“如此”“这般”等套语来简单带过，体现出了俗文学早期形态的一些特点。

（2）注重趣味性和知识性。俗文学不像雅文学那样要承担太多的政治功用，“文以载道”的要求在俗文学的身上较为淡化，表达情感并从中寻求消遣是俗文学创作的主要目的，因此，俗文学对趣味性非常重视。特别是到了宋代以后，商品经济开始繁荣，文学作品也具有了商品的性质，要想获取更大的商业利益，就必须吸引听众，如此一来，作品的趣味性就显得尤为重要了。举一个简单的例子，俗文学作品中有很多嵌入中药名的诗句或唱词，目的就是拿人们熟悉的东西大做文章，增加作品的趣味性，以此吸引读者或听众。如敦煌《伍子胥变文》中，伍子胥之妻作药名诗曰：“妾是仵茄之妇细辛，早仕于梁，就礼未及当归，使妾闲居独活。……看君龙齿，似妾狼牙。桔梗若为，愿陈枳壳。”[15] 宝卷中也有这种情况，如《梨花宝卷》中周瑞斌进京赶考一月有余，杳无音信，其妻蔺梨花思念万千，唱道：“思想槟榔泪汪汪，川芎一月信杳茫；……到如今奴比黄连苦，丁香手靠在牙床”。后来蔺梨花在龙茅庵虔心静修时唱道：“百部经典多诵念，一句连翘在口边。……公子自思甘草药，时连半夏谢神仙。”另外，《大唐秦王词话》《西游记》和明清时调小曲等不同体裁中也有此类描写。

除了趣味性之外，很多俗文学作品还富有知识性，最明显的就是小说。“小说家”是《汉书·艺文志》所列“诸子十家”之一，又长时间作为“史家”的附庸，所以小说被赋予了传播文史知识和儒家基本价值观的重任，这在古代中国乃是天经地义的。罗烨《醉翁谈录》所论话本，凌云翰《剪灯新话序》所论传奇，袁宏道《东西汉通俗演义序》所论章回小说，都强调作家应该通过历史故事为读者提供历史知识。为了达到这个目的，作家需要“好古博雅”，不断充实自己。民众听“讲史”的主要目的，除了消遣，就是从历史故事里获得历史知识，增加社会生活经验，“言其上世之贤者可为师，排其近世之愚者可以戒”。因为民众的文化素质普遍不高，要读史书并不是件容易的事，所以讲史这种寓教于乐的俗文学，实在是一种很好的选择。

（3）各种体裁相互影响，同一题材的内容常常为不同的体裁所用。中国俗文学的各种文体不是单独发展演进的，而是相互影响的，比如，有很多词话被删掉韵文部分，改为了小说。《水浒传》中多有描写景物或人物厮杀的诗歌，当是词话删节后的样子。万历、天启刊本《大唐秦王词话》中也多有此类描写，写尉迟恭与秦叔宝大战甚详，写二人的阵前打扮装束尤详。蒲松龄所作的俗曲《墙头记》成为五音戏、山东梆子的保留节目。木鱼书中有相当多的书目是从外地民间说唱中移植而来的，如从宝卷改编的有《目莲救母》《观音出世》，从弹词改编的有《再生缘》《白蛇传》，从鼓词改编的有《背解红罗》《呼家后代》，从长篇小说改编的有《水浒传》《西游记》等。子弟书也多有取材于其他题材者，例如罗松窗《鹊桥密誓》，袭《长恨歌》《长恨歌传》《长生殿》；《红拂私奔》袭《虬髯客传》；《杜丽娘寻梦》袭《牡丹亭》；韩小窗《露泪缘》袭《红楼梦》；《草诏敲牙》袭史传及李玉《千钟禄》传奇和高腔戏《敲牙》。在各种说唱形式中，以单弦牌子曲改编《聊斋志异》为最多。这些都说明了俗文学是一个多种体裁紧密联系而又有着内在规律的整体，其统一性要求我们在从事研究时不能只关注一点而不及其余。

（4）程式化。俗文学的程式化首先是语言的程式化。在叙事性的俗文学作品中，对人物相貌的刻画以及对景物和环境的渲染大多使用程式化的语言，千篇一律，较少有变化。如写美人必定是杨柳小蛮腰，还要拿嫦娥和昭君来对比；写英雄必定是气魄大如天，还要拿金刚和神道来对比。

其次是故事模式上多“二元对立”。二元对立关系是人类心理的一种基本模式，在宗教神话中就存在。到了志怪小说中，鬼怪的出现就更明显。它最明显的特点就是强调人与鬼魅的对立。慢慢发展以后，它的宗教性情感开始减退，主要强调的是人与人之间的关系，即善与恶的对立、忠与奸的对立，中国有大量的忠臣戏和清官戏，其原因概出于此。随着人们对文学技巧的探索不断深入，这种“二元对立”在文人笔下的激烈程度降低了，但在俗文学作品中依然如故。究其原因，不外乎作者和受众两方面。从作者方面来说，因为他们大多是下层文人，在文学技巧上有所欠缺；从受众方面来说，“二元对立”可以使故事情节和人物关系简单明了，理解起来没有什么障碍。

再次是大团圆的结局。这种模式在市民文学中尤其常见，以致戏剧在中国成了喜剧的代名词，受到很多学者的批评。但是，这种大团圆模式的出现却有其必然性，它与中国人的传统心理和时代特点有密切关系：

第一，受儒家文化的影响，中国人的日常行为趋向平和，文质彬彬，强调中和为美，对悲剧的接受能力差。更重要的是，俗文学创作的目的是抒情和消遣，而其欣赏者大多为下层人民，他们已经承受了太多的苦难，需要看到希望，哪怕仅仅是幻想和假象，来冲淡他们在现实生活中的不幸和艰辛。大团圆的喜剧模式显然适合了民众的这一心理需要。

第二，中国自古就有“善有善报，恶有恶报”的说法，《老子》中有“天道无亲，长与善人”的观念，《周易》也讲“积善之家必有余庆，积不善之家必有余殃”。佛教生死轮回报应分明之说传入中国后，与本土的思想相结合，使得此风更盛。正如俗话所说：“演戏无法，出个菩萨”，单纯的中国下层人民，当他们在现实中无法实现自己的愿望，特别是有冤而控诉无门时，便把尘世间的刑罚理想化，幻想有超现实的力量来裁判，幻想明君、清官来替他们伸张正义。所以，中国俗文学中清官戏极多，尤多包公戏，元杂剧就有《包待制陈州粜米》《包待制三勘蝴蝶梦》《包待制智勘灰阑记》《叮叮当当盆儿鬼》等；在16种明成化刊说唱词话中，有8种是叙述包公故事的，著名的如《包龙图陈州粜米记》。同理，明清的才子佳人小说中“奉旨完婚庆团圆”的结局，也是人们对礼教约束下的不自由婚姻的一种抗争，是对建立在真正爱情基础上的婚姻表现出的美好憧憬。

（5）与商业因素有着密切的联系，这在市民文学中表现得尤其明显。市民文学是伴随着封建经济的大发展而产生的，因此，它本身有商品性质，是一种消费品，体现了文学社会化的过程。因此，在市民文学中，我们可以看出对金钱或利的重视。由于它有商品的性质，所以，它与读者或受众的关系是极为密切的，受众的心理和审美习惯直接决定了市民文学的创作方向。由此可以解释，明清之际为何会出现大量的艳情小说，为何市民文学的风格是鄙俗、粗糙的，为何它有着程式化的结构模式和大团圆的结局。正如谢桃坊所说：“中国市民文学里有很多貌似粗劣的、荒诞的、猥亵的、通俗的作品，好像是令人不愉快的东西，但它们可能是一个时代文化精神最真实的一面。”[16]

我们还应该看到，虽然市民文学与商业利益有着密切的关系，商业利益是市民文学创作的驱动力，但并不是所有的俗文学都与商业利益有关，比如汉乐府民歌，可能其最主要的目的是抒发内心情感。注意某一类俗文学体裁的产生时间和主要功用，有利于我们更加透彻地理解和阐释它，因为俗文学是文学的一个分类，而文学又是文化的一部分。文化的产生和延续是因为它有自己的功用，当这种功用收效甚微的时候，这种文化就会衰落和消亡。俗文学有自己的功用，它可以满足普通民众抒发情感和丰富精神生活的需要，也可以向一些高级的文人和雅文学作家们提供在雅文学中得不到的东西。

三 “俗文学”受歧视的原因

中国文学自古就有雅俗之分。作为这两大文学传统之一，俗文学历来受到正统文人和大多数雅文学作家的歧视，认为其俚俗、粗鄙、不登大雅之堂。在今天看来，这自然是偏见，但仔细探究，俗文学之所以受到歧视，还有多层次的原因，概括起来，主要有以下几点。

（1）儒家崇尚文学的功利主义，所谓“文以载道”，在儒家思想独尊的古代中国，雅文学有教化的责任，当然也有这个作用。“雅”，正也，就是合乎规范，雅文学就是要使人们的行为合乎规范，而俗文学则不涉大事，也没有卫道的义务。不但如此，在人们心目中，俗文学还是破坏规范的，因为它抒发的内容和情感是真实的，是不加遮掩的，是没有经过众多繁文缛节过滤的。李梦阳《诗集自序》云：“今真诗乃在民间，而文人学子，顾往往为韵言，谓之诗。”[17]因此，俗文学的兴盛不但对雅文学有所冲击，对正统的秩序也是有所冲击的。通俗文学中常常表现出人性解放的质朴的先锋意识，这在拘于既有礼义道德的士大夫典雅文学中是很难见到的。受自身特点的制约，俗文学采取了民间的平视立场，而非士大夫般的伤时叹世。如果不是因为《国风》反映了一定的社会生活，被采诗官献上，恐怕就不会流传到今天了。

以郑振铎为例，他是中国俗文学研究的奠基人，整理了大量的俗文学作品，为俗文学获得其应有的地位而大声疾呼，但他对当时的俗文学创作则予以贬斥。郑振铎说，在新文化运动初起之时，“‘新人们’是竭了全力来和这一类谬误的有毒的武侠思想作战的”，原因是对义和团的降神仪式及“刀枪不入”记忆犹新，不由人不对其“使强者盲动以自戕，弱者不动以待变”保持高度警惕。[18]1921年5月，文学研究会会刊《文学旬刊》（后改名为《文学周报》）在上海创刊，郑振铎任主编。该刊坚持“为人生而艺术”的文学主张，提倡现实主义。郑振铎提出了“血和泪的文学”的口号，猛烈抨击作为通俗文学的“鸳鸯蝴蝶派”的“冷血产品”。之所以如此，恐怕与政治因素有关，因为俗文学对当时的国家利益和民族危亡等大事并不直接起作用，对改造国民性也无甚大用，所以就会受到新文学作家的排斥。以郑振铎为代表的一大批作家和学者在激烈反对当时的通俗文学的同时，又积极投身于保护和整理古代俗文学的工作，这实在值得我们深思。

（2）中国古代的“礼仪”制度。中国自古就重视“礼”治，以“礼”治世，而这个“礼”就是儒家的伦理道德，它成为中国人在生活中必须遵守的规范，中国也以“礼”作为善恶的标准，符合“礼”的就是善，违背“礼”的就是恶。《论语·颜渊篇》曰：“克己复礼为仁”，“非礼勿视，非礼勿听，非礼勿言，非礼勿动”，“君君臣臣，父父子子”。马克斯·韦伯说：“不计其数的礼节束缚环绕着中国人的生活：从怀胎阶段一直到死者的祭祀。其不胜枚举又牢不可破的繁文缛节，构成可供民俗学家研究的一座宝库。”[19]与儒家的“礼”有所违背，俗文学多表现下层人民朴素而纯真的感情，对儒家的“发乎情，止乎礼仪”有所突破，因此，俗文学对雅文学的冲击，被孔子斥为“紫之夺朱”。另外，俗文学的作者多为普通民众或下层文人，为正统文人所轻视。普通民众对儒家思想的理解也与正统文人不同，他们不像正统文人那样对儒家的道德有一种自觉的服从意识，也并没有将其化入自己的血肉中，而只是把儒家道德视为几条强制性的教条而已。

儒家重视道德的自我完善，讲究“内圣外王”。“中唐以前，传统儒学的基点在于‘礼’，礼作为一种半强制性社会规范，它是用外在的束缚去节制人的欲望与人的行为”[20]。到了明清时期，理学大盛，连主张满足人欲的道教都要向它妥协，向它看齐。而二者的结合，使对违反“善”的惩罚就不仅仅停留在道德层面上，而是由鬼神来决定了。对于愚昧的民众来说，这种震慑力可想而知。明清两代有不少讲善恶的书出现，例如托名吕洞宾的《十戒功过格》，认为十戒中的任何一戒都有格，由一个阴间的裁判做出奖惩。该书将当时最能表现市民人生哲学与审美情趣的小说、戏曲视为“恶”的极端来讨伐，分别为“学弹唱”“看传奇”“纂集古今戏说文词”等行为记下不同数量的“过”。朱律久为《太上感应篇》作注曰：“谓人纵不畏王法，未有不畏鬼神者。”王庭在序中说：“令村童野叟狰狞贪昧之夫，闻之心怖而却走，诵之口讷而舌咋。”这种借助鬼神惩罚来限制和制裁俗文学的做法，显然大大伤害了俗文学的正常发展。

（3）儒家的“义利观”。儒家严守“义利之辨”，轻“利”而重“义”，从《论语》开始，儒家的这一观点已经有了明确的表达。孔子“罕言利与命与仁”（《论语·子罕篇》），还说：“不义而富且贵，于我如浮云”（《论语·述而篇》），“君子喻于义，小人喻于利”（《论语·里仁篇》）。《孟子》中共提到“利”39次，其中作“利益”讲的有26次，如《梁惠王章句上》中，孟子对梁惠王说：“王何必曰利？亦有仁义而已矣”。与这种轻利的观念相反，俗文学却往往跟经济利益挂钩，特别是市民文学，更是明显带有商业性质。即使是市民文学产生之前的变文和俗讲，也有商业味道。比如变文，除了传教，它还有一个作用，就是吸引听众为佛教布施，更不用说明清两代的艳情小说和话本小说了。孔子说：“放于利而行，多怨”（《论语·里仁篇》）。正因为部分俗文学作品为了追求“利”而打破了儒家的传统规范，从而受到统治阶层的指斥，屡遭查禁，以同治年间丁日昌发起的禁书运动为最甚。

（4）中国的文学传统是以抒情文学为主，而俗文学则大多以叙事文学为主。中国是诗歌的国度，从质朴的四言诗到稍繁的五言诗，再到具有丰富表现力的七言诗，从自由发挥的古体诗到讲究对仗和音律的格律诗，我们能以诗歌的发展为线索勾勒出清晰的中国文学史。诗歌的主要功能是抒情，虽然它也可以用来叙事，但那并不是它的主要功用，因为体裁的限制决定了它不能很好地完成这个任务。抒情诗歌与中国人温文尔雅的性格相契合，诗歌也成了几千年来中国文学的代名词，“诗言志”和“诗无达诂”等成了中国文学理论中最重要的概念。但是俗文学却与这一传统有所背离，它主要是通过叙事来表现民众情感，以叙事文学为主，如变文、宝卷、弹词、小说等。

作为以叙事文学为主体的一种文学形式，俗文学自然少不了运用虚构等艺术手法，这就与排斥虚构的中国史学传统相背离。中国是一个历史意识很强的国家，重视史书的编纂，讲究史书的信实。以这种思想为指导，就会对那些存在艺术加工的文字提出批评，认为小说等俗文学体裁应该是史传的附庸，甚至把文学创作当作历史纪实，而没有考虑到文学的独立地位。《汉书·艺文志》说：“小说家流，盖出于稗官。街谈巷语，道听途说者之所造也。……诸子十家，其可观者九家而已。”[21]不承认小说是自成一家的。西汉刘向在《说苑》中收录的故事，有些传说的成分，就受到了非议，如唐代刘知几在《史通·杂说下》中斥其为：“广陈虚事，多构伪词”，“故为异说，以惑后来”。[22]对于俗文学来说，这实在是一种不幸。

结　语

中国俗文学是俗文化的重要组成部分，对于构建民族文化、塑造国民心理起着重要作用，有着正统雅文学所不可替代的功用。我们只要留心便不难发现，在广大的民众中产生重大影响，深深扎根在他们身上的那些观念和意识，并非全是由《论语》和《诗经》等经典形成的，而是在很大程度上受到了那些被称为“小道”的小说和民间说唱的影响。正统的文人们也很难想到，他们精心设计的那些靠道德自律来实现的礼仪规范，有时还不如那些作为宣教工具的道情和宝卷起到的作用大。20 世纪初法国的传教士裴化行在《利玛窦神父传》中感慨道：

> 直至最近，普遍认为，要想认真研究中国，基本的向导就是编定于十八世纪末的乾隆图书集成的简目，名叫《四库全书简明目录》。然而，那里面提到的几乎全部是经书、浩繁的史书编纂、相当混乱的图书集成和以迂腐玄学为主调的文章选编。……不过，在官方承认的文献之外，1917 年现代文艺复兴的提倡者们又惊又喜地发现：非常被贱视的老百姓语言即白话或接近白话的语言，常有生动具体的巧妍奇妙小作，文人往往尽可能以化名为掩盖，只当游戏文字，偷偷予以散播，尤其是小说和戏曲，这就给我们保存下另一中国的形象，栩栩如生、五彩斑斓，赛似欧洲文艺复兴时代的‘说话人’口碑中的意大利。[23]

的确，很长时间以来，我们从雅文学中懂得了怎样恪守道德和温文尔雅，懂得了怎样按照既定的规范生活，我们也一直以为这就是我们民族性格的全部，但事实却并非如此。只要我们不带有偏见，只要我们把俗文学真正作为中国文学的一个优良的传统来看待，我们就会发现，中国文学竟然还有如此鲜活的部分，我们的民族性格中竟然还有这么生动的一面，这些正是我们以往所忽视的。

在今天这个价值多元、诸多偏见已被摒除了的社会，我们研究俗文学，还原它的地位，强调它在文学史上的重大价值及其对中国文化形成的深刻影响，是一项非常有意义的工作。但应该注意的是，研究俗文学，要防止矫枉过正，不能忽视和贬低雅文学，因为二者是紧密联系在一起的，并不能截然分开。“雅”和“俗”的关系，应该就像《文心雕龙·通变》所说：“斯斟酌乎质文之间，而隐括乎雅俗之际，可与言通变矣”[24]。文学的发展，并不是泾渭分明地按照“雅”“俗”两条线平行前进，而是在雅俗之间斟酌、交融而会通适变的。俗文学是质朴甚至粗野的，但它却常常成为雅文学的学习对象和取材的源泉，最终融“俗”入“雅”，化俗为雅。而当初的俗文学走向雅化，与广大民众渐行渐远后，新的通俗文学体裁也会不断酝酿，为了适应民众的需要应运而生。元末陶宗仪在《南村辍耕录》中说“稗官废而传奇作，传奇作而戏曲继”[25]，说的就是俗文学这种连续不断的发展。因此，研究俗文学，不能把它视为一种孤立的文学作品或文学现象，而要把它放在一个大的文化背景中来进行审视。唯其如此，才能对俗文学进行准确的评判。

参考文献

［1］〔俄〕李福清：《中国小说与民间文学的关系》，《古典小说与传说》，中华书局，2003，第144页。

［2］严绍璗：《狩野直喜和中国俗文学的研究》，《学林漫录》第7集，中华书局，1983。

［3］郑振铎：《插图本中国文学史》自序，北京出版社，1999，第1页。

［4］郑振铎：《中国俗文学史》，商务印书馆，2005，第1页。

［5］万建中：《试评郑振铎俗文学研究的成就与不足》，《南昌大学学报》（社会科学版）1994年第6期。

［6］万建中：《试评郑振铎俗文学研究的成就与不足》，《南昌大学学报》（社会科学版）1994年第6期。

［7］王培友：《〈韩诗外传〉研究》，硕士学位论文，曲阜师范大学，2005，第8页。

［8］吴同瑞、王文保、段宝林编《中国俗文学概论》，北京大学出版社，1997，第5页。

［9］范伯群、孔庆东主编《通俗文学十五讲》，北京大学出版社，2003，第3～4页。

［10］陈子善、徐如麒编选《施蛰存七十年文选》，上海文艺出版社，1996，第536页。

[11] 郑振铎：《插图本中国文学史·例言》，北京出版社，1999，第2~3页。
[12] 郑振铎：《中国俗文学史》，商务印书馆，2005，第3~4页。
[13] 范伯群、孔庆东主编《通俗文学十五讲》，北京大学出版社，2003，第12~14页。
[14]（清）李渔：《闲情偶寄·词曲部·词采第二》，《李渔全集》卷三，浙江古籍出版社，1991，第24页。
[15] 项楚：《敦煌变文选注》（增订本），中华书局，2006，第41页。
[16] 谢桃坊：《中国市民文学史》，四川人民出版社，1997，第438页。
[17]（明）李梦阳：《空同先生集》卷五十一，台湾伟文图书出版社，1976。
[18] 郑振铎：《论武侠小说》，《海燕》，新中国书店，1932。
[19]〔德〕马克斯·韦伯：《中国的宗教》，康乐、简惠美译，广西师范大学出版社，2004，第317页。
[20] 葛兆光：《道教与中国文化》，上海人民出版社，1987，第220页。
[21]（汉）班固著，马玉山、胡恤琳注析《汉书》，三晋出版社，2008，第49~50页。
[22]（唐）刘知几撰，黄寿成校点《史通》，辽宁教育出版社，1997，第148页。
[23]〔法〕裴化行：《利玛窦神父传》，管震湖译，商务印书馆，1993，第133页。
[24]（南朝梁）刘勰著，王运熙、周锋译注《文心雕龙译注》，上海古籍出版社，2010，第145页。
[25]（元）陶宗仪著，文灏点校《南村辍耕录》，文化艺术出版社，1998，第370页。

（责任编辑：涂可国）

《狂人日记》“吃人”主题的阐释与还原

张　明*

摘　要　在《狂人日记》发表之初，作为小说主题意象的“吃人”就在当时的语境下被阐释为“礼教吃人”，并获得了广泛的认可，成为迄今权威的阐释话语。随着新时期以来鲁迅研究的多元化，在“回到鲁迅”研究范式的指引下，鲁迅原初的创作意图被逐步还原。“吃人”既不是对礼教的直接批判，也超出了进化论—人类学的范畴，而是对中国自古以来特殊的权力—道德结构的批判，这是作为思想家的鲁迅的独见。

关键词　《狂人日记》“吃人”　主题　意象　阐释　还原

按照现代解释学及接受理论所揭示的规律，文艺作品一旦发表，进入读者接受的环节中，具有主体性地位的读者将会按照自身的视域或受种种社会性因素的影响，对作品的主题意蕴加以阐释，形成某种确定性的阐释结论，从而达到对作品的恰当理解和接受。在这一阐释过程中，作者原初的创作意图并不受关注，甚至隐没不彰。作为中国现代文学奠基之作的《狂人日记》，从近百年来的阅读史和学术史的具体情形来看，也典型地反映了这条规律。具体而言，把其中关于“吃人”的主题定格在“礼教吃人”这一范畴中，直至今日也是主导性的阐释结论。但是，随着近年来研究的深入、材料的发掘、思维的拓展，鲁迅创作《狂人日记》的原初意图逐渐显豁，“礼教吃人”这一阐释性结论遭到了质疑乃至颠覆。那么，近百年来如何使

* 张明（1976～），山东社会科学院国际儒学研究与交流中心副研究员，主要研究领域：儒学、鲁迅研究和地域文化。

“礼教吃人”成为主导性阐释意见，以致鲁迅自身的创作意图被隐没？而鲁迅在创作《狂人日记》之时真实的意图究竟是什么，何以值得我们冲破重重阐释迷雾进行破茧式的还原工作？更进一步，这种还原所指向的或许是近百年来我们未曾恰切理解的真正的鲁迅精神实质所在。这是否意味着某种契机，给予鲁迅研究工作突破所谓“瓶颈”，成为真正“回到鲁迅”、把握其精神世界的起点？本文带着这些问题对《狂人日记》“吃人”主题的阐释与还原进行了梳理与辨析。

一

1918 年 5 月，《狂人日记》发表于《新青年》第 4 卷第 5 号。该作品不仅因为语言形式上的特别而在当时的白话文运动中显得格外耀眼，此后一直被文学史奉为现代白话小说的鼻祖，更为重要的是因为其内容与艺术表达上的不同凡响，被推崇为中国现代文学史上的一座高峰。小说以迫害狂病人的谵语结构成篇，“吃人”成为推动情节进展、揭示主题的关键所在。“吃人”在小说中具有两个层面的意思，一个层面是“吃人”的事实与史实，如狼子村的佃户吃了大恶人的心肝（小说中虚构的事件），恩铭的卫队炒食徐锡麟的心肝（作者同时代发生的真实事件），以及易牙蒸子进献君主的故事（史书的记载）；另一个层面则是“吃人”的象征意蕴。很显然，小说主题的升华主要体现在第二个层面中，即从“吃人”的事实与史实中能窥见什么。由于小说文体本身的含蓄性，并且作者也未曾直接在文本中进行解释，如何理解“吃人”的象征意蕴，就成为读者与作者、阐释性结论与创作意图之间疏离的起点。

小说发表后不久，鲁迅在 1918 年 8 月 20 日致许寿裳的信中，谈及过创作《狂人日记》的意图，信中云：“《狂人日记》实为拙作，……后以偶阅《通鉴》，乃悟中国人尚是食人民族，因此成篇。此种发见，关系亦甚大，而知者尚寥寥也。”[1]所谓“偶阅《通鉴》”，颇可与小说文本中第一次提到“吃人”的一段相对应。“我翻开历史一查，这历史没有年代，歪歪斜斜的每页上都写着‘仁义道德’几个字。我横竖睡不着，仔细看了半夜，才从字缝里看出字来，满本都写着两个字是‘吃人’！”[2]——通过翻阅史书，看出了“吃（食）人”。这一段更重要的意义是，它启发了《狂人日记》“吃人”象征意蕴的第一位阐释者的灵感。他就是被称为“只手打倒孔家店的老英雄”吴虞。1919年11月，《新青年》第6卷第6号刊出了吴虞的文章《吃人与礼教》，该文即以《狂人日记》读后感的方式对“吃人”加以发挥。其在立论时引用了上述文字，然后说：“我觉得他这日记，把吃人的内容，和仁义道德的表面，看得清清楚楚。那些带着礼教假面具吃人的滑头伎俩，都被他把黑幕揭破了。”[3]如此一来，就将“吃人”与“礼教”对应起来，“吃人”的象征内涵就被具体化为对封建礼教的批判。且不论吴虞本人的社会影响力，即以当时“五四”热潮中强烈抨击旧道德的社会总体价值趋向而言，把《狂人日记》的“吃人”主题阐释为“礼教吃人”，极易引起广大读者特别是受到时代色彩感染的青年人的共鸣，遂成为主导性的阐释结论。至20世纪30年代，评论者追述道：“《狂人日记》是一篇抨击旧礼教的半象征文章。发表后‘吃人礼教’四字成为‘五四’知识阶级的口头禅，其影响不能说不大。”[4]

然而，这种阐释结论一出，也就与鲁迅最初的创作意图出现了疏离。鲁迅致许寿裳的信本是私人信件，当时并未公开，但后来的研究者据此可知，信中并没有直接指涉“礼教”的字句，所谓“礼教吃人”的阐释意见与作者本意有所差别。《狂人日记》中有一句“去年城里杀了犯人，还有一个生痨病的人，用馒头蘸血舔”[5]，后来成为小说《药》的主干情节。《药》发表于1919年5月，早于吴虞的文章，其中也有“吃人”的意象，与《狂人日记》的主题有很强的关联性，但离“礼教”似乎更远。这一点也能证明“吃人”在鲁迅的思想意识里，绝不仅止于“礼教吃人”这一颇为流行和大众化的阐释意见。

但是，将“礼教吃人”这一阐释结论经典化的却是鲁迅本人。他在1935年撰写的《〈中国新文学大系〉小说二集序》中，也称《狂人日记》“意在暴露家族制度和礼教的弊害”[6]，“礼教”二字赫然在目，不啻由作者本人出面证实了这种阐释结论的正确性。但其中也颇有值得玩味之处：一是谈及礼教却又隐去“吃人”。所谓“暴露”“礼教的弊害”，实在要比“礼教吃人”平淡得多。不仅如此，要知道“吃人”乃是揭示《狂人日记》主题——无论是实在性的“吃人”还是象征性的“吃人”——的根本所在，隐去“吃人”，也就等于隐去了小说最具个性特征的一面，同时也就隐去了作者独特的创作意图。二是颇为突兀地加入了“家族制度”这一说法。吴虞以“礼教吃人”来阐释《狂人日记》的“吃人”主题，还相对有文本依据（“仁义道德”），但实在很难在小说中发现对家族制度的批判性。笔者只能猜度，鲁迅颇为看重“实绩”，谈“文学革命”着重于谈“实绩”；那么，谈整个新文化运动，也并不愿意进行浮夸的评说。而能够显示其“实绩”的，是随着妇女解放运动以及婚姻自主观念的普及导致的旧有家族制度的崩溃。鲁迅本人也在这一时期发表过《我之节烈观》《我们现在怎样做父亲》《娜拉走后怎样》等文章，对封建家族制度进行了猛烈批判。把《狂人日记》也纳入其中，不过是笼统地说明当时的创作终究取得了何种“实绩”罢了，至于小说自身主题特征究竟如何，反倒是可以置之不顾的事情了。无论从哪个细节来看，原本应当写作“意在暴露中国人尚是食人民族”的句子，在事实上被改头换面，成了另一副样子，说明鲁迅在有意地向那种社会化阐释妥协。从鲁迅一贯的风格来看，“鲁迅许多公之于众的文字和其真实的思想状况经常呈现并不对应的张力情形，就像鲁迅自己所说，‘我所说的话，常与所想的不同’。思想的超前性、深刻性和绝对的怀疑主义精神是鲁迅主题世界的重要特征，这种精神状况使得鲁迅清醒地意识到自己的思想与现实社会存在的距离，而且这个距离是无法简单消弭的。因此，鲁迅的二度阐释相对于对一次阐释所发生的畸变无疑是对社会外在评价的妥协，这个妥协可能远离了创作时的初衷，但却是对作品客观阐释后果的明智追认”[7]。

无论如何，由作者出面对《狂人日记》主题进行的判定，最为有力地强化了“礼教吃人”的阐释结论。而鲁迅的胞弟周作人，在1957年出版的《鲁迅小说里的人物》中也说：“《狂人日记》的中心思想是礼教吃人。这是鲁迅在《新青年》上所放的第一炮，目标是古来的封建道德，以后的攻击便一直都集中在那上面。”[8]文中又援引戴震“以理杀人”为理论源头，引鲁迅自身从书本和社会上的所见为事实依据，证明“礼教吃人”说法的可靠性。由于周作人与鲁迅的特殊关系，尤其是“五四”时代以及之前二人经历与意见极为接近，故研究者对周作人的鲁迅论颇为推崇，并且反对封建道德的说法也与当时已发生重大变革的政治语境并不相悖，于是“礼教吃人”成为某种定论，沿袭至今而鲜有异议。然而，细加考究起来，周作人虽是鲁迅胞弟，随兄留学过日本，同受教于章太炎，回国后又逢新文化运动勃兴，共同参与其事，成为运动中的代表人物，但是二人在性格思想上还是有很多差异，甚至他们在此后的分道扬镳与这种差异不无关系。鲁迅的所思所为，周作人未必理解，也未必知道，例如鲁迅留日期间加入同盟会的事情，周作人就并不知情。具体到他对鲁迅的追忆与阐发上，更多是琐碎素材的介绍，而对鲁迅的思想则很少有透彻的理解。

综上的梳理与辨析，吴虞的文章将《狂人日记》的“吃人”主题首次阐释为“礼教吃人”，从一开始就显示出与作者的原初意图不符，但在强势的社会性话语面前，这一阐释性结论不但迅速流布，成为主导性意见，甚至连作者本人也不得不隐藏了本意而向其妥协，更有权威评论家的推波助澜，“礼教吃人”几为不刊之论，直至今日。

二

就实质而言，把“吃人”定格为“礼教吃人”，是将时代的主流思潮作为先入之见而进行的阐释，强势的社会性话语淹没了作者的个性特征，更不要说随着政治语境的变化而对鲁迅进行有意粉饰与曲解，使得鲁迅的真面目更加难于辨识。这种思维定式即便到了新时期仍然在学界广为流行，下意识地捆束了研究者的眼界，鲁迅或被当作反封建的斗士，或被奉为启蒙的代表，甚至不无矛盾地被视为反启蒙者，凡此种种，不一而足。然而问题是，鲁迅本人究竟是什么样，他的所想所为，他所留给后世的思想文化遗产，是否可以不在现成的理论框架之内言说？人们皆以鲁迅为思想家，皆认为其思想深刻，然而其思想究竟是什么形态，何以见出其深刻性，倘若不从鲁迅自身入手，而仅止于从外部贴标签，终究是南辕北辙，渐行渐远。于是，就须做一番还原的工作，逐渐剥离层层包裹的所谓阐释性结论的外衣，忠实于研究对象的真实情形，使鲁迅独特的思想世界得以澄明。《狂人日记》是鲁迅作为“自觉的文学者”创作的第一篇作品，无疑具有某种“起点”色彩，因此，对“吃人”主题意蕴的还原就显得意义格外特别。

在这一还原的进程中，赵江滨于2006年发表的《关于“吃人”的话语逻辑》（以下简称赵文）一文颇值得关注。该文全面梳理了“礼教吃人”作为《狂人日记》主题的阐释历史，指出了其受社会性话语的引导而脱离了作者原初创作意图的实际情况；而在“回到鲁迅去”这一目标的指引下，由“礼教吃人”向“吃人”本身进行还原，发掘鲁迅在创作这篇小说时的思想背景。赵文依据鲁迅致许寿裳的信件，并通过文本间的互证，找寻到鲁迅所受社会达尔文主义（进化论）的影响这条思想线索，并进行了细致分析，指出：“《狂人日记》的‘吃人’话语逻辑应该从社会达尔文学说的残酷结论中寻找破译的根据，也就是让鲁迅忧心不已的是，中国人在其漫长的进化途中始终没有长进，物质和精神还逡巡在野蛮的幽暗中，即在文化本质上还停留在‘吃人’的野蛮习性上。”[9]通过对这一思想背景的分析，赵文就抽绎出了《狂人日记》整个关于“吃人”话语的逻辑关系：“吃人”指涉了几千年历史未脱出的野蛮状态，并且以遗传的方式代代相传（“这是他们娘老子教的”），凝结成了国民性的“原罪”；“狂人”劝告大哥的一番话以及他自己的警醒，则构成了对“原罪”的忏悔；唯有彻底摆脱“吃人”的兽性，才能成为“真的人”，进化到文明世界的状态。

应当说，赵文敏锐地发现了《狂人日记》“吃人”话语的构成及其思想背景，绝非“礼教吃人”单一的阐释结论所能涵盖的，并且恰如其分地找寻出了社会进化论这条线索，对整个小说文本中“吃人”的话语进行了合乎逻辑的解释。这样一来，就打破了近百年狂人研究史上“礼教吃人”一统天下的流行观念，对鲁迅的原初创作意图进行了初步还原。但是，由于对鲁迅关于“中国尚是食人民族”这一说法的事实来源尚未明了，即从信件中透露的“食人”过渡到小说文本中的“吃人”这一脉络缺乏实证性材料的支撑，赵文的论证只能限定在可见的鲁迅自身著述以及国内学界相关研究评论性文本上，不免略显单薄。更由于实证性材料的缺失，关于鲁迅对进化论接受方式之复杂性的认知上，未能进一步还原至历史的现场加以更充分的解释。毕竟所谓鲁迅早年受进化论思想影响之论向来都是学界的共识，仅凭此说立论并不足以显示其新意。就实质而言，如果说赵文尚存在某种局限，也绝非作者一人的局限，而是整个国内鲁迅研究界长期以来自我封闭导致的眼界不足状况的反映，这也导致该文创新性、启发性的一面未受到学界的足够关注。

赵文发表前后，正逢鲁迅研究打开国门，国外的研究成果特别是日本的研究成果被大量译介过来，使陷入“瓶颈”的国内学界拓宽了研究视野，逐渐摆脱了故步自封的困境，一些原来被视为盖棺论定的阐释，论在新视野、新角度的重新观照与审视之下，渐次发生松动、质疑乃至颠覆。其中，李冬木关于鲁迅在留日时期所受日本影响的实证性研究极具代表性。由于长期以来国内学界受制于直接性材料的匮乏，鲁迅留日时期的实际情形和思想状况一直是鲁迅研究领域的一个盲点，现有的研究一般也仅依赖于鲁迅本人的回忆性作品中所传达的颇为零碎和模糊的信息。随着研究的深入，如果不能将这一时期的鲁迅形象明晰化，不能发掘出关于鲁迅在留日期间所接受的思想影响的直接性材料，就很难从原初意义上找到鲁迅思想世界发生和发展的真正脉络，也就无法穿透附加于表面上的种种阐释迷雾，从而贴近真实的鲁迅。作为旅日学者，李冬木极为有效地利用其便利条件，以历史考证方法入手，发掘出了大量前所未知的一手材料，厘清了鲁迅思想世界中诸如国民性、进化论等重要概念的直接来源。而由于这种实证性研究在历史研究领域的基础性和优先性地位，李冬木的研究成果也就必然会引发更多的关注。

在2012年发表的《明治时代“食人”言说与鲁迅的〈狂人日记〉》（以下简称李文）一文中，李冬木对日本明治时代以来的“食人”言说进行了全面的调查和梳理，从中找到了芳贺矢一《国民性十论》与鲁迅《狂人日记》“吃人”意象之间的“决定性”关联，从而得出后者是从日本“食人”言说中获得母题的结论。李文的重点是以大量的实证材料和数据，全面还原了鲁迅留日时期的历史现场，勾勒出了当时日本关于“食人”言说的整个线索和图景。即从摩尔斯关于大森贝冢的发现，产生“食人民族”问题的关注与讨论，直至神田孝平关于“食人风习”的论说，构成了一种递进的线路。而极为关注“国民性”问题的芳贺矢一也在其影响广泛的著作中引用了大量中国典籍中的“食人”事件作为例证，为当时留学日本的鲁迅提供了直接的思想语境。“鲁迅恰与日本思想史当中的这一言说及其过程相承接，并由其中获取两点启示，一是获得对历史上‘食人’事实的确认，或者说至少获得了一条可以想到（即所谓的‘乃悟’）去确认的途径，另外一点就是将‘中国人尚是食人民族’的发现纳入‘改造国民性’的思考框架当中。”[10]

李文虽然没有像赵文那样直接针对“礼教吃人”阐释结论发难，但是在“吃人”主题还原论证的进程中却具有关键性意义：把事实清楚地摆在面前，要比理论推演更具说服力。尽管李文那种“琐屑考证”的风格颇令国内某些研究者不以为然，却近乎完善地将《狂人日记》“吃人”意象的事实由来、思想背景一一排列清楚，令人不得不信服。追本溯源，“吃人”乃是鲁迅在留日期间所受异域思潮影响而产生的意象，并与国民性、进化论等思想结合在一起，经过多年孕育之后，凝结成小说形式的主题，而这显然不能单纯地以“礼教吃人”涵盖。不过，李文篇末关于“《狂人日记》从主题到形式都诞生于借鉴与模仿”[11]的结论，却有些越出了实证性研究所能支撑的范围，也给了批评者口实。另一方面，李文的绝大部分篇幅以及重心都放在明治时代“食人”言说的资料梳理上，虽围绕“吃人”意象生成，却并不以鲁迅自身为主体来谈论。那么，在事实层面毫无疑问地受到日本影响的鲁迅，在创作《狂人日记》时的内在思想世界图景究竟如何，要还原这一层面，尚须做进一步的工作。

周南发表的《〈狂人日记〉“吃人”意象生成及相关问题》（以下简称周文），是建立在李文内容及其引发的争论的基础上，进行的更具深度的研究。关于“吃人”，周文更为细致地区分了三个层面的真实，即生活真实、科学真实和象征真实。前两个层面是指生物学意义上的吃人事实从古至今贯穿于中国的历史，在进化论、文明论的观照下，提出了“中国人尚是食人民族”，未脱离野蛮状态。这两个层面的认知，赵文的推论和李文的实证都进行了充分的注解。周文的深入之处在象征层面的描述上：“世界各民族大都经过远古吃人的野蛮阶段。如果中国只是古代有吃人之事，鲁迅大可坦然释然。但中国是至今仍然吃人，‘从易牙的儿子一直吃到狼子村’，而且谁也不以为非。这才可怕。更恐怖的是：以‘仁义道德’掩盖吃人的心思，拒绝除去其野蛮性，并给罪恶以道德美名：恩铭的卫兵炒吃了造反者徐锡麟的心肝是‘忠’，‘割骨疗亲’是‘孝’，狼子村人吃人是‘善’，因其吃的是‘大恶人’。这是鲁迅震惊的绝望与黑暗。”[12]周文认为，“吃人”在鲁迅那里，既不是对礼教的直接批判，也超出了进化论—人类学的范畴，而是因为鲁迅发现了中国自古以来特殊的权力—道德结构。由于中国传统政治权力始终以道德言辞来维护其正当性，它的一切暴行也因此被赋予了正义色彩，仁义道德掩盖了吃人的野蛮性，且为中国人接受并延续着，成为普遍的民族文化心理（“国民性”），这乃是“吃人”的真正主体。

周文的卓越之处在于精准地把握到了鲁迅精神世界中（借用竹内好的说法）“根柢”性的东西，换句话说，就是作为思想家的鲁迅所独具的原生的思想及其方式。把《狂人日记》里的“吃人”阐释为“礼教吃人”，固然迎合了时代的口味，但同时也将它概念化为一个口号，虽然是在同时代无数作品中喊得最响的一个口号。把“吃人”与进化论—人类学的范畴联系在一起，看上去无论从实证角度还是理论推论都很说得过去，却也只是给鲁迅贴了一个进化论者的标签而已，距离真实的鲁迅仍差了一步。鲁迅之为鲁迅，乃是更进一步的“悟”。这一步之差构成了“尚寥寥”的思想家与一般人的区别。

三

上引三篇具有典型意义的论文，大致勾勒出了近年来在《狂人日记》“吃人”主题内涵上由阐释走向还原的进程。在整个鲁迅研究领域，这或许只是一个微观研究，但牵一发而动全身，或可因这一点引发对全局的反思，故“此种发见，关系亦甚大”。

反思“礼教吃人”阐释结论的由来，是阐释者按照时代精神对原作主题有意无意的误读，或说是一种过度阐释，而正是由于其阐释结论符合了时代的“需要”，才迅速流布，为大众所接受，进而发展成强势的主导话语，以至于作品原本所蕴含的个性化特征被掩盖，作者本身进行的创造性思考被社会化的大潮所吞没。但这种误读并非孤立的个案，毋宁说正如鲁迅携《狂人日记》初次步入中国现代文坛与思想界所标示的那样，这一事件正是众多阐释者对鲁迅本人及其作品进行误读的一个“起点”，此后关于鲁迅的种种言说，几乎一窝蜂地朝向这条路径行进，在鲁迅之外谈鲁迅，对鲁迅本人及其作品加以概念化、符号化的理解，这已经形成了中国鲁迅研究界的一种“范式”。按照这种范式，我们看上去是在谈论鲁迅，我们谈论进化论，谈论启蒙……却总是围着鲁迅的影子转圈，那个真实的形象却始终恍惚朦胧。正如竹内好的比喻，在鲁迅走过的道路上，布满着各种各样的石块儿，捡起这些石块儿来看，并不会真正知晓走过这条道路的人。[13]这些石块儿往往遮蔽了研究者的视野，使其重蹈了“礼教吃人”式的阐释老路，更有甚者，将自身理论的矛盾加诸鲁迅，视鲁迅为矛盾体，而对鲁迅一以贯之的思想世界缺乏省察。就实质而论，长期以来的国内鲁迅研究，从未真正将鲁迅视为原创性思想家，这或许可以显出研究者自身的乏力。就此而言，上述关于“吃人”主题的还原就显得意义重大，或许能够借此获得一种契机，形成研究范式的转变，通过这种还原论证的方式获得关于思想家鲁迅的真实形象。

反思“吃人”主题还原的进程，来自异域的实证性研究起到了决定性作用。前述赵江滨的研究，几乎可以算作国内研究界视域范围内尽其所能的成绩了，从资料梳理、文本互证，乃至理论推导、作品分析，堪称完备，然而终究囿于视域的局限，缺乏实证研究的支撑，未能更进一步得出切实的结论。李冬木的研究弥补了这一缺憾，将日本明治以来的“食人”言说以及芳贺矢一的《国民性十论》通过严谨的考证方法，引入“吃人”意象的生成问题中，启发了后继研究者进一步的推导，最终发掘出了阐释迷雾之下的原初意图。鲁迅研究至今已历百年，因鲁迅个人之影响以及社会历史因素，向被称作“显学”，资料数量之庞大和完备，几乎无可比肩者，但这并不能说明鲁迅研究中没有盲区，只是长期以来受国内视域的局限，被有意无意地忽视了。李冬木等人对鲁迅留日时期情况的实证性研究，因此就具有了填充这一空白的价值。而这种研究的重要性，通过上述的论析，业已显露出来，成为当下鲁迅研究领域的热点。鲁迅研究实现从一国史观到多国史观的跨越，并因此得以突破瓶颈，回到真实的鲁迅，诚然是值得期待的事情。

参考文献

[1]《鲁迅全集》，人民文学出版社，2005，第 11 卷，第 365 页。

[2]《鲁迅全集》，人民文学出版社，2005，第 1 卷，第 447 页。

[3]《鲁迅研究学术论著资料 1913～1983》，第 1 册，中国文联出版公司，1985，第 14 页。

[4] 苏雪林：《〈阿 Q 正传〉及鲁迅创作的艺术》，原载 1934 年 11 月 5 日《国闻周报》第 11 卷第 44 期；参见《鲁迅研究学术论著资料 1913～1983》，第 1 册，中国文联出版公司，1985，第 1039 页。

[5]《鲁迅全集》，人民文学出版社，2005，第 1 卷，第 452 页。

[6]《鲁迅全集》，人民文学出版社，2005，第 6 卷，第 247 页。

[7] 赵江滨：《关于“吃人”的话语逻辑》，《浙江学刊》2006 年第 3 期。

[8] 周作人：《鲁迅小说里的人物》，河北教育出版社，2002，第 17 页。

[9] 赵江滨：《关于“吃人”的话语逻辑》，《浙江学刊》2006 年第 3 期。

[10] 李冬木：《明治时代“食人”言说与鲁迅的〈狂人日记〉》，《文学评论》2012 年第 1 期。

[11] 李冬木：《明治时代“食人”言说与鲁迅的〈狂人日记〉》，《文学评论》2012 年第 1 期。

[12] 周南：《〈狂人日记〉“吃人”意象生成及相关问题》，《东岳论丛》2014 年第 8 期。

[13]〔日〕竹内好：《鲁迅》，李冬木等译《近代的超克》，生活·读书·新知三联书店，2005，第 58 页。

（责任编辑：车振华）

文化与文本：关于京津竹枝词的叙述方法研究

郑 艳*

摘 要 承袭着自唐代逐渐形成的竹枝词写作传统，以七言绝句的诗体形式存在并流传下来的京津竹枝词，通过极其丰富与多元的记述手法来记述与描摹民俗生活，并根据文本记录的主要内容与对象形成了特定的、极具功能性的形制体例，从而能够在一定程度上更为翔实和突出地表现社会生活与文化传统的真实性与创造性。

关键词 文化 文本 竹枝词 叙述方法

民俗生活的传统历史悠久，关于民俗的文本记载也是绵延千载，民俗文献自古至今都是民俗文化得以传承和保存的重要载体之一："中国文化，是高度文字化的文化，也是高度民俗化的文化。两者在长期的社会历史发展中不断地交流、融合，形成了文字事体化的现象，即在特定的情况下，有的民俗借助文字来表达，文字则成为一种重要的民俗资源、历史资源和书面文学资源。"① 从历史发展与文本内容来看，京津竹枝词兴起于城市的发展与繁荣，以文本形式保存着对元明以来京津地区各类民俗事象与活动的描绘；而从关注对象与著述主体来看，京津竹枝词展现和代表了元至民国时期城市各类民众群体的思想观念与文化传统。在这一意义上讲，竹枝词作为文字资料的价值与功能不言而喻。而从民俗文献的角度进行考量，竹枝词以诗体形式保存下来并且流传至今，其呈现着与其他民俗文献体例较为不同的特点与风

* 郑艳，山东社会科学院文化研究所助理研究员，主要研究领域：历史民俗学、民间文学。

① 董晓萍：《说话的文化》，中华书局，2002，第 32 页。

格，也在一定程度上成为民俗文献中极具个性的特定范式。

竹枝词的主体部分乃七言绝句的韵文形式，这种形式与篇制较长、以叙述为主的散文体民俗文献有着极大的差别。文体不同，其内容与功能也具有一定的差异。对此，明代文人李东阳即曾提及："夫文者，言之成章，而诗又其成声者也。章之为用，贵乎纪述铺叙，发挥而藻饰；操纵开阖，惟所欲为，而必有一定之准。若歌吟咏叹流通动荡之用，则存乎声，而高下长短之节，亦截乎不可乱。虽律之与度，未始不通，而其规制，则判而不合。及乎考得失，施劝戒，用于天下，则各有所宜而不可偏废。"[①] 也就是说，在记述的功能上，文更注重实用性，而诗更注重表现性。由此，以诗体形式记述民俗生活的竹枝词也与散文体式的记述有着极大的差异。以明清京津地区冬季十分流行的交通工具"冰床"为例（见表1）。

表1　民俗文献中关于冰床的文字记述对比

文本来源	主要内容	记述特点
《燕京岁时记》	拖床 冬至以后，水泽腹坚，则十刹海、护城河、二闸等处皆有冰牀。一人拖之，其行甚速。长约五尺，宽约三尺，以木为之，脚有铁条，可坐三四人。雪晴日暖之际，如行玉壶中，亦快事也。	1. 散文体 2. 篇幅较长 3. 主要描写客观现象，稍带主观感受
《燕京竹枝词》	拖床 破腊风光日日清，冰床来往沿京城。 游人闲乘实乐事，疑在玻璃世界行。	1. 韵文体 2. 语言简练 3. 主要抒发主观感受，稍作事实描摹

通过以上比较可以看出，文本化的诗体形式使得竹枝词在文字精练的基础之上，以民俗事实的客观写照为铺垫，更多地表达对于民俗生活的体验与感受。从这一点上看，竹枝词著述主体在记述民俗生活时更多地体现在对于各种记述手法的灵活运用与刻意凝练之上，从而能够构造出一个兼具生活气息与理想色彩的民俗世界。

① （明）李东阳：《怀麓堂集·春雨堂稿序言》，《李东阳集》（三），周寅宾校点，岳麓书社，2008，第959页。

一 俗言韵语表达的特定情景

从根本上讲，诗是一种语言的艺术。语言是文本形成与存在的基本要素，也是其进行描写与表达的主要手段。诗所运用的语言并不是简单与固定的，它可以采撷包括方言俗语、文言韵语以及音译外来语等在内的多种语言成分。俄国文艺学家巴赫金（M. M. Bakhtin）将这种现象称为文学语言的“多语体性”：“在文学作品中我们可以找到一切可能有的语言语体、言语语体、功能语体，社会的和职业的语言等等。”[①] 也就是说，在文本论述之中，存在着各种各样的语言形式。就京津竹枝词而言，由于其源自民间，自然不失俚语俗言之本色，而又因为其多经文人之手加以锤炼，自然也表现出文学语言的显著特征。

（一）竹枝词语言的口头性特征

作为以吟咏民俗生活为本的文学形式，竹枝词必然不会放弃对民间语言的使用与采纳，而且更是通过对方言俚语的适当吸收，彰显其源自民歌的自然本色（见表2）。

表2 京津竹枝词记述的民间熟语示例

语言类型	文本内容	附注阐释
俗语	鳇鱼鹿肉又汤羊，年菜家家例有常。旧货关东今厌食，大餐新品说西洋。	鳇鱼等物俗呼“关东货”，八旗度岁必需，名为年菜。
谚语	清明上冢到津门，野苣堆盘酒满樽。直得东坡甘一死，大家拼命吃河豚。	俗云：清明河豚上坟。苣马菜解河豚毒，必以佐食。东坡食河豚曰：“值得一死。”谚云：“拼命吃河豚。”
称谓语	媳称为婶女称姑，阿叔缘何伯是呼。更见衔前逢故友，爷声未了各分途。	尊长呼子侄之妇行几为几婶，呼几女为几姑，亦间有呼叔为伯伯者。又甲乙途遇，如甲称乙为某爷或几爷，乙亦必连爷爷爷相答，以表示不敢当尊称之意。

① 〔俄〕M. M. 巴赫金（M. M. Bakhtin）：《文学作品中的语言》，载《巴赫金全集》，河北教育出版社，1998，第276页。

续表

语言类型	文本内容	附注阐释
流行语	意气扬扬坐热车，逢人便碰势堪夸。一朝遇着吃生米，充发还须扛大枷。	性傲而不肯吃人亏者，京师谓之“吃生米”。
行话	一钩霁月照西城，爱踏黄沙趁软行。当子听阑还落子，秦歌楚舞总伤情。	女伶演剧为“当子”，度曲谓“落子”。
黑话与暗语	千金拼得买春宵，梦里犹思贮阿娇。那意所欢似冰桶，十分狂热霎时消。	妓所恋之客曰“热客”。妓之不善应酬或招待冷淡者谓之“冰桶”。
吉祥语	一声进水进柴来，初二家家竞祀财。为祝年年常进宝，硬呼侍者是回回。	新正初二黎明时，卖水者必持柴一束入门大呼“进柴、进水”，以取吉利。因柴与财音同也。是日祀财神，供鸡鱼羊肉，相传财神之侍者系回族。
忌讳语	本是当年胠箧徒，藏名直画作青蚨。手谈二字还堪借，博戏流为觚不觚。	宾客相邀，讳其名，以手谈代之。
咒语	雨止云端挂绛虹，莫之敢指诳儿童。腰围几许问王母，裙带如何晒半空。	俗谓虹为王母娘娘晒裙带子，并诫小孩勿指，指则烂手。

注：需要说明的是，本表内所使用民间语言类型出自钟敬文主编的《民俗学概论》（高等教育出版社，2010，第229～249页）。

由表1、表2可以看出，除不易纳入七言绝句的歇后语和绕口令之外，京津竹枝词文本中采撷了几乎所有类型的民间熟语，在最大程度上凸显着其语言的口头性特征。除此以外，以音译外来语直接入诗，也从一个侧面反映着竹枝词语言的口头性。

内城果局物真赊，兼卖黄油哈密瓜。我到他乡犹忆食，山楂糕与奶乌他[①]。

——（清）得硕亭《草珠一串——京都竹枝词百有八首》

人约良宵底事迟，如年更鼓力难支。倦凭沙发[②]方思睡，忽听声声唤密司[③]。

——（民国）冯文询《丙寅天津竹枝词》

① 即酥酪。“乌他”是满语，叶韵而已，并非本字，不为出韵。

② 椅长狭式，一面靠背，一端高耸如枕，上覆漆布，可睡可坐者，译音为“沙发”。

③ 英语称女郎为“密司”。

以上两首竹枝词皆是利用汉字表音，“乌他”注明为清语，也就是满语，属于少数民族语言，而“沙发”与“密司”注明为英语音译词，属于外国语。这两种音译化语言的应用，充分显示了竹枝词对于各种语言的包容性与容纳性，也从根本上表明了其语言的口头传统。

（二）竹枝词语言的格律性

从诗的角度而言，文言韵语是其表达诗意内容的主要方式与手段，因而竹枝词的语言也呈现格律化的特征。这种格律性使得竹枝词在退却声容的情况之下，仍然依靠音调与韵律展现出一定的音乐性：

> 秋烟秋草野坟青，寒食曾来此又经。归向街头买蒿子，香烟十里撒天星。
>
> 纸船十丈列城东，佛火光摇樯影红。多分生前厌车马，特教消受一帆风。
>
> ——（清）蒋麟昌《北京中元竹枝词》

以上两首竹枝词主要描写了清代北京地区七月十五即中元节祭祀鬼神的民俗行为与活动，分别以“ing”和“ong”作为韵脚，读来朗朗上口，使人更容易融入诗中所描绘的社会情景。从这一点上看，竹枝词也表现出极为明显的民谣化语言特征。语言的格律性不仅使竹枝词听起来更为入耳，也从一个侧面反映着民俗事象类型化的特征：“与有形文化一样，民谣保留着固定的模式。通过文字表现出来的形式的背后还有一个固定的话语模式。”① 仍以明清时期京津地区十分流行的交通工具“冰床”为例（见表3）。

表3　京津竹枝词中关于冰床的文本韵脚示例

文本	韵脚	关键词
汉水凝寒少石梁，行人趺坐走冰床。 白绳索索过湖去，不辨冰光与日光。	ang	绳索、冰光
寒入长河冰已坚，冰床仍着锦绳牵。 翩然倒曳飞鸢去，稳似江南鸭嘴船。	an	锦绳、冰

① 〔日〕柳田国男：《乡土生活研究法》，载〔日〕柳田国男《民间传承论与乡土生活研究法》，王晓葵、王京、何彬译，学苑出版社，2010，第124~125页。

续表

文本	韵脚	关键词
冰床五尺下西沽，稳坐东风日欲晡。 临上岸时行步滑，人前未肯倩郎扶。	u	滑、东风
冰床倏忽去匆匆，直与扬帆破浪同。 屈指葭灰飞动久，可知解冻有东风。	ong	东风、冻
十月冰床遍九城，游人曳去一绳轻。 风和日丽时端坐，疑在琉璃世界行。	ing	绳、琉璃
海风猎猎水生凉，河冻坚冰到北仓。 不用骡车不用轿，琉璃世界坐冰床。	ang	冻、冰、琉璃
城濠数里冰床快，风雪披裘唤渡时。 三板棱棱轮铁利，一绳牵挽去如飞。	无	快、风雪、绳、飞
玉虹一道縠纹平，过处皆闻细碎声。 短绠独牵停不住。往来宛在镜中行。	ing	绠、镜
上下天光铸水晶，冰床稳坐一篙撑。 如飞冲破寒烟去，权作乘风万里行。	ing	水晶、篙、飞、风
破腊风光日日清，冰床来往沿京城。 游人闲乘实乐事，疑在玻璃世界行。	ing	玻璃

由表 3 中的对比不难发现，因为受到格律的严格限制，竹枝词描绘民俗事象时难免呈现格式化的痕迹。如果从民俗学的角度来看，这种格式化又从一个侧面反映着民俗的类型性或模式性：“民俗文化的表现形式是一种民众共同遵守的标准。这种标准既是一种定型化的思维习惯，也是一种约定俗成的行为方式。”① 也就是说，京津竹枝词从一定程度上反映着著述主体对于民俗事象约定俗成的认知与表述方式，而这种认知与表述方式又源自民俗行为本身已然定型化的主要特征与行为本事。

综上所述，语言的口头性特征充分显示了竹枝词的民间本色，而语言的格律性特征又为竹枝词描绘民俗生活增添了一定的韵味：“书写文本由于跟现实情境相剥离，其语言的表达性自然受到损失，这就需要在文本内部构建起相应的语境予以弥补。对科学文本来说，这种弥补比较简单，因为科学文本追求语义的明确性，它仅需要提供必需的、简化了的语境，对语言做出限

① 钟敬文主编《民俗学概论》，高等教育出版社，2010，第 17 页。

制和说明。文学文本则不同。它需要保持语言水灵灵的鲜明性和丰富性，不得不千方百计地将生活情境移植到文本内，甚或创建一个比现实更富赡的语境。”① 在这一意义上讲，文学文本似乎比科学文本更贴近生活本身。事实上，与科学文本所追求的客观性真实不同，文学文本所追求的真实是在一定程度上融汇与提炼了主观体验的一种真实。这种真实更多地指向人们共同生活于此的现实性与灵动性的语境构建。只有给人以切实可靠的体验共通点，文学文本的真实才具有更为现实与广阔的基础。也正是由于这种构建特定语境的需要，以文本形式存在的京津竹枝词充分显示出采纳多种语言类型的包容性与灵活性，并且依靠俗言韵语搭建起与现实生活相联系，并能充分唤起人们切身生活于此的生活情境。

二 典型场景构造的图像性展示

法国艺术哲学家丹纳认为艺术品的本质在于：“把一个对象的基本特征，至少是重要的特征，表现得越占主导地位越好，越明显越好。”② 而从文本的层面来讲，为了抓住某件事物的主要特征，图像式呈现便成为写作者采用的主要思维方式与表现手法之一：“个体生命活动的图像以及个体与个体之间组成的生命图像，构成生命运动的图像化的历史。图像在审美意识中构成‘显在性特征’，即通过图像，就可以把握整体，把握历史，把握生命运动的全过程，进一步说，通过图像，还可以透视事物的细节过程。”③ 从这一意义上讲，图像是更为直观和根本的表述与记忆方式。人类初生之际，图像在任何一个社会族群中都起着信息保存与传递的功能与作用。图像记忆甚至早于语言记忆，因为图像是现实可观的，而语言是约定俗成的。图像和语言虽然都具有文化符号的意义与价值，但两者分别源于先天具备与后天习得。因而，图像式的呈现与表述方式也能够从最大程度上得到广泛和普遍的认知。换言之，图像认知甚至比语言认知更为直观和根本。但是，文学文本毕竟是以书面语言为主，这种书面语言以文字为代表，其所承载与表达的信息也是依靠文字及其意义的识别来传递。从表面看来，以文本形式存在的竹枝词虽然与图像有着根本的区别与差异，但是基于图像记忆的先天性以及图

① 马大康：《诗性语言研究》，中国社会科学出版社，2005，第134页。

② 〔法〕丹纳（Hippolyte Taine）：《艺术哲学》，傅雷译，傅敏编，天津社会科学院出版社，2004，第55页。

③ 李咏吟：《审美与道德的本源》，上海人民出版社，2006，第380～381页。

像认知的直观性特点，竹枝词的记述在一定程度上还是借鉴了图像呈现的方法，并体现出图像性记忆的主要倾向。而且，由于竹枝词是以民俗生活为主要对象，因此其对环境、行为、事象的具体描摹显然比图像形式呈现更为有效和明显。由此，这种图像式的呈现在竹枝词中便集中体现为通过选取典型的民俗活动场景来构造生动的民俗生活图景。

（一）时间与空间结合

时间与空间是世界存在的两个基本范畴，两者相互联系、彼此区分："时间依托空间显示自己的存在，空间借助时间表现自己的变化。"[①] 时间与空间分别从纵向与横向的角度，展示与规定着民俗生活的序列与内容。而时间与空间的结合本身就意味着图像的生成："静止的图像显示往往构成空间性特征，而运动的图像呈现则构成时间性特征。"[②] 由此，时空的结合与交融便成为竹枝词记述民俗生活的主要手法与途径。以描写北京厂甸庙会的相关竹枝词文本为例。

正　月

珠軿宝马帝城春，剩冷微暄半未匀。几日东风初解冻，琉璃瓶内卖金鳞。

二　月

芳草裙腰路尚微，少年赌射马如飞。银貂日暮宫墙外，一道玉河春鸟稀。

三　月

西直门西绣作堆，畅春苑外尽徘徊。圣人生日明朝是，争看高粱社会来。

四　月

枣花照眼麦齐腰，南苑红门入望遥。钲鼓前鸣香呗起，烧香人上马驹桥。

---

① 萧放：《〈荆楚岁时记〉研究——兼论传统中国民众的时间生活》，北京师范大学出版社，2000，第231页。

② 李咏吟：《审美与道德的本源》，上海人民出版社，2006，第381页。

五　月

食罢朱樱与腊樱，卖冰铜碗已铮铮。疏帘清簟堪逃暑，处处葡萄引竹棚。

六　月

水槛凉生绿树遮，冰盘旋剖喇麻瓜。潞河报道粮船到，满载南州茉莉花。

七　月

坊巷游人入夜喧，左连哈德右前门。绕城秋水河镫满，今岁中元似上元。

八　月

涓涓凉露碧天高，砧杵声中百结牢。红绉黄围都上市，果房又上肃宁桃。

九　月

才过霜降无多日，毕瓮黄齑正好时。捆入菜车书上用，沿街遍插小黄旗。

十　月

孟冬朔日须新历，猩色红罗迭锦囊。监正按名排八分，就中先送与亲王。

十一月

寒入长河冰已坚，冰床仍着锦绳牵。翩然倒曳飞鸢去，稳似江南鸭嘴船。

十二月

催办迎年到处皆，四牌坊下聚诽谐。吴东风物南中少，紫鹿黄羊迭满街。

——（清）文昭《京师竹枝词》

以上所列举的竹枝词文本是按照一年十二个月的时间顺序为纲，分别记述与描绘了其中的各类生活现象与民俗行为：正月，帝都的新春庙会十分兴盛，各类人群皆流连于庙市之中，享受春光的明媚；二月，宫廷之外，贵族们进行的体育竞技不仅仅是其休闲的大好时光，也成为民众驻足观看的盛大活动；三月，各地民众纷纷汇聚京城，为当时的清帝康熙祝寿；四月，碧霞元君诞辰，前往北京东南郊区碧霞元君庙烧香、叩拜的人络绎不绝；五月、六月入夏，为了防止暑气，开始有储藏好的冰块与冰盘售卖；七月，最为重要的传统节日为中元节，是悼念亡人的主要节日之一，人们利用放河灯、做法会的方法寄托哀思、表现孝道；八月，仲秋时分是收获的季节，有着“嫦娥奔月”“玉兔捣药”的优美传说，人们又以各种丰盛的饮食来蕴含庆祝的意义；九月入秋，迎合相应时节的物产开始在市面上流通；十月，新一年的历法开始颁行，为下一年的生活提供时间法则；十一月入冬，结冰之后的河道上多了新鲜的交通工具；十二月岁末，忙年的繁荣景象与人们的热闹气氛跃然纸上。通过时间的线索将整个京城一年的景象以诗体的方式记述并呈现出来，便可以从一个相对全面与整体的角度探究城市时间生活的总体概貌。这其中既包含着自然风土的相关信息与知识，又包含着人文风俗的主要内容与行为，从而比较丰富与完整地描绘了北京城市岁时的相关状况。

以上数首竹枝词皆是记述与描绘清代北京厂甸正月庙会的繁荣景象。厂甸位于北京东郊的海王村，元代时在此处设琉璃官窖，明代时开始有商铺进入，并于正月时节形成集市：“东之琉璃厂店，西之白塔寺，卖琉璃瓶，盛朱鱼，转侧其影，大小俄忽。”① 清代，由于灯市迁到厂甸，加上修《四库全书》的契机，厂甸聚集了大批的文人、书商，从而形成一定规模的集市活动。另外，厂甸附近还建有吕祖祠、火神庙和土地庙三座寺庙，香火十分旺盛，使得厂甸庙会成为明清北京春节期间十分重要的民俗活动空间。因而在竹枝词的记述过程中，便以正月为时限，以厂甸为文化空间，重点描绘了其中较为典型和极具代表性的民俗场景，比如买卖书籍、小吃零售等商贸活动，拜神、占卜等信仰活动，跑旱船、抖空竹等娱乐活动，等等。正是通过这些典型场景的勾勒，一幅相对完整与立体的厂甸正月庙会民俗画卷才得以呈现。

① （明）刘侗、于奕正：《帝京景物略》，孙小力校注，上海古籍出版社，2001，第101页。

（二）行为与环境结合

从具体的表象来看，环境的存在通常呈现静止的特性，而生活于环境之中的人则是生动的场景制造者与承载者。因此，就竹枝词而言，仅是单纯地描摹生活环境只能提供人文地理的相关背景知识，而只有通过对环境之中人行为本事的记述与描绘，才能更加凸显其作为民俗文献的重要意义与价值。以民国时期的北海竹枝词为例：

> 玉栋金鳌驾海桥，堆云叠翠望中遥。春阴依旧推琼岛，白塔凌烟透碧霄。
>
> ——张元群《故都竹枝词》

> 泅泳方过复溜冰，公园北海日繁兴。一身衣履中人产，此是新朝好股肱。
>
> ——（民国）郑中炯《故都竹枝词》

同样是以北海作为生活环境，前一首竹枝词仅仅描绘了北海公园秀美的景色，给人的感觉更像一幅山水画，虽然令人向往，但似乎与民俗记述有着一定的距离。后一首竹枝词则从人的角度出发，重点描绘了北海公园中存在的民俗活动与行为，呈现出民俗风情画的特征，因而相较前者更加具备民俗记述的特征与趣味。

采用时空结合的方式，并通过对环境中所存在之人具体行为与活动的突出描摹，竹枝词才能够以典型的场景构造出生动而丰富的民俗生活立体画卷："时间·空间的相即不离是历史和风土密切相连的根本支柱。没有主体的人的空间，一切社会结构便不可能成立；没有社会存在，时间也构不成历史。历史是社会存在的一种结构，其中显然含有人之存在的有限和无限的双重性。"[①] 也只有在这种双重性之中，民俗记述的内容与功能才具有更加切实的价值与意义。作为自然风土而存在的城市环境，虽然具备一定的时空特点，但如果没有人参与其中，城市时空所承载的社会结构与文化体系便不具备实在的含义与内容。也就是说，只有人的存在与活动才能称其为社会，也

---

① 〔日〕和辻哲郎：《风土》，陈力卫译，商务印书馆，2006，第11页。

只有社会的运行才能构成历史的发展。仅就民俗的层面而言，俗成于民，亦传于民，其所表现的文化形式与内容在社会的时空结构中形成和流播，而其所承载的文化含义与价值则依靠人的记忆与表述得以实现和传承。

三　黑白文字呈现的七彩生活

色彩，也是人类社会物质世界与精神世界的基本要素之一。与图像一样，色彩也是直观与先天的。文字对于社会风物的描摹，无法忽视以色彩构建体验的生活情态，更不能避免由色彩审美彰显的民俗心理。英国文艺批评家与社会活动家约翰·罗斯金（John Ruskin）认为："任何头脑健全、性格正常的人，皆喜欢色彩；色彩也在人心中唤起永恒的慰藉与欢乐；色彩在最珍贵的作品中，最驰名的符号里，最完美的印章上大放光芒。"[①] 色彩能够激发人的感性认识，也能够帮助人们记忆与表述相关的生活情境，而色彩在民俗生活中所形成的文化意义与象征内涵又具有心理暗示和社会整合的作用。因此，通过展示色彩来描绘民俗生活也是竹枝词著述主体运用的重要记述手法。

（一）色彩构建与生活情态

对于京津竹枝词的文本而言，以文字书写的方式呈现五彩缤纷的生活情态，在一定程度上显然不如绘画更为直接和鲜明，但面对世俗生活的千姿百态，竹枝词著述者似乎也十分愿意通过文字符号来表达和传递色彩带来的冲击力与感染力。

> 花枝浓淡映青阳，把酒轻浮琥珀光。愿得年年春色懒，红梅香递九霞觞。
>
> ——（明）申佳胤《赠卢十二竹枝词》

> 连朝阴雾黑云遮，杨柳村中有几家。目击心伤增感慨，庄房片片变黄沙。
>
> ——（清）无名氏《三年都门竹枝词》

① 转引自孙中田《色彩的语像空间》，人民文学出版社，2008，第2页。

在前面这一首竹枝词中，“花枝”“青阳”“红梅”所呈现的灿烂的色彩意象，以及“琥珀”“九霞”所激发的明媚的色彩感知，不仅记述与描绘着生活的休闲与享受，更表达出作者对于生活时光的喜爱与珍惜；而在后面一首竹枝词中，“阴雾”“黑云”“黄沙”等色调灰暗的意象铺排，以极为浓郁和深沉的冷色调渲染了家园被洗劫一空的荒凉景象，也充分传递着作者面对惨淡的民俗生活而生发的悲凉与感伤的情感体验。由此也可以推断，色调的选择与色彩的使用虽然更多地遵循着作者个人的主观意愿，但其中所流露的却是由一己生活体验所传达的大多数人的审美认知。俄国文学家果戈理（Nikolai Vasilievich Gogol）曾言：“诗人甚至在他描写完全是外人的世界的时候，也可以是民族性的，但是，他要用自己民族自发力量的眼光，用整个民族的眼光看这一世界，这时他是这样感觉和说话的，以致他的同胞觉得这似乎就是他们自己感觉到和说出来的一切。”[①] 也就是说，虽然个人的好恶由于受到文化的熏陶而呈现千姿百态的样貌，但就民族文化的共通性而言，人们对于生活情感的审美表达则恪守着一定的规则与标准。以所举竹枝词为例，如果以“阴雾”“黑云”“黄沙”等灰暗的色彩意象描摹欢快的生活状态，而以“花枝”“青阳”“红梅”等鲜亮的色彩意象呈现萧条的社会现实，那么不仅无法引起共鸣，甚至会失去文本记述的根本意义与价值。也就是说，文本的记述有其真实性的尺度要求，而这一点也正是所谓的作家文学与民间文学可以互通的根本所在。

（二）色彩内涵与民俗心理

如果说运用不同的色调描绘相应的生活情态更多地取决于竹枝词著述者的审美动机，那么竹枝词所记述的在相同的生活情境之中的民众对于色彩的倾向与喜好则彰显着更为广阔的民众群体的心理意识。比如，以数千年来中华民族最为流行的红色为例（见表4）。

表4　京津竹枝词记述的红色意象示例

类目	文本	阐释
服饰	寒风卷蓬沙转黄，驻马问路路转长。 红衣簇簇入新市，指点墟头称上方。	红衣：红色的衣服

① 〔俄〕尼古莱·瓦西里耶维奇·果戈理（Nikolai Vasilievich Gogol）：《谈谈普希金》，载《文学的战斗传统》，满涛辑译，新文艺出版社，1953，第2~3页。

续表

类目	文本	阐释
服饰	谁家少妇一身新，着锦穿红嫁比邻。 女伴不须相健羡，早间初是未亡人。	穿红：红色嫁衣
	街头白索舞光芒，小鼓蹬蹬逐两行。 笑语呶呶争辟易，楼头传道有红妆。	红妆：指美女，因妇女妆饰多用红色
	跨马冲风寄巷陌，小队红装何奕奕。 天公不肯放春闲，风信偏催游冶客。	红装：指妇女的艳丽装束
	色色空空两洒然，好于面具逗红莲。 大千柳翠寻常见，谁证前身明月禅。	红莲：红色的鞋子
	隔河摇指伊儿湾，残梦楼倾一水间。 黄卷有儿酬素志，青灯不惜老红颜。	红颜：女子美丽的容颜
	庙散人空日已斜，跨驴红袖慢归家。 苇塘路细偏争走，马上含情笑让她。	红袖：女子的红色衣袖
	海外珍奇费客猜，两洋风味一家开。 外朋座上无多少，红顶花翎日日来。	红顶：官员，多指清朝高官， 其帽顶为红色，帽后有花翎
建筑	不献蟠桃唱竹枝，愿君富寿更多儿。 明春再祝长安道，同上红楼续旧词。	红楼：指华美的楼房
	红桥春水路三叉，兰桨轻摇背晓霞。 舟子问将何处去，且停武库看桃花。	红桥：天津海河上所建之桥
	太液荷香夹岸飘，红墙十里路迢迢。 东西咫尺通驰道，来上金鳌玉栋桥。	红墙：红色的墙，特指皇宫
器物	明珰翠玉饰娇娃，玉笛金筝载钿车。 今日璇空开寿域，传教小部按红牙。	红牙：檀木
	九重天上煽阳和，铁市铜街取次过。 闲看各家春对子，红笺遍写国恩多。	红笺：春联
	过客停车谒者辞，陌生莽莽亦何之。 可怜贵绝梅红纸，大字题名小帖儿。	梅红纸：梅红色纸做的名片
	雪亮玻璃窗洞圆，香花爆竹霸王鞭。 太平鼓打冬冬响，红线穿成压岁钱。	红线：红色丝线，表示吉利
	坐时双脚一齐盘，红纸开来窄戏单。 左右并肩人私玉，满园不向戏台看。	红纸：红纸做的戏单
	高升高中任高才，添喜红条便报来。 讨赏门前无别话，今朝小的喝三杯。	红条：红纸做的喜报

续表

类目	文本	阐释
器物	新开生意喜威严，红帐悬来金字粘。 层叠本非人送赠，半多借债壮观瞻。	红帐：红色的纱帐、罗帐
	帖开两造列坤乾，红纸金图照眼鲜。 年月日时书八字，全凭一幅结姻缘。	红纸：红纸做的婚帖
	泪痕染遍杜鹃红，痛煞明珠失掌中。 雪柳纷披都是血，纸钱飞扬落花风。	红血：成丁之女夭亡，出殡时， 雪柳、路钱均用红色
	家供张仙子是求，娘娘庙里又来偷。 逡巡殿角知新妇，欲系红绳尚觉羞。	红绳：红色丝线，用以求子
语汇	千里仙乡变醉乡，参差城阙掩斜阳。 雕鞍绣辔争门入，带得红尘扑鼻香。	红尘：闹市的飞尘， 借指繁华的社会
	红情绿意点春妍，弱态飘飘似欲仙。 别有赏心无限事，风光流转自年年。	红情绿意：艳丽的春天景色
	居家不易是长安，俭约持躬且自宽。 最怕人情红白事，知单一到便为难。	红白事：婚事和丧事
	中华门外是天街，绿女红男簇队来。 旧日金吾呵不住，喧传海禁一时开。	绿女红男：服装艳丽的青年男女
	迷离扑朔误雌雄，何物名称亵相公。 近日人心重生女，坤伶都比艺员红。	红：人气高，受欢迎

红色是中华民族传统文化中极为重要的色彩之一，而其所指称的对象与所代表的含义也随着社会与历史的变迁而经历着一定的变化和发展的过程。在古代文字的原初含义中，“红”字具有特定的指示对象，其所蕴含的象征性也具备相应的范围。《论语·乡党》中记载：“红紫不以为亵服”，三国时期的何晏对此集解曰：“亵服，私居服，非公会之服。红紫，皆不正，亵尚不衣，正服无所施”，而南朝梁的皇侃义疏曰：“红紫，非正色也。亵服，非正服也”，明代学者朱熹集注时也说道：“红紫，闲色不正，且近于妇人女子之服也。亵服，私居服也。”① 也就是说，红色、紫色都是不能登大雅之堂的服饰颜色，因而这两种颜色一般只用于女性。由此，以“红”字组

① 《论语·乡党》，载《论语汇校集释》，黄怀信等撰，上海古籍出版社，2008，第875~876页。

成的词语多与女性有着十分密切的关系，比如“红袖”“红妆”“红颜”等，这一点在以上所列举的竹枝词文本中也体现得十分明显。

而随着社会观念与文本含义的不断发展与变化，红色更为普遍与流行的民俗意义便逐渐凸显。首先，由于红色与血的颜色极为相近，因而可以起到驱邪的民俗功用：“古代常以红色的东西避邪，即是取意于血的颜色。因为血是可以避邪的，但它不如红色的东西来得容易，所以产生了这种替代情况。”① 从这一意义上讲，前面所列举的竹枝词中记述的春节时分用以穿压岁钱的红线、成丁之女出殡时所使用的红色路钱都取其能够驱邪、纳吉的功能。其次，从视觉效果来看，红色又极具冲击性和感染力，因而也可以起到烘托热烈气氛的功能。由此，红色代表喜庆的民俗内涵又逐渐发展起来，比如拜年用的梅红帖子、升官时的红喜报、生意开张时的红罗帐、婚礼中的红婚帖等，都取红色喜庆、热闹的民俗象征意义。由此，具备多重象征含义与民俗功能的红色也成为中华民族最具代表性的色彩之一。

色彩的意蕴极为复杂与深刻，它不仅展示着民俗生活的五彩缤纷，也透露着民众的心理与观念。而以诗体形式存在的京津竹枝词因为受文本的形式所限，只能通过黑白文字呈现色彩艳丽的生活世界，但其中也折射出色彩之于民俗生活的重要功能与价值。

四　生活片段串连的文化传统

从文本存在形式的角度来看，京津竹枝词较为短小的篇幅决定了其民俗记述的片段性描述特征，因而无法描绘民俗生活的全景；从文本发展历史的角度来看，京津竹枝词文本自元代一直延续至民国时期，从而也能够通过描述民俗文化片段性的、瞬时性的场景在历史的发展与变迁中印证生活文化传统的沿袭与传承。

（一）片段描述与民俗象征物

从根本上讲，任何文字或者图像形式都无法确实和全面地描述民俗生活本身，而以七言绝句的诗体形式存在的竹枝词文本更是不可能。从这一角度来看，基于“全景式的真实性描述并不存在”的哲学认识之上，京津竹枝

① 阴法鲁、许树安主编《中国古代文化史》（三），北京大学出版社，1991，第476页。

词对于民俗生活的片段性描绘与记述便存在着实在的价值与意义。而从竹枝词文体自身的特点来讲，短小的形制更加决定了其记述民俗的片段性特征。

> 都城灯市由来盛，大家小家同节令。诸姨新妇及小姑，相约梳妆走百病。
>
> ——（明）黄尊素《长安竹枝词》

在以上这首描绘明代北京地区元宵节的竹枝词中，“灯市”“梳妆”“走百病”是较为流行的民俗活动，但短短的二十八个字无法承担太多的记述内容，因此仅能够通过片段性的意象铺排而呈现。由此可以知道，竹枝词对于民俗生活的记述也更多地体现在承载着特殊意义的民俗标志物——“在特定的民俗环境中存在的、由民俗承担者世代传承的、以具体物件或具体事件为指代品的，积淀了民族内部的文化含义的、带有历史性标志的东西”①之上。也就是说，所谓民俗标志物是民俗生活中极具代表性质的、现实可观的物化产品或行为事件，并且具备特定的意义与功能，因而在民俗生活中极具典型性。已然文本化的京津竹枝词所记述的更多的便是这种极具历史性、标志性的民俗标志物。以京津竹枝词中关于婚礼的文本为例（见表5）。

表5 京津竹枝词记述的婚礼中的民俗标志物示例

民俗标志物	竹枝词文本	表现形式
龙凤帖	披红婶仆执金花，龙凤呈祥夺日华。 一对朱笺秦晋换，两家从此是亲家。	物化产品 行为事件
庚书	帖开两造列坤乾，红纸金图照眼鲜。 年月日时书八字，全凭一幅结姻缘。	物化产品
时书	图陈百子画群儿，内列良辰与吉时。 待到于归迎娶日，新娘怀里定藏之。	物化产品 行为事件
催妆	衣服钗环食品繁，男家送至女家门。 今朝礼物催妆意，明日来迎鼓乐喧。	物化产品 行为事件
嫁妆	妆奁衾枕嫁衣裳，伴送娇羞弱女郎。 儿辈贫儿舁物品，一人负桶二人箱。	物化产品 行为事件

① 董晓萍：《田野民俗志》，北京师范大学出版社，2003，第422页。

续表

民俗标志物	竹枝词文本	表现形式
迎娶	伞扇旗锣夹道旁，串灯高照烛辉煌。 绣花彩轿金光绕，娶得佳人宝屋藏。	行为事件
加笄	腰横凉席抱雄鸡，待到妆成好打啼。 玉带凤冠遵古制，倡随白首结夫妻。	物化产品 行为事件
合卺	红丝一缕系金溉，对坐无言两两倾。 待到夜来私语候，细言海誓与山盟。	行为事件
庙见	身披红紫两人扶，拜罢神仙拜舅姑。 暗问丈夫曾记否，君家三日入厨无。	行为事件
回门	新娘晨去暮还家，新婿登门趁晚霞。 饭后归来婚礼毕，妇随夫倡乐无涯。	行为事件

注：需要说明的是，本表内所列项目与内容皆取自董晓萍所论之“民俗标志物”，详见董晓萍《田野民俗志》，北京师范大学出版社，2003，第422～423页。

由表5可以发现，竹枝词由于体制短小，因而在描绘民俗生活时常常以片段性的记述与描绘为主，呈现民俗意象铺排的主要记述特点，而其所描绘的这种民俗意象既具有普遍的存在性，也具有典型的代表性，因而民俗标志物的铺排便成为竹枝词记述民俗的重要手法。

（二）瞬时场景与民俗传承性

社会生活处于历史不断发展的过程之中，而竹枝词对民俗生活的记述又往往带有即时性和瞬间性的特点（主要表现为竹枝词记述的内容大多为所见、所闻或所感）。因此，就内容来说，竹枝词记述的生活往往是瞬时场景的呈现。

> 勅下行营严号令，官军不敢犯秋毫。民间尚未知恩旨，关闭柴门个个牢。
>
> ——（明）杨士奇《道中戏效竹枝》

以上这首竹枝词描绘的即作者于途中的所见与所闻，以及由此而生发的瞬时间的感受与记忆。然而，由于竹枝词的发展历史十分悠久，记述内容也非常丰富，因此这种以瞬时场景描摹为主的记述方式也很容易通过历史的长线串联起来，从而展现出民俗文化的传承性。以元代至民国时期民俗生活中比较常见的体育竞技项目“跑马”为例。

金炉宝熏留篆云，花间百舌鸣早春。五坊戏马赛争道，传声催赐十流银。

——（元）马祖常《和王左司竹枝词》

百辆香车御苑西，翠钿红袖绕长堤。踏青那得青青草，十丈黄尘衬马蹄。

——（明）沙张白《燕都竹枝词》

锦衣怒马逐尘香，白皙谁家年少郎。赢得车中一回顾，如膺九锡下华堂。

——（清）夏仁虎《厂甸新春竹枝词》

玉貌郎君绣样衣，扬鞭走马去若飞。王陵年少休相妒，喝彩声中夺锦归。

——（民国）杜福坤《故都竹枝词》

元代统治者定都北京，以游牧文化为生的蒙古族开始进驻中原地区，而其所习得与传承的生活文化也逐渐浸入中原农耕生活文化。由此，骑射作为蒙古族传统的民间体育竞技项目也开始进入京津地区。骑马射箭是蒙古族几乎人人掌握的本领与能力，蒙古族民众从儿童时代起就开始被传授和训练骑射的本领：“孩时绳束以板，络之马上，随母出入，三岁，索维之鞍，俾手有所执射，从众驰骋，四五岁，挟小弓短矢，及其长也，四时业四猎。”[①]一般而言，一场跑马比赛耗时极短，瞬间即可完成，是城市生活中较为短暂的场景之一。但从其绵延的时限来看，自元代一直到民国时期，跑马活动经久不衰，成为京津民俗生活的历史长河中一道极为美丽的风景线。从这一点上看，竹枝词的记述虽取其细微与瞬时的琐碎生活，却充分呈现了生活传统的沿袭与发展。

① （清）彭大雅：《黑鞑事略》，转引自秦新林《元代社会生活史》，河南大学出版社，1997，第337页。

综上所述，通过运用一定的记述手法，竹枝词对民俗生活的描摹在写实的基础之上又增添了构筑情境的韵味与深意。竹枝词采用的语言不是简单排列的辞藻，而是既来源于生活又经过锤炼的表达方式；竹枝词构造的画面不是静止的风景画卷，而是灵动的生活图景；竹枝词记录的生活不是单调的暗色系，而是具备丰富情调与体验的彩色系；竹枝词描绘的生活片段不是瞬时即逝的泡沫，而是积淀深厚、传承悠久的文化传统。德国生命哲学家狄尔泰（Dilthey Wilhelm）曾言："诗是理解生活的感官，诗人是明察生活意义的目击者。在这里，读者的理解已经与诗人的创造不谋而合。因为这个创造，乃是对体察过的经验之生硬、粗糙、不成形式的原矿石加以熔炼的神秘过程，乃是按照我说的'有意义'的形式把这些原矿石重铸的神秘过程。"[①] 而在竹枝词的文本写作中，这种神秘的锤炼过程即通过相应的记述手法将现实生活以及对于现实生活的体认熔铸为一体，从而以较为艺术化的形式展示生活现实与理想。竹枝词的这种记述方式源自其民歌秉性的天然品格，也受到文人雅士一己体验与意愿的极大影响。在这种双重性质的交互作用之下，竹枝词的民俗记述有着其他民俗文献无法比拟的优越性，但也存在着极为明显的不足之处。就优点而言，竹枝词语言俚俗、记述典型、时域甚广；就缺点而言，竹枝词文本短小、选材随意、描绘片面。但在竹枝词的不断发展过程中，文体随着记述对象的不同也做出一定程度上的更易与增补，从而能够更为详细与全面地记述民俗生活。

① 〔德〕狄尔泰（Dilthey，Wilhelm）：《哲学的本质》，转引自王岳川《艺术本体论》，上海三联书店，1994，第150页。

文化视角下的孔孚山水诗

杜玉梅*

摘　要　中国具有悠久的诗歌传统。诗歌在中国社会的发展历程和文化生活中始终处于特别显著的位置。从中国文学历史的进程来看，每一次时代的脉动和思想变革都打下了诗歌的烙印。作为文化现象的一种，诗的承继与转变从未间断。诗体的演变在某种程度上折射出一个民族的文化因素、民族心理和审美情趣。孔孚被誉为“中国新山水诗的祭酒”。孔孚山水诗的文化因变特质，使其具有了“变古出新，以新驭古”的品性。本文从诗与文化发展的关系出发，从文化的角度解读诗体流变中产生的创作现象，着重从三个方面研究中国文化对孔孚新山水诗体建构的影响：一是其对传统山水文化的继承与超越；二是齐鲁地域文化的长期浸润与扬弃；三是其对道家美学精神的汲取。

关键词　诗体演变　孔孚　新山水诗　文化

中国具有悠久的诗歌传统。诗歌在中国社会的发展历程和文化生活中始终处于特别显著的位置。从中国文学历史的进程来看，每一次时代的脉动和思想变革都打下了诗歌的烙印。诗，已经成为华夏民族带有深厚文化积淀的智慧结晶和维系民族情感的纽带，成为中国文化和中华精神形成的根源，并且在中国文化基因的序列组合中根深蒂固，成为人们理解生活、净化情操、表达情感的重要载体。数千年来，一批批才华横溢的诗人用璀璨丰硕的诗歌传承着源远流长的中华文明。从这个意义来讲，中国诗歌强

---

* 杜玉梅（1976～），山东社会科学院文化研究所副研究员，主要研究领域：现当代文学与中国诗歌文化。

大的文化包容性、与中国文学走向同步的自觉性成就了中国文化的蔚为大观。

作为文化现象的一种，诗的承继与转变从未间断。诗体的演变从某种程度上折射出一个民族的文化因素、民族心理和审美情趣。孔孚山水诗的文化因变特质，使其具有了“变古出新，以新驭古”的品性。[1]因此从诗与文化发展的关系出发，从文化的角度解读诗体流变中产生的创作现象，孔孚的新山水诗值得我们深入地审视。

一

孔孚被誉为“中国新山水诗的祭酒”，是20世纪80年代后期最具艺术影响力的山东诗人。孔孚原名孔令桓，字笑白，出生于山东省曲阜农村。他儿时不慎被铡去右手，发奋用左手写作。1947年，他毕业于山东师范学院，后执教于曲阜师范学院，开始从事诗歌创作。1979年，他接受了田仲济教授的邀请，调入山东师范大学任教，从事诗歌研究工作。他晚年专攻山水，独辟蹊径，成为“现代东方神秘主义诗歌”的开拓者。先后出版有诗集《山水清音》《山水灵音》《孔孚山水/峨眉卷》《孔孚山水诗选》《孔孚集》《孔孚诗》、诗论集《远龙之扪》《孔孚论》《孔孚文》等。

孔孚一生坎坷，“诗人性情非常倔强，老而弥辣，擅长以诗歌艺术寄托个人的悲剧体验”。[2]孔孚曾经这样写道：“我要勇敢地拥抱真理，不管真理多么苦。”这种坦直倔强的个性注定会让诗人历尽人生的坎坷和艰辛。1955年反胡风运动开始时，孔孚还只是《大众日报》文艺副刊一位年轻的编辑，由于与著名的“七月派”诗人白莎曾经有过交往而被隔离审查。1957年，他又被“顺理成章”地定为“右派”，流放到山东高密胶河农场的盐碱滩去放羊、养牛、喂猪、饲马。铲草除粪、推土垫栏等重体力活，对于孔孚这个只有一只左手的残疾人来说，可谓艰辛备尝。十年动乱，他被定为“特务”受到审查，更是遭遇了无休止的批判和斗争。在这样的非常时期，诗人的创作自然是千难万难。在《我与山水诗》中，孔孚这样写道：“镇日价雷电交加，那泉声再也没来入梦。”党的十一届三中全会以后，孔孚的问题得到解决和平反。

一个新契机出现在撰写《新诗发展史》的过程中。通过对中国诗歌发展脉络的梳理和考察，孔孚吃惊地发现中国古典山水诗传统在新诗史上的

“断线”现象，他很自然地萌发了为山水诗“接线”的使命感。从此，他逐渐以写山水诗为主，自觉地想做一名独树一帜的山水诗人。在强烈的艺术自信激励下，在孜孜以求的创作探索中，孔孚的山水诗成果斐然。

1979 年，孔孚进入了诗歌创作的喷发期。大海的排天巨浪搅动起诗人多年沉淀在心底的郁积，酣畅淋漓的诗思汇聚成精美、清新、玲珑的山水诗。从 1979 年到 1982 年，在短短的四年之中，他创作了数百首山水诗。诗人自己这样描述：“那些诗，多半是和眼泪流出来的……”“往往是一首诗没写完，格子里漾出了‘水’，又忙着写第二首。写完第二首，再回头完成第一首……”[3] 1985 年，在时年 60 岁的好友、中国著名诗歌翻译家、西南师范大学外语系教授邹绛的帮助下，重庆出版社出版了孔孚的第一部山水诗集《山水清音》。这也是中国新诗史中的第一部山水诗集。紧接着，1987 年第二部诗集《山水灵音》出版。诗集的出版令孔孚百感交集，在《艰难曲折的路》一文中，他欣喜地称之为“老来得子”。著名学者钱钟书先生治学严谨、为人超然洒脱，平庸之作自难入其法眼，他对孔孚的山水诗却青睐有加。钱钟书主张：“格调之别，正本性情”[4]，他在《诗可以怨》一文中把中国古老的性情之学称为“先秦以来的心理学”，即：“性之与情，犹波之与水，静时是水，动则是波，静时是性，动则是情。”[5] 或许是因为孔孚的“隐现之思”与钱钟书的“性情之学”在艺术上的契合，钱钟书在信件中推誉其“摆擂台、开门户”，进而结为忘年之交，并亲自为诗集定名为“山水清音”，欣然在扉页上题字。

二

在中国悠久的文化发展史上，自然山水作为独立审美主题的源头，可以追溯到远古时期的神话传说，散见于各类史料典籍之中。远古时期的山水观囿于人类对自然的原始认知，大多赋予山水神秘的色彩和人性化的表现。到了春秋战国时期，价值论成为山水审美主题的主要观点。儒家将山水与人的德性联系起来，所谓“知者乐水”“仁者乐山”。道家重视人的情感，排斥束缚，主张自然逍遥。这种向山水之间寻求人的自然逍遥的追求，将人类的美好情感寄寓山水，达到人与自然亲密共处的和谐境界。道家的山水观直接促进了魏晋南北朝时期山水诗的兴起以及山水审美主题的确立。唐宋时期的山水观日趋成熟。与价值论的山水观不同，唐宋时期的山水观在人与自然的关系处理上不再有主次之分，而是主张人与山水的对应相称、平等亲和。即不再将山水作为道德的象征，也不囿于表情抒怀，“一切景语皆情语”，情景交融，着重于领略山风水貌，陶冶诗情雅趣。“如果说价值论体系中人的自我意识强化，自然山水的各种排列都是按照主体的心理逻辑组合而成；那么在物我相亲的本体论山水意识中，自我主体意识被逐渐淡化、模糊，进入心理的最深的潜意识层次，真正达到了主观心理与客观美景高度整合的最理想的审美境界。”[6]

作为中国传统文化的重要内容，山水文化发轫于魏晋南北朝时期，至唐朝发展成熟，两宋时期更加灿烂，虽然到了元代一度停滞，但明清时期又有所发展。山水文化追求“物我两忘”“主客合一”的审美情趣对中国文学艺术的发展影响深远。山水诗是山水文化最为重要的组成部分和核心内容。

山水诗始于六朝，兴盛于唐，是以自然美为直接美感对象的诗体，追求虚静空灵的美学标准。刘勰在《文心雕龙》中写道：“宋初文咏，体有因革，庄老告退，而山水方滋。”[7]纵观中国古代文学研究史，诸家对此论述的解释争论颇多。但是，如果把玄言诗与山水诗放入中国文学史的大背景下来观照，探讨中国山水文学的发展和演变史，南宋的山水诗无疑开一代诗坛之新风。作为山水诗的开创者，谢灵运的诗一改魏晋以来的晦涩之风，充满恬静淡然的自然意味。他的诗意境新奇，字斟句酌，喜用典故，辞章华丽，秾丽至极。“永明体”代表诗人谢朓，主张“好诗圆美流转如弹丸”（《南史・王昙首传附王筠传》）。因此，他的山水诗情景融合、深婉含蓄，又能够音律和谐、朗朗上口。谢朓与谢灵运并称“二谢”，虽均见长于模山范水，但是诗的意味迥异。谢灵运的山水诗依稀还带有玄言的色彩。谢朓的山水诗常借山川景物抒发个人情怀，达到了情景交融的境界，对后世诗风影响深远。钟嵘在《诗品》中说，谢朓的诗歌“至为后进士子所嗟慕”。山水诗到了唐代达到前所未有的艺术高峰，或工丽齐整，或质朴自然，或幽然淡远或荒寒清冷，唐代山水诗的风格变化映射出朝代时局的变迁和诗人的不同际遇。有“诗佛”之称的王维，被后人推誉为南宗山水画之祖。他的诗多以画入诗，笔调恬静，善于在光景变幻中营造浑然天成、幽远静美的意境。苏轼评价他的作品为“诗中有画”，“画中有诗”。孟浩然与王维并称“王孟”。他的山水诗语言平淡，意境悠美清远，“野旷天低树，江清月近人”（《宿建德江》），天空与原野的空寂更显示出存在于苍茫天地间人的孤单，只有那一轮清淡的月影作陪，“言有尽而意无穷”，以景入情，物我相通，神韵绝伦。柳宗元的山水诗精致婉转，雅淡简洁，处处显示出诗人清峻高洁的品格。这些著名的山水诗人及其作品的审美观念，拓宽了中国古代山水诗的美学传统。

虽然新诗在创建的过程中并没有有意识地去继承山水诗的传统，但是孔孚山水诗的构建并非对新诗的补苴罅漏。他对传统山水诗学的继承不只是耳濡目染的自然流露，更多的是有心的、自觉的继承。“孔孚的山水诗，是对传统山水诗文体的重新建构，因此，诗人具有自觉的文化整合意向。也就是说，他的山水诗虽然是新诗的一个文体类型，但是在美学精神上自觉地汲取了传统文化的审美遗产。”[8]这种自觉首先表现为高度的文化自觉，即对传统的正视和对创作的执着。审美主体的水平取决于诗人的修养，而诗人的文化修养不仅决定了他的文化价值观，也决定了诗人创作的视野和想象的空间。而诗歌艺术修养的前提就是在前人的影响下，开辟自己创作的前进道路。因此，朱德发认为孔孚作为当代著名山水诗人“继承并超越了王维等古代诗人开创的山水诗美学传统”，孔孚的山水诗“无不是自然山水美与其审美心灵相契合的艺术精品，……他的不少山水诗并不热衷于在物我相融的审美意境中张扬个性意识的追求，而感兴趣于在物我化合的艺术境界中表现若梦非梦、似真非真、若是若非、似今非今、若虚非虚、似实非实的朦胧审美感受，仿佛人化了宇宙、宇宙化了人，进入了全息审美境界，客观自然美与主体审美心灵达到高度融合，似乎诗人的艺术创造在此已获得对人的本体和山水本体的双超越，将人们带进一个玄妙神秘的艺术殿堂”。[9]

作为一种诗体，山水诗充沛的生命力，使它成为饱含民族审美经验的文化载体。孔孚醉心于山水诗，执着于山水诗的创作。诗人特有的创作个性、特定的际遇与学养与山水诗谋求诗体演变的要求相契合并发展成为新的值得关注的一种文化现象。在这个层面看，孔孚的山水诗是文化传统与诗人诗歌理想、文化积累、创作意向发生深层发酵的结果。传统诗学成为孔孚山水诗坚实的文化支撑，而孔孚因借鉴古典诗学为探索诗艺寻到一条新出路。

孔孚山水诗以“减法”“用无”的创作手段见长，其作品飘逸淡雅，抒情寓志于山水之中。孔孚极爱南宗山水画。在他们“贵远、贵简、贵虚之论”里，他发现了自己的“隐逸”之道。“不着一字，尽得风流”，让“说不出来”的性情见诸“不说出来”的文字。他非常看重诗人的灵魂，追求升华了的艺术“第三自然”。在与山水的交融中，以自然牵引心灵，用灵魂感应自然，捕捉刹那间飘荡的灵光，达到了“情性所致，妙不自寻”的境界。亲自然而得灵气，近山水而清诗风，格调清闲高雅，内涵深邃悠远，灵而不滞，不同凡响。比如：

我追一片云/跑到商店时去了
躲在墙上的一幅泼墨山水的半腰/还动呢

虽非天街风物的再现，但形象、境界、情趣浑然一体，竟是活生生地立在那儿呢！别去苛问是有是无，在诗人的笔下，无字碑上的青虫、郑文公碑上的蛱蝶、分天岭上的纺织娘、琵琶泉畔的蛙，那分明就是全宇宙的灵性所在！

孔孚的诗清风峻骨，韵味空灵。在诗歌的艺术表现上，以“求隐”“求纯”“求异”“简出”“淡出”为审美追求，并在作品中表现得十分鲜明。他标举“东方神秘主义”，其中又以“远龙”为核心。《飞雪中远眺华不注》是其代表作品。

它是孤独的/在铅色的穹庐下
几十亿年/仍是一个骨朵
雪落着……/看！它在使劲儿开

小华山，位于济南北部，靠近黄河，史称“华不注”。历史上文人墨客多有描绘。同样写山，孔孚却不落窠臼，以现代的审美体验重新审视这山水之间，重视表达个人的感受，看似寻常实则奇崛。他不着痕迹地摆脱了“峻拔”“芙蓉”的老套，化腐朽为神奇，以小见大，以虚入实，意象深蕴动人，一个“开”字迸发出大自然最原始的生机和力量。诗行中透出的兀傲刚劲，是诗人高古精神追求的写照，而“骨朵”“使劲儿开”这些平白朴素又精巧传神的词语，恰恰体现出诗人直率豪爽的个性。再如《无字碑前小立》：

我还是看到了太阳的手迹/风的刀痕
一条青虫/在读

“刹那间见终古，有限中寓无限。”诗人独具慧眼，分明“无字”，却看到了“太阳的手迹”和“风的刀痕”，只是又有谁能够读懂这旷古的奇文呢！天子、顽石、山风、青虫，大自然与人契合交融，打造出天地间气势恢宏的亘古奇观。

孔孚的山水诗意象丰富多彩，亦幻亦虚，却又不离奇晦涩、哗众取宠，多有“兴会”之笔。北宋黄休复《益州名画录》所总结的“拙规矩于方圆，鄙精研于彩绘。笔简形具，得之自然。莫可楷模，出于意表，故目之曰逸格尔”，高度概括了山水艺术舍形得神、以兴会意的精要之处。比如在一首描写狐的崂山诗中，狐“头上顶一块破布”用“两只人的眼睛”看我。这只狐乃“兴会”之笔。像描写崂山的《白雨》《雨后》《崂山云海》《仙鹤石》，写秦中的《再谒黄陵》，写峨眉的《峨眉山月》《峨眉白风》《池中夜月》等，都洋溢着一种淡淡的神秘之美。

三

孔孚与山水诗的不解之缘，要从他的童年说起。在孔孚童年的记忆里，珍藏着村子中央静静流过的大河，珍藏着在月朗星稀的夜晚和邻居小朋友去水里摸月亮的趣事。单纯、质朴的农村生活，给了他耿直的性格，也在他幼小的心灵上打下了深刻的烙印。特别是对于大自然，他有一种自然而然的亲近感。他的家乡曲阜是历史文化名城、人文宗师孔子的故里、儒家文化的发祥地，有着深厚的历史底蕴和“诗学传家”的文化传统。从孔孚记事起，不会种田的父亲却会教他背诵一些唐诗，特别是像“星垂平野阔，月涌大江流”等一些山水名句，总是在他孩提时代的心中幻化成五彩斑斓的画面。这种热爱大自然、与大自然为友的思想在他的诗句中也得到充分的体现。正如他在《母与子》中写道：

见到海/眼泪就流出来了
我怕是海的儿子/泪水也是咸的呀！

对大自然深深的眷恋，一腔滚沸的赤子之情溢于言表。在他的笔下，一山一水、一片闲云、一朵小花都有血肉、有情感，闪烁着奇异的光彩。这也充分体现了诗人敏感而又独特的艺术直觉力和灵敏的捕捉力。

作为孔门后裔，孔孚自幼接受着良好的文化教养。他长期浸润于齐风鲁韵的文化氛围之中，对于中国传统文化，特别是构成中国人文精髓的儒、道文化，有着超出常人的深透感悟和见解。一方面他认为“中国新诗，一旦挣脱了‘儒’的羁绊，将会显出无限生命力与冲刺力”，另一方面他与诗人积极入世、疾恶如仇、坚持真理的人格态度一致，也并不否认诗歌匡世济人的作用。所以有研究认为孔孚的新山水诗既“入儒”又“出儒”“离经不叛道”[10]，在继承中国传统典籍文化的人文灵魂的同时，力图通过绝妙的诗美境界，纯化人的心灵，唤起人的灵性，达到天地万物生息相通、和谐一致的高妙境界。在诗人看来，既具有清醒的理性自觉，又可以不必载“道”的境界，才是诗歌的大境界。

孔孚长期工作生活在济南。济南又称泉城，这就注定济南人与泉有千丝万缕的联系。“济南名士多”，实因泉水滋润得其灵气，又因泉水著名吸引四方名士。泉水文化的潜移默化幻化为诗人的“灵视”，以泉为心，诗思飞扬，有了诗的灵气。他在《答客问》中这样写道：

“请教泉有多少?”/“你去问济南人的眼睛吧!”
“愿闻济南人的性格。”/“你去问泉水吧!”

这首诗以简驭繁，泉水与心境交相呼应，恬淡空灵，超脱于象，遗形遗声。

生于斯、长于斯、行吟于斯，孔孚山水诗的清灵之音洒落在齐鲁的山川大地。济南的千佛崖、崂山的莲花峰、泰山的十八盘……他用简洁明快的语言分行书写着熟谙的气息。《夏日青岛印象》是其中较有代表性的一首：

青岛的风/经过过滤/玻璃似的
人/游在街道上/像鱼

人像鱼，游在街上，意象随意而欢愉，新鲜且快活。诗人自称为“兴到神会”之笔，情兴所至，并非刻意求奇。

四

孔孚山水诗与古典山水审美传统的自觉对接，还表现在其对道家美学精神的汲取，尤其是诗体的构成方式受到道家的深刻影响。与儒家强调“文以载道”的价值观不同，道家的美学精神尚无，“大音希声”，“大象无形”，“无为无不为”，更加强调审美的内在性和纯粹性，“天地有大美而不言”。孔孚曾经这样阐述道家的美学思想：“‘恍惚’恰恰是一种美呢！道家的‘道’就是‘恍惚’。‘道之为物，惟恍惟惚，惚兮恍兮，其中有象，恍兮惚兮，其中有物。’（《老子》21 章）在于有无之间，似有若无。”[11]

“在所有的文学族类中，山水诗最突出地表现了人类对自然的亲和与审美关系，而作为古老东方民族的中国人，在这方面又是有着特别独到的深邃的体验的。东方文化中所蕴含的过多的对自然的理解和关怀倾向已构成了它区别于其他民族文化的特点。”[12]道家自由、洒脱、超然的美学思想，具有强大的艺术生成力和原创力。作为中国文化传统体系中的重要内容，道家美学精神成为中国文化与文学发展生生不息的动力。对于道家美学思想的开掘整合，古为今用，成为孔孚独步当代诗坛的文化根基和理论依据。孔孚的山水诗实现了人的生命张力与自然灵性的交互、交感、交融，在中国新诗的艺苑中独放异彩。

“以追光蹑影之笔，写通天尽人之怀”，这是“中国艺术的最后的理想和最高的成就”。[13]在贯通中外诗歌艺术的道路上，孔孚山水诗择善而从，努力“得其英华”，为我所有，表现出高度的文化前瞻性。孔孚山水诗在诗坛引起极强的反响。《山水清音》被《中国新诗大辞典》列入“五四”以来新诗名著条目。纽约《华侨日报》在《中国新山水诗人孔孚》一文中称他为“当今中国诗坛上新山水诗派的祭酒”。1997 年 4 月 27 日，与病魔顽强斗争了数年的孔孚“推开无门之门”（《玄思》）独自走了。友人记忆中的他总是同样的神态：那头颅是昂着的，那富有深邃洞察力的眼神里，荡漾着自信、自豪和对于过去年代的审阅，以及对于未来岁月的顽强信念。人们似乎又看到：“石头，石头，石头/他摸//蹲着，跪着，爬着/他摸//风，雨，雪/他摸//希望老了/意志生出了胡须/他摸//……圆圆的/一个//一个铜钱！天呀//他的泪流出来了/那两扇门关不住了//呵！呵/咣！”（《摸钱涧》）

参考文献

［1］严迪昌：《孔孚诗心的文化特质》，载《孔孚山水诗研究论集》，山东文艺出版社，1991，第 33 页。

［2］章亚昕：《孔孚对古代山水诗传统的继承和超越》，载《齐鲁文化演变与地域文化》，人民出版社，2009，第884页。
［3］孔孚：《我与山水诗》，重庆出版社，1984，第11页。
［4］钱钟书：《谈艺录》，中华书局，1986，第5页。
［5］钱钟书：《七缀集》，生活·读书·新知三联书店，2002，第122页。
［6］朱德发：《传统山水意识与孔孚新山水诗》，载《孔孚山水诗研究论集》，山东文艺出版社，1991，第13页。
［7］王志彬译注《文心雕龙》，中华书局，2012。
［8］章亚昕：《孔孚对古代山水诗传统的继承和超越》，载《齐鲁文化演变与地域文化》，人民出版社，2009，第889页。
［9］朱德发主编《中国山水诗论稿》，山东友谊出版社，1994，第13页。
［10］魏建、贾振勇：《齐鲁文化与山东新文学》，湖南教育出版社，1996，第271页。
［11］孔孚：《溯观——读〈沧浪诗话校释〉札记》，载《远龙之扪》，山东文艺出版社，1992，第10页。
［12］张清华：《中国山水诗论稿》，朱德发主编，山东友谊出版社，1994，第285页。
［13］宗白华：《中国艺术意境之诞生》，载《艺境》，北京大学出版社，1987，第162页。

（责任编辑：车振华）

学术动态

儒学的意义：原理、历史与现实[*]

黄玉顺[**]

大家好！非常高兴能与大家一起分享我研究儒学的一些成果。我到这个地方之后，有两个感觉，一个是生理上的感觉，一个是心理上的感觉。生理上的感觉是什么呢？呼吸特别舒服、特别顺畅！我从山东过来，而山东乃至整个华北，是雾霾最严重的地方，平时呼吸很困难；而到岭南这个地方之后，感觉呼吸特别舒服、特别顺畅。心理上的感觉呢？感觉很亲切。我是四川人，成都人。我听这里的当地人说话，壮族话我听不懂，但是汉族话和我们四川话差不多，所以刚才我们一起吃饭的时候，我说“从现在起，我开始说四川话”，交流完全没有任何障碍，这就是那种非常亲切的感觉。

今天我要与大家分享一下儒学，题目叫作“儒学与生活”。我总结自己对儒学的全部研究，总括为一个标签——“生活儒学”。要把这个问题讲清楚，首先要把“儒学”讲清楚；同时，在讲儒学的过程中，我会不断地讲到儒学与我们生活的各个方面、各个领域的相关性。我讲的主要线索是儒学，因为我猜想，在座的都是学医的，可能对儒学不太了解。其实不光是在座的学医的，我们中国人自从五四新文化运动以后，一直到“文化大革命”，从“打倒孔家店”到“批林批孔”，基本上把儒学搞臭了，现在很多中国人对儒学非常陌生，不知儒学为何物。打个比方来讲，大家读过金庸小说吧？要练武功——葵花宝典。这相当于我们近代的时候落后挨打，于是我们就练功，练什么功呢？练的也是某种葵花宝典。怎么练呢？“欲练神功，引刀自宫。”[1]我经常讲，五四以来，为了现代化，为了与国际接轨，我们学习西方，去练神功，结果呢，我们进行的却是“文化自宫”。这是很可悲

* 此文为笔者于2015年3月在广西百色右江民族医学院讲演的文字记录稿，原题为“儒学与生活”。

** 黄玉顺（1957～），山东大学儒学高等研究院副院长、教授、博士研究生导师，主要研究领域：儒家哲学和中西比较哲学。

的。可喜的是，最近这些年来，特别是改革开放以来，又特别是21世纪以来，中国大陆兴起了儒学复兴运动。今天我做这场报告，也是属于这个工作范畴的。但这个工作还做得远远不够，我们还需要大力宣传、弘扬儒学，大力宣传、弘扬中国优秀的传统文化。

我今天讲儒学，只能做一些基本的介绍，不可能讲得太详细、太专业，就讲几个大的问题吧。第一，对儒学的大致了解，就是对儒学的历史、它与我们中华民族的关系的历史做一个简要的勾勒；第二，讲一下儒学究竟有什么用，有什么意义；第三，简单地介绍一下儒学的一些基本原理。在讲儒学的过程中，我会不断地涉及我们生活的方方面面。

一

现在我先讲第一个大问题。我刚才讲到新文化运动，这是到了20世纪，中国人开始了“两个全盘”：全盘西化；全盘反传统。这就是刚才我讲的“文化自宫”。从那以后，儒学逐渐退出我们的视野，文化的主流不再是儒学。而实际上，在这之前，中国和儒学是分不开的。比如说，美国有一个著名学者，他把中国叫作“儒教中国”[2]，儒教就是儒学，就是说，中国是不能离开儒学的。也可以进一步讲：你是一个中国人，居然完全不了解儒学，那是非常荒诞的事情，就像一个西方人、一个欧洲人，居然完全不知道基督教为何物，这是很荒诞的事情。而这种荒诞恰恰是我们的现状。我们的GDP虽然已经世界第二了，但其实我们仍然没有站起来，在文化上仍然没有站起来，我们还是一个弱者，一个文化上的“东亚病夫”。所以，这些年，我们相当一批人致力于复兴我们的传统文化，致力于复兴儒学，其目的就是让中国人真正站起来。作为一个中国人，一定要有自己的文化自信，否则就是所谓“香蕉人”，外表看起来是黄皮肤，剥开看其实是白的，不是真正的中国人，这是非常可悲的。

中国为什么和儒学分不开呢？这与中国的历史、儒学的历史都有关系。如果追溯儒学的历史，我们首先会想到孔子。孔子创立了儒学，或者说创立了儒家学派。但是，大家知道，有一个俗话叫作“梦周公”，这个典故出自哪里呢？出自《论语》。孔子有一次感慨：“甚矣，吾衰也！久矣，吾不复梦见周公。”[3]意思是说：这段时间我特别衰、特别没劲，因为我好久没有梦到周公了。孔子为什么需要不断地梦到周公呢？因为：其实，我们中国的文化传统，包括广义的儒学，严格来讲，不是从孔子开始的，而是从周公开始的。我不知道大家对周公是否了解。孔子是春秋末期、春秋战国之交的人物；而在春秋时期以前很早的西周时期，周朝的开国元勋之一是周公，他帮助他的哥哥武王打下天下。其实，周公最大的功绩不是帮武王打天下，那不过是改朝换代而已；他最大的功绩是在文化上塑造了中华民族。多的不谈，谈两点。

以前我们说咱们中国是“礼仪之邦”。但是，现在中国人在国际上的形象不太好。为什么呢？我们的形象很糟糕，其中很重要、很深层次的原因就是丧失了自己的礼仪文化，中国人在文化上不再是中国人了。自从严复传播达尔文的进化论——其实不是真正的达尔文进化论，而是经过改造的社会进化论，影响了中国几代人，直到今天，我们的最高价值观，全国人民都是不统一的，但有一条非常统一，就是我们都相信这套社会进化论，相信优胜劣汰，相信生存竞争，相信趋利避害。从国家层面的发展目标，到老师，包括幼儿园老师的教学，一直到母亲教育孩子，讲的全是这一套东西。什么东西呢？很简单，它的基本原则、核心理念就是趋利避害、生存竞争。但是，趋利避害并不是人特有的东西，所有的动物，包括毛毛虫都知道趋利避害。也就是说，我们奉行的是动物哲学，在伦理生活中奉行的是禽兽伦理学。这就是今天中国人文化上的糟糕之处。原因是什么？就是我们失落了自己的文化，失落了我们优秀的东西。周公在文化上塑造了中华民族，他做的第一件伟大的事情，就是我们的“礼乐”文明。礼乐文化怎么建构起来的？就是从周公开始建构起来的，历史上叫作周公“制礼作乐”。所以，我们讲儒学的起源，应该从周公讲起，而不是从孔子讲起。

周公还有一个很大的历史功绩。你看西方人，在他们的哲学——古希腊哲学兴起之前，那是什么？是荷马史诗。荷马史诗那个时代有两个特征：第一，它是诗的时代；第二，它是神的时代。荷马史诗讲的是众神的故事。其实中国也是这样的。我们的儒学经典，五经或者六经，后来我们把《周易》放在最前面，其实当初放在第一位的是《诗》《书》。那时，我们也是诗的时代，就是《诗经》；同时是神的时代，《诗经》里也讲神的故事。我在这里要特别讲一下：在上古时代，欧洲古希腊和我们还有一个共通点，是什么呢？就是：人和神之间是有血缘关系的。在当时的西方人看来，地面上的英雄，都是神的儿子，他们的母亲是人，父亲是神。其实中国文化也是这样的，我们上古时代夏、商、周的英雄、开国者、伟大的君主，他们的母亲都是人间的女子，而父亲都是神。所以，在上古时代，有一个字，上帝的“帝”，这个字是什么意思呢？地上的最高统治者叫作“帝”；他死了，还是叫作“帝”，就是上帝。“上帝”这个词语不是西方的，西方人所说的God，我们用汉语“上帝”去翻译它。举例来讲，我是从山东来的，也就是从鲁国来的，鲁国的开国者是周公，鲁国有一种祭祀——“禘”祭，他们祭祀本国的祖先周公，一定要配上另外一个神，谁呢？周公的父亲周文王。他是什么身份呢？就是上帝。所以我们说，中西文化之间有相通的地方。当然，还是有区别的，希腊众神的生活是乱七八糟的。我刚才讲了，周公做了一个很伟大的工作——“制礼作乐”，塑造了我们千万年的新文明；我们的中华文明，是从周公开始的，儒学也是从这儿开始的。周公还做了一件伟大的工作，就是我这里要讲的。西方在古希腊、罗马之后，进入了新的时代，另一种神的时代，也就是基督教时代；从国家的结构上来讲，就是分封的时代、封建的时代。中国正好相反，从周公开始，一直到孔子儒学这样传下来，不是别的，而是理性的人文主义；同时，我们结束了分封状态，进入了大一统的中国，从秦朝开始，到汉代，一直到清代，那是当时最了不起的国家，最强大的国家，最富庶繁荣的国家。当然，从近代开始，我们落伍了，但在这之前，我们是世界上最强大的帝国。中国的文明，最初就是周公缔造的：“制礼作乐”，是从制度上来解决问题；但更深层次的是从文化上解决问题，这也决定了后来儒学的文化特征，就是理性人文主义，而非宗教化的东西。这也是周公的功绩。具体来说，周公帮助周武王打下天下之后，就告诫自己的子孙：你们如果不好好地工作，不好好地树立自己的德性，不好好地为人民服务，就会像殷朝也就是商朝一样被推翻。为什么呢？商朝之所以被推翻，是因为它无德、太暴虐、太荒淫。殷纣王为什么那么暴虐、荒淫呢？因为他有恃无恐，他认为天上的上帝是他的祖先。上帝就是咱们家的，他不保佑我保佑谁啊？司马迁《史记》记载，殷纣王说：“我生不有命在天乎！”[4]这就是有恃无恐。这就是刚才讲的人和神之间的血缘关系。而周公在哲学上的一件划时代的伟大工作，就是斩断人和神的这种血缘关系。《尚书》里有一句著名的话，“皇天无亲，唯德是辅”[5]，就是这个意思。上帝并不是你家的，他之所以保佑你，是因为你有德性；如果你丧失了德性，那你就无法统治，就要发生“革命”。这就是所谓的“殷鉴不远”。这是儒学的第一个阶段。儒学其实是从周公开始的。

当然，周公本人是政治家，太忙了，很勤勉，他没有太多的工夫去做思想文化观念上的建构。到了春秋末期，出现了另外一位伟大的圣人——孔子。对于我们来说真是非常幸运：孔子没有多少当官的机会，才有条件建构他的儒学理论。他主要是周游列国，带学生，讲授他的学说。好在他不当官，不然哪有条件来建构儒学理论？那我们今天也就没有这么完善伟大的儒学，没有这么多的儒学文本流传下来，那岂不是非常可惜吗？所以，我个人认为，孔子没有当官是中华民族的大幸。孔子建构了儒学的经典观念、经典理论。

从秦始皇开始，建立了大一统的中国。秦朝太苛刻、太暴戾了，二世而亡，很短的时间就失去了统治权，但是大一统的制度被汉代继承了下来，一直到清代，塑造了中华民族的一个非常辉煌的历史时代。我们中国后来落后了，老实说，应该向西方学习，应该借鉴西方，取长补短；但是人们往往忘记了一个历史事实：西方今天的这种文明进步，最早的思想上的解放是启蒙运动，而启蒙运动最主要的思想资源之一，正是中国的儒学。启蒙运动的文化领袖、精神领袖，几乎无一例外地向往中国，他们当时学习的是儒家的文化，就像我们近代以来学习西方文化。今天很多人都在研究这个问题：西方的现代文明，他们思想观念的构成，儒学是极其重要的来源，有很多启蒙思想家对孔子、对中国儒学如饥似渴。那是我们历史上最辉煌的时刻，非常辉煌的时代。那么，在这个历史时代中，儒学在发挥着什么作用呢？从汉代开始，两千年的帝国时代，儒学成为国家学说，这一点是汉武帝的功绩。有一部电视剧，叫《汉武大帝》，大家看过没有？很值得看。汉武帝的文治武功都是一流的，从文治上来讲，他做的一件最伟大的事情，就是采纳了当时一个大儒学家董仲舒的意见，那就是“罢黜百家，独尊儒术”，把儒学树立为中国的国家哲学。从那以后，中国就再也没法与儒学分开了，直到今天，西方人也这样看。比如亨廷顿，美国人觉得他很了不起，就是因为他讲“文明冲突”，讲冷战之后的世界格局，这个政治格局的走向，本来人们以为跟文化没什么关系，但他说，实质上是三大文明之间的竞争，就是西方文明、伊斯兰文明和儒家文明之间的竞争。我们知道，今天中国在经济上崛起以后，我们在经济乃至一部分政治事务上可能与美国分享一些发言权，但是在文化上还没摆平。我们今天的中国，还没有拿出自己非常有说服力的“软实力”这样的东西。我们说中国已经如何如何，但是在文化上、在基本的价值观念上，我们还需要努力，这是未来的方向。

我的意思是说，在西方人看来，中国与儒学是无法分开的：你要理解中国，就必须理解儒学；不理解儒学，就不可能理解中国人。我们中国人自己也是这样，如果你对儒学毫不了解，那么，作为中国人，你就根本不认识自己。西方有一个伟大的哲学家苏格拉底，他有一句著名的话，就是“认识你自己”。这其实是很难的。中国人要“认识你自己”，就一定要认识到自己与儒家文化的血脉关系，认识到儒家文化如何在祖祖辈辈的传承中浸透在你的血液中，现代以来又如何逐渐地丧失，你在丧失你的“中国性”。这是很大的一个问题，涉及我们每一个人的生存、存在。我们一定要有这种自觉性。

鸦片战争以来，我们中华民族在经济上、政治上落后了，这是事实。例如胡适，新文化运动的领袖，他就说，我们中国与西方相比，是“百事不如人”，完全没有自己的自信心了。这种心态，主要是因为什么呢？主要是因为我们和西方打仗失败了。开始的时候，大家觉得，打仗失败是我们没有好的武器，没有“坚船利炮”。于是乎，我们大量地进口武器，清朝晚期，花了大量白花花的银子去买外国人的武器，特别是军舰，比如大家知道的北洋舰队，那花了多少银子呀？可是，尽管我们建造了当时亚洲最大的舰队之一，实力相当雄厚，但是甲午战争败得一塌糊涂。于是人们开始反思：看起来，我们之所以战败，不是因为我们缺乏先进的武器。当时北洋舰队在全亚洲可能是最强大的，在全世界也不算落后，当时的军舰是很先进的。我们失败不是因为这个，而是因为根本没法打仗。有了坚船利炮，依旧打不过人家，这说明我们缺乏某种更深层的东西。

这里我特别地强调一下：我们两千年的中国，有一个根本的基础，就是它的生活方式，基本上是农业文明。但是，历史是发展的，社会生活方式是要转变的，当农业文明突然碰到工业文明的时候，就完蛋了！这意味着什么？意味着：原来的农业文明，这么一种生活方式，这么一种社会基础，它曾经非常需要大一统的帝国这么一种制度；但是当中国人的生活方式、生产方式发生了近代性的或者现代性的转换的时候，显然，原来的帝国制度就不适用了，所以才出现了维新运动，康有为、梁启超才会搞维新变法。变什么呢？变社会制度。当时具体的学习榜样是日本。日本是经过了政治制度变革的，具体来说就是明治维新，他们建立了一个近代形态的君主立宪制度，那是学英国的，结果一下子就变成了强国，变成了“列强”之一，很厉害。本来是小国，一下就这么强大，这是制度变革的结果，这种制度适应了现代化的生活方式和生产方式。中国的落后，是在这个方面落后。这个时候出现了儒学现代化的第一步，就是以康有为为代表的维新儒学，致力于制度的改革。

但是我们知道，维新儒学的制度改革后来也失败了。维新变法失败了，接下来是保皇党与革命党的斗争，争完了以后就是辛亥革命，推翻了帝制，建立了共和国。但是，这个共和国还是乱七八糟的，所以，后来才爆发了新文化运动。新文化运动批判儒学是相当彻底的，就是“两个全盘”；但可不可以说新文化运动就毫无意义呢？其实，我们也可以从正面去看。新文化运动的缘由是什么呢？就是：制度层面上的失败，革命的失败，其更深层次的原因是在文化上。所以，对于传统文化，包括儒家文化，一方面我们要继承，但另一方面我们也需要变革。

在这个问题上，我特别想做一下中西之间的比较。新文化运动的领袖有一种倾向，学界一般概括为“全盘西化”和“全盘反传统”。对于这一点，我把它和欧洲的现代化做一个比较。欧洲的现代化，也经过了文化上、观念思想上的现代化这样一个过程。这个过程，我刚才提到了启蒙运动，此外还有一个文艺复兴运动。启蒙运动和文艺复兴做什么事情呢？有两点是非常重要的，很值得我们学习。第一点：他们并不抛弃、并不排斥自己的文化传统。他们的文化传统叫作“二希”传统，一个是古希腊的理性主义哲学传统，另一个就是希伯来传统，就是基督教传统。大家注意，西方的文艺复兴和启蒙运动并不是反基督教的，它只是反教会，反对封建教会，并不反基督教。这是第一点：继承传统。第二点：变革传统。他们并没有照搬传统，因为社会生活方式变了、生产方式变了、时代变了，就像我们过去是传统社会，现在生活方式变了，需要顺应这种变化。我举个最著名的例子，大家都知道的马丁·路德。第一，他是一个神学家，是非常虔诚的基督徒，对基督教的经典研究极深，终身信奉。但另外一方面呢？他改革了基督教，改造了基督教，就是实现了基督教本身的现代转型。这就是说，西方人经过了现代化这样一个过程：首先是思想观念上的现代化。思想观念的现代化是做什么工作的呢？两个方面。一方面，不能像中国的激进主义那样全盘地抛弃自己的传统，不能像练葵花宝典那样“文化自宫”。他们继承了自己的“二希”传统。但是，另一方面，也不能像原教旨主义那样照搬传统，必须进行文化本身的现代化。

所以，五四以来，甚至五四之前，包括刚才提到的康有为他们的维新运动，就已经开始了儒学自身的现代化转换过程。这个过程今天还在进行，包括我自己的研究工作——“生活儒学”及“中国正义论”的研究。我们还有很多学者，一代一代地都在做这项工作。我们的工作最大的一个方向就是这个方向：儒学的现代转型。一方面是继承自己的传统，另一方面是对传统进行有效的转化，以适应于我们今天现代性的生活方式。

以上就是儒学大致的历史。

二

现在我讲讲儒学的意义究竟在哪里。其实这个问题已经不用再展开了，上面我所讲的内容其实已经蕴含了这个问题。我反复地强调一点：在很大程度上，中国就是儒学，儒学就是中国。所以老外讲“儒教中国”，就是说，你想要认识中国，没法离开儒学；你想要认识中国人，也没法离开儒学。对于外国人来说，离开了儒学，就理解不了中国人；对于中国人来说，离开了儒学，你也不能“认识你自己”。

我们中国人的行为方式，跟外国人有很多不同的地方。有两种意义上的不同。一种意义上的就是我们身上至今还多多少少地流淌着中华文化、儒学的血液，精神的血液还没完全断掉。在这方面，我们跟西方人、外国人的生活方式、行为做派很多方面都是非常不同的。还有另一种意义上的不同，那就是我刚才提到的，社会达尔文主义传过来之后，是对中国人的一种精神上的破坏。这两点，我们大家一定要注意。今天，你作为一个中国人，在哪些方面有独特性、“中国性”？特别是在身处国外的时候，在外国人面前，你的独特风格，到底体现的是你独特的中国性，还是那种动物哲学、禽兽伦理学？这个区别一定要意识到。基于儒学的历史尤其是儒学与中国之关系的历史，我们可以简要地讲，儒学的意义在于：在很大程度上，儒学在精神上、文化上塑造了中华民族，在精神上、文化上塑造了中国人；儒学未来的走向，它的繁荣与否，仍然与我们中国的命运、中国人的命运息息相关。

这些年，儒学在国内逐渐复兴，在国际上也是如此。儒学的影响所及，从历史上看来，它是不断地在空间上扩展。最早的儒学是鲁国的，是孔孟之道；后来成为整个中国的，特别是汉武大帝之后成为中国的国家哲学；不仅如此，从帝国时代的中期开始，它扩展到整个东亚“儒家文化圈”，甚至更大的空间范围。今天，它的影响还在继续扩大。我举个例子吧，美国有一个儒家学派，叫“波士顿儒家”；其实美国不只有这个儒家学派，还有其他儒家学派。而且，你千万不要以为美国的儒学是美籍华人搞出来的。美国的儒家很多都是地地道道的美国人；其中还有基督教的神学家，他们不仅研究儒学，还把儒学作为一种信仰，就像他们信奉基督教一样。美国夏威夷大学的教授 Roger Ames，是国际上著名的儒家，也是地地道道的美国人，他有一个观点，反复强调：儒学是中国的吗？不，儒学是世界的。他举例：贝多芬是德国的吗？不，贝多芬是人类的。越来越多的西方人开始接受儒学、儒家文化，儒学正在走向世界，成为“世界儒学”。我去年去美国夏威夷大学参加了一个会议，提交的一篇论文，标题就是《世界儒学》。我在设想：世界儒学应该是什么样的？为什么所有的文明传统都可以认可、认同儒学？

这就是我想强调的儒学的意义：不仅在文化上、精神上塑造了中华民族，塑造了中国人，塑造了你我他，而且正在——至少在一定程度上——重塑世界文明。所以，在讲课或者讲座的时候，我经常问：孔子到底是一个什么样的人？说孔子是伟大的教育家，没错，但这概括不了孔子；说孔子是伟大的社会活动家，也没错，但也概括不了孔子。真要概括孔子，我只能说：孔子是人类的导师。这就是孔子、儒学的意义。这是我想强调的第二点：儒学的意义何在？简单说，不仅对于你我他、对于我们中华民族，而且对于今天、未来的人类，儒学都是至关重要的。

三

第三个大问题，简单地介绍一下我所理解的儒学的一些基本原理。儒学的概念和范畴很多，讲不完，没那么多时间，我选择一组大家很熟悉的“仁义礼智”。“仁义礼智”的说法出自孟子。孟子是我们的第二号圣人——亚圣。孔子是至圣，孟子是亚圣。孟子一生讲学，主要集中在“仁义礼智”四个字上。

他有的时候也讲“信”，但在他看来，“信”并不特别重要，它跟“仁义礼智”不在一个层面上。我说一句孟子的原话，你们听了可能会感到很诧异。他是讲“大人”，就是境界最高的人，最有修为的人。他说：“大人者，言不必信，行不必果。”你听了孟子这话，恐怕会感到疑惑：这哪像圣人说的话？言而无信，太没原则了！其实不然。我刚才没说完，他的完整说法是："大人者，言不必信，行不必果，惟义所在。"[6]他的意思是：只要是符合"义"的，你就可以"言不必信，行不必果"。至于什么是"义"，待会儿再说。孟子这话，其实很好理解。几乎所有民族的文化里面都有这一条：不能撒谎。这就是"信"的问题。但这并不是绝对的，有些事情，撒谎是可以的，甚至是非常必要的。我举个例子。比如你有一个朋友住院了，你去看他，医生就悄悄告诉你，他现在是癌症晚期，活不了多久了，医生叮嘱你不能告诉他。当然，你也不会告诉他。你见了朋友，就说："哥们，没事没事，我刚刚问过医生了，他说你是重感冒，过几天就好啦！"你这分明是在撒谎嘛！但是，这样的撒谎就是"仁义"的，说明你对他充满了关爱，是正义的行为。所以，孟子讲，"信"固然重要，但讲不讲信取决于更加根本的东西。所以，我下面讲儒学里一些更加根本的东西——仁义礼智，但只能讲很简单，而且"智"暂时不讲，因为时间有限，儒学确实太博大精深了！

我首先讲一个现象，在我们生活中时时处处都可以看到的现象。有个成语，叫"乌合之众"。什么叫乌合之众呢？就是完全无序化。人是社会性的动物、群体性的动物，只要有人群，那必然有秩序。比如同学们，你们当初入学的时候，新生报到，这么多人，大家互不相识，闹闹嚷嚷的，就有点像"乌合"的样子。其实啊，你们的花名册上已经有了某种秩序，比如谁在哪个寝室，在哪个班级，甚至临时班长都选定了。这些初步的人际关系，学校已经给你们安排好了，那是根据你们的学籍材料、你们的实际情况做出的初步安排。否则，那还得了，这几百人、几千人突然涌进学校，学校的秩序肯定崩了，这样的"乌合"怎么得了！所以，任何时候，随时随地，只要有人群，只要是社会，就一定是有序的，人和人之间组成一种系统结构。不光是人，即使是动物，你看猿猴群也好，狒狒群也好，都是有序的。有序化意味着什么？意味着一种系统结构。只要是人群，就一定是有系统结构的，否则就是乌合，乌合的群体是不能生存、不能存在的。

人际关系所组成的这么一个系统结构，规定了人们的行为，伦理学上叫作"社会规范"——social norms。有很多社会规范，诸如道德规范、伦理规范、法律规范、职业规范、政治规范等。我们这个医学院，也有很多相应的规范吧？只要你跟人群打交道，构成一个群体性的存在，就必须有一套规范。其中有一些是可以制度化、刚性化的，我们把它叫作“制度”；但也有一些是不能刚性化、制度化的，比如道德，就没有什么“道德制度”，它不同于法律和政治等这些刚性化的领域。这些规范、制度，我简称“制度规范”。这套东西，标志着人的社会性，标志着人的群体性，任何时候都是如此。这套东西，它是我们每一个人的行为规则。我们经常说“遵守游戏规则”，社会规范就是“游戏规则”。

这套东西，在中国传统文化、儒家文化里，叫什么呢？就是“礼”——仁义礼智的“礼”。这一套礼，我们很容易看到的是“礼仪”的表象，比如礼仪小姐的礼仪，或者举行什么仪式的礼仪，但那只是表面现象。礼仪是“礼制”的一种形式化表现。我举个例子来讲，你在任何场合下看到的一套礼仪、一套仪式，都渗透着人际关系的基本结构，你一眼就看出来了。甚至我们吃饭喝酒的时候，像在我们山东吃饭喝酒的场合，谁是主陪，谁是副陪，谁是主宾，谁是副宾，有一整套的讲究、礼仪，其实都是人际关系的体现。礼仪是礼制也就是制度规范的形式化表现。这套礼仪背后，所反映的是社会群体的一种结构，一种制度，一套规范。我引用孔子的一句话，大家可能很熟悉，孔子讲“克己复礼”[7]，这就是说，一个人得克制自己，遵守规则，而不能为所欲为，想怎样就怎样。一个人如果不遵守规范，不遵守“游戏规则”，不遵守制度，就没法在社会上立足，所以孔子讲：“不学礼，无以立。”[8]

但是，孔子关于“礼”、关于制度规范的思想不仅仅是这层意思，他还有进一步的、更深层的思想。大家想想，假如今天有人说，我们要实行一种制度——奴隶制度，大家同意吗？奴隶制度，它也是一种制度规范，曾经在人类社会历史上实行了很长一段时间，它曾经是适应当时的社会生活方式、社会生产方式的，有它的道理；但是，如果今天有人要搞奴隶制度，那不行！我举个例子来讲，当年美国的南北战争，为什么北方战胜了南方？其实很简单，根本的原因是北方拥有制度文明。南方是奴隶制度、农奴制度，它不具有制度文明的优势，它是过时的东西，必然失败。再举个例子，如果今天有人告诉你：我们今天小聚，喝酒，我提一条喝酒的规则。结果他所提的规则对他本人大为有利，而对别人大为不利，犹如要实行一套奴隶制度或主仆制度之类的，你答应吗？你肯定不答应。所以，我想强调：我们千万不要把孔子理解成一个很“中庸”、很保守的人。要知道，孔子讲“克己复礼”，要你遵守规则，那是有前提的，那就是：这套社会规范、制度本身是正义的，也就是正当的、适宜的；否则，你可以不遵守它，可以改造它，甚至推翻它，“汤武革命”讲的就是这个问题。这在我们生活当中时时处处都在发生。我们改革开放三十多年，其实就是一件事：制度规范的不断改进。仔细想想，改革开放就是做这件事，没其他事。举个例子来讲，区分城乡户口的户籍制度今天开始放松了，要放开了。当初不放开，有它的道理，有它的合理性，我就不展开讲了，它和全世界范围内现代化过程第一阶段的某种普遍规律有关；今天放开，也有它的道理，因为这种户籍制度已经落后于时代的要求，必须改革。

这就是孔子关于“礼”的更深层次的思想——“礼有损益”，社会规范及其制度是可以变革的。孔子讲，夏、商、周三代的社会规范、社会制度是有所不同的。他用了两个字来讲，那就是“损益”。[9]“损”就是从原来的一整套制度规范中去掉一些旧的制度规范，“益”就是增加一些新的制度规范；结果就是一整套新的制度规范。这就是孔子“礼有损益”的思想，简单来说就是：社会规范和制度，必须因时因地加以损益、变革。我刚才讲到周公“制礼作乐”，就是说，在我们中国，周公建立的制度和周公之前夏商时代的制度是不同的，它是走向政治大一统的，大一统的最终完成是秦汉，并一直走到大清帝国。但是，这套制度规范从近代鸦片战争以来已经明显地表现出不适用性，必须改掉。这个时候把这个制度改掉，恰恰符合了儒家的思想原理，而不是反孔子、反儒学，可惜很多人，包括很多研究儒学的人都不懂这个道理。

那么，我们根据什么来变革制度规范呢？这种变革的价值尺度是什么？那就是“义”——仁义礼智的“义”，也就是所谓的“正义原则”。儒家的正义原则是什么？我把它概括为“正当性原则”和“适宜性原则”两条。汉语“义”这个字，它有很多意思，但大致可以分为两大方面：第一个方面就是正当。人要走正道；具体到建构社会规范，建立游戏规则，也必须遵循正道。第二个方面是适宜。《中庸》说：“义者，宜也。”比如我刚才谈到，帝国制度曾经在中国的农业文明时代具有适宜性，在这个意义上，它是正义的；但是，在现代的生活方式下，它已经丧失了适宜性、正义性。

这就是我刚才讲的孔子“礼有损益”的思想，它所根据的基本原则就是“义”，即正当性原则和适应性原则。适宜性好理解：时代不同了，生活方式不同了，这规范、制度也得改，否则就不合时宜了。那么，正当性是什么意思呢？这也是我今天想讲的最后一个词语，就是“仁”——仁爱。

我不知道大家脑子里想的儒家所讲的“仁爱”是什么意思。什么叫仁爱？关于儒家的仁爱，孟子有一句话，很著名的，叫“亲亲而仁民，仁民而爱物”[10]，意思是说：你首先爱自己的父母、爱自己的亲人，然后才爱其他人，最后才扩展到其他物。这三个层次的爱，在我们实际生活的体验中是有很大程度差别的。简单说，你爱阿猫阿狗，爱非人的东西，肯定不如对人类的爱那么强烈；你爱外人，肯定不如你爱亲人那么强烈。这是一种自然而然的生活情感体验，儒家叫作“爱有差等”。爱是有等级区别的，这是“差等之爱”。确实，这是情感的一个方面。假如有一个人，他对动物的爱超过对人类的爱，我不知道你们觉得这个人怎么样？实际上，生活中确实有这样的事情，比如说，我们还有很多人类在忍饥挨饿，而有很多宠物却生活得比人还好。这正常吗？儒家认为，正常的爱是差等之爱。

但是，差等之爱并非儒家仁爱的全部。这种差等之爱，它会导致一些问题。比如你们两个同龄人、同班同学，父母在一个单位工作，当你们毕业的时候，你们父母所在的单位恰好需要招一个人，但只有一个位置，你想想，这时候会发生什么情况？你们的父母恐怕会到单位上去争，只有一个名额，怎么争呀？你们的父母谁说得上话？这种游戏规则正当吗？正义吗？更不能遵循动物原则——丛林原则吧，比如说，那就打一架吧，看谁拳头硬。这是不行的，这是不正义的状态。此时主要的问题是什么呢？当然就是制度正义的问题。我们怎么来选这个孩子呢？我们得制定一个招聘规则。这个时候，如果是你的父亲来主持制定这个招聘规则，他满脑子想的是怎么才会对他自己的孩子有利。这样设计出来的制度，你们认为它是正义的吗？显然不是。但它却符合我刚才讲的“爱有差等”，我爱自己的孩子肯定比爱其他孩子的程度高。但这并非儒家的正义原则。儒家所讲的正当性的“义”，恰恰是要超越、克服这种“差等之爱”，追求“一体之仁”，或者用一个成语说，叫作“一视同仁”。这才是儒家讲的仁爱精神、正义原则。这就是说，在建构规范社会、进行制度安排的时候，你所根据的应该是正当性原则，那就是超越差等之爱、追求一体之仁。孔子所说的“己欲立而立人，己欲达而达人”[11]、“己所不欲，勿施于人”[12]，就是这个意思；孟子说的“老吾老以及人之老，幼吾幼以及人之幼”[13]，也是这个意思，就是将心比心，一视同仁。这就是儒家讲的“仁爱”。

不仅如此，儒家所讲的仁爱还有更重要的意义。我先讲一个基本的哲学问题，我相信大家会感兴趣的。这个世界上的一切事物，包括你所能“思议”、所能想到的一切事物，从哪里来？是从一个“唯一者”那里给出了一切东西。这不只是基督教、宗教什么的，其实所有的哲学、所有彻底的思想体系都是如此，就是：世界万物，一切的一切，都是从“一”开始，由这个“一”而给出“多”。这个“一”，在基督教里面就是“上帝”，你看《圣经》的《创世纪》，最开始就讲这事儿，讲上帝如何创造世界；在哲学里面，这就是所谓的“本体”。在儒家这里，仁爱不仅是我们通常讲的情感，而且经过诸子百家，到了帝国时代，特别是到了宋明理学那里，仁爱这东西的地位就相当于基督教里的上帝。这意味着什么？意味着对于儒家来讲，假如没有仁爱，一切都不存在。

你们可能觉得很难理解。我现在没有足够的时间来解释，简单举个例子吧。在我们的“四书五经”里面有一本书，叫《中庸》，里面有一句话，很值得我们去咀嚼，这话就是“不诚无物”。诚，诚恳的诚，说的就是真诚的、本真的爱，也就是“仁”。这种真诚的爱、本真的仁被看作世界万物的本体，意思是说：如果没有仁爱，就没有任何事物存在。反过来讲，所有的物是从哪里来的呢？《中庸》讲：“诚者，非自诚己而已也，所以成物也。”这就是说：诚，不仅造就了我们的自我，同时造就了我们的对象。大家注意，除了自我和对象，这世界上就没有什么其他任何东西存在了。你想想看，除了我和非我，还有什么东西啊？确实没有了。这样区分“己”和“物”，在哲学上就是区分主体和客体。所以，“成己”“成物”，就是创造一切；一切都是由这“诚”而存在的，是由“诚”创造出来的。我去年接受了一次采访，标题是这样说的：“只有爱能拯救我。”我是很相信儒家这个思想的：一切都是其次的、次要的，爱才是真的。在基督教来讲，上帝解决一切问题。但我不是在讲宗教，我是在讲哲学——儒家哲学。

我进一步解释一下。我先向大家提一个问题，然后再引到我的结论上去。我问这样一个问题：你们说，我手里的这个手机，是不是客观实在的？是吧？我知道大家会回答“是”，但我还没问完，我继续问：你凭什么说它是客观实在的？你怎么能证明它是客观实在的？我想只有一个答案，就是：你们看到了它，是吧？大家注意啊，这个回答是错误的。为什么呢？你们想想，什么叫“客观实在”？就是“不以人的意识为转移”。可是，你说你看到它了，难道“看到”不是一种意识现象吗？注意，“看到”是一种知觉现象，它是一种低级的意识现象；当你说“看到它”的时候，就说明它已经在你的意识之中，而不是不以你的意识为转移的。这是哲学家搞了二三百年还没弄明白的问题，叫作“认识论困境”问题。很多人没意识到，“你凭什么说这个手机是客观实在的”，这个问题是你没法回答的；不仅你我，最聪明的哲学家也没法回答这个问题。

那么，问题出在哪里呢？出在这个问题的发问方式。大家注意，它的发问方式是有前提的，这个前提就是刚才对“客观实在”的定义。哲学教科书经常给你们灌输这样的定义，虽然不能说是错误的，却是不彻底的，就是说，这样的发问方式，甚至我们在思考任何问题的时候，我们首先已经有一个观念的前提，那是一种观念架构，就是“主体和客体”的架构，诸如思维和对象、精神和物质、主体和客体，等等，也就是说，一方面是“人的意识”，另一方面是“不以人的意识为转移的”、在我们意识之外的“客观实在”。这个表达方式本身蕴含着一个基础的观念建构，就是“主—客”架构。于是，我们可以追问：你这个“主—客”架构是怎么来的？如果没有这个观念架构，你是问不出这种问题来的，但是，人怎么会有“主体—客体”的观念呢？《中庸》刚才已经回答了你：那是“诚”在“成己”“成物”，就是仁爱创造了主体和对象；“不诚无物”，如果没有爱，就没有任何东西。老实说，如果你对一个东西毫无情感，毫无感觉，你对它当然就会视而不见、听而不闻，你跟它不构成任何“主—客”关系，它对你来讲是不存在的。我们这样开始分析，一层一层分析下去，最终会发现，你对这个世界的认知和思考，你所认知和思考的东西，以至于你自身的存在，完全基于你的意识、情感，尤其是爱的情感。

什么叫“爱”？这是非常有意思的话题，但我现在没时间展开，我今天只是想告诉大家：真正的儒家的观念，“仁义礼智信”这些观念，都可以归结为一个字——“爱”。意思是什么呢？对于儒家来讲，对于我们的文化传统来讲，它的核心就是爱，相当于基督徒信奉的上帝；如果丧失了爱，就相当于一个基督徒背叛了上帝，那问题就很严重了。

回到开头的话题。如果你背叛了仁爱，你就不再是一个真正的中国人，就不配作为一个中国人而存在，因为仁爱是中国文化最核心的价值。

我今天就讲到这里，谢谢大家！

参考文献

[1] 金庸：《笑傲江湖》，第三十一章。

[2] 列文森（Joseph Levenson）：《儒教中国及其现代命运》，郑大华译，广西师范大学出版社，2009。

[3]《论语·述而》。

[4]《史记·殷本纪》。

[5]《尚书·蔡仲之命》。

[6]《孟子·离娄下》。

[7]《论语·颜渊》。

[8]《论语·季氏》。

[9]《论语·为政》。

[10]《孟子·尽心上》。

[11]《论语·雍也》。

[12]《论语·卫灵公》。

[13]《孟子·梁惠王上》。

（责任编辑：涂可国）

主要文章英文摘要和关键词

"Fu Xi is Pure and Honest Enough to Create 'Yi'": On 'Yi' and Fu Xi

Xie Xianghao

Abstract: Jiegang Gu once said: "The so-called glorious four thousand years of history is all crystallization of false books if examined accurately since three Emperor to Xia and Shang Dynasties." "False books" means that its crucial part is a false proposition. It begins from the evil political attack of the ancient classics in Han Dynasty based on the inevitable errors in transcription of the classics. A large number of "false books" and "false classics" appeared as a result of the method of "overgeneralization", blotting out the ancient history of China. The character "Changes" originally has the connotation of the run of the Moon and the Sun. "The alternative of the Sun and the Moon means changes." "The alternative of the Sun and the Moon" is the prominent and distinct astronomical phenomenon, which is the living condition of people's survival. In order to survive, Man has to grasp the natural operation of the heaven and material existence of the nature featuring as "the operation of the Sun and the Moon". Naming "changes" as "the eight diagrams" demonstrates that the original purpose of Fu Xi's diagrams is to serve people's struggle for survival through grasping the evolution laws of people's living environments. To base the Eight Diagrams on "Yin" and "Yang" is the accurate knowledge of developing law of the material world. To take the Heaven, the Earth, the Thunder, the Wind, etc. as the basic diagrams reflects his respect and reliance of the objective material world. Fu Xi is the greatest thinker of ancient China originating Chinese people's history of cognition and thoughts and deserving to be the creator of Chinese civilization.

Keywords: Fu Xi; "Changes"; the Eight Diagrams; Ancient Books of Dubious Authenticity; the Alternative of the Sun and the Moon

My View on Life Confucianism

Lin Cunguang

Abstract: As an innovative theory construction in contemporary Confucianism, Yushun Huang's idea of "life Confucianism" undoubtedly has important enlightening significance to inspire and promote the scholars to pay close attention to, think and explore the relationship between Confucianism and life. And it also makes a unique ideological contribution to the academic research. Although there are various competing views of Confucianism and it makes it easy for the people to fall into disjointed sides, it can also effectively prevent and weaken the blasphemously claiming of the Exclusive "Confucian representative". In the theory of "Life Confucianism", there are some areas to be discussed. For example, the relationship between "life" and "Confucianism" cannot be deducted from the direct single side. People and life are inseparable and life is nothing if there are no people. On the contrary, people will also become empty if there is no life. We do not need a concept "life" without its origin nor we do need the concept of the "origin of life" without any value. In fact, this theoretical premise is unnecessary.

Keywords: Life, Confucianism, Origin, Metaphysics

Carrying Forward the Excellent Traditional Culture and Excavating the Essence of Mohism: On the Historical Position and Influence of Mohist and Mohism Theory

Zhu Chuanjie

Abstract: Mozi, a thinker, a political reformer, a scientist and a military strategist, played a pioneering and innovative role during the period of the Spring-autumn and Warring States. "To love each other and to benefit each other" is the aim of his theory. He Advocated the reform of the aristocratic autocratic social system and the establishment of the virtuous rule of civilians and democratic social system; he actively promoted the policy of "non-attack" of international peace and harmony; he paid attention to the development of agriculture and advocating the thrift but opposing luxury decoration and funeral. The doctrine of Mohism is an important element of Chinese excellent traditional culture, and it still plays an important part in the contemporary time.

Keywords: Mozi, Advocating Virtue, Loving Each Other, Non-attack Policy, Thrift

How to Correctly Understand and Reasonably Deal with the Relations between Physical and Mental: On the Theoretical Thoughts about the Practice of "Vipassana"

Tao Qing

Abstract: It is necessary to carry out academic dialogue and exchange between academia and religious fields under the premise of respecting freedom of belief and thinking. It is of great theoretical and practical significance to study how to correctly understand and deal with the relationship between body and mind proposed in "Vipassana". To seek the correct solution for this question is the only way to make the positive interaction and comprehensive innovation among the Chinese traditional knowledge, western cultural tradition and Marx's human thought. The construction and explanation of deep structure of human nature can provide a way of thinking and acting to understand and solve problems. Mutual respect, equal dialogue and communication between academic and religious fields can help to understand and deal with the relationship between body and mind correctly, to carry forward and excavating the excellent tradition of national culture and humanistic spirit.

Keywords: Vipassana, Relationship between Body and Mind, Human Nature, All-round Development

Hermit, Reclusive Culture and Confucianism, Buddhism and Taoism

Zhang Wei

Abstract: Hermit is not peculiar to China and the recluse is not the behavior of an individual, but a kind of universal cultural phenomenon. Hermit, as the name suggests, refers to this group who withdraw from society and live in solitude. First, they are the "scholars", that is, intellectuals, who do not seek fame nor profit. Chinese reclusion culture, as a kind of custom in the specific historical period, originated from the pre-Qin Dynasty, flourished in the Wei, Jin, Southern and Northern Dynasties, carried forward to the Tang and Song dynasties, and extended to the Yuan and Ming Dynasties. The hermit group formed the main frame of the reclusion culture. With the change of the dynasty, and the unrest of the social, the various culture makes the seclusion culture colorful and developing. The Hermits lives in seclusion, either by the influence of the Taoist's freedom of sprit and thought, to seek for the elegant, free and easy life; or by the influence of Confucianism, living for fame or fortune, to hesitate between the official and seclusion, or to have a syncretism of Taoism and Confucianism.

Keywords: Hermit, Reclusive Culture; Taoism and Confucianism.

征稿启事

《中国文化论衡》是山东社会科学院主办的学术集刊，旨在倾力打造中国文化研究高端学术品牌。主要刊载与中国传统文化和当代文化相关的最新研究论文及其他文章，常设栏目有专辑、专题、理论探讨、书评、学术动态、专家访谈等。每年两期，分别于 4 月、10 月由社会科学文献出版社出版。欢迎高校、科研机构的学者，政府部门、企事业单位的工作人员，以及对中国文化感兴趣的人员赐稿。

来稿要求：1. 文章思想健康、主题明确、立论新颖、论述清晰、体例规范、富有创新，字数为 1.0 万～2.0 万字，特稿可延长至 3 万字左右。正文标题序号按照以下五级标题写作，即“一、”“（一）”“1.”“（1）”“①”，并附作者姓名、单位、摘要和关键词（并请提供英文题目和摘要）。中文摘要为 300～400 字，关键词为 3～6 个（用分号分开）。

2. 提倡严谨治学，保证主要观点和内容的独创性。引文务必注明出处，并附参考文献。常用古典文献注释置于文内，注释放在页下，参考文献放在文末。图、表注明数据来源，不应存在侵犯他人著作权等知识产权的行为。文章查重比例不超过 15%，因抄袭等原因引发的知识产权纠纷由作者负全责。一经发现此类情况，本刊不再予以刊登。

3. 来稿应采用规范的学术语言，避免使用陈旧、过时、文件式和口语化的表述。来稿本着文责自负的原则，应为首次刊发。稿件一经采用，即付稿酬，稿酬从优。

4. 本刊持有对稿件的删改权，不同意删改请附说明。本刊发表的所有文章，将在发表一年后由中国知网收录，如有异议，请在来稿时说明。

5. 本刊采用匿名审稿制。作者于正文第一页下面分别提供“基金项目”来源（可空缺）和“作者简介”。“作者简介”按姓名、出生年月、性别、工作单位、行政和专业技术职务、主要研究方向顺序排列。文末另附通信地址、联系电话、电子邮箱等。

联系方式：地址：山东省济南市舜耕路56号山东社会科学院文化研究所；手机：13953187955；邮编：250002；电子邮箱：keguotu2000@126.com。

《中国文化论衡》编辑部

2016年9月26日

图书在版编目（CIP）数据

中国文化论衡. 2016 年. 第 2 期 ：总第 2 期 / 涂可国主编. -- 北京 ：社会科学文献出版社，2017. 1

ISBN 978 - 7 - 5201 - 0314 - 5

Ⅰ. ①中… Ⅱ. ①涂… Ⅲ. ①中华文化 - 研究 Ⅳ. ①K203

中国版本图书馆 CIP 数据核字（2017）第 003379 号

中国文化论衡（2016 年第 2 期 总第 2 期）

主　　编 / 涂可国

出 版 人 / 谢寿光
项目统筹 / 宋月华　韩莹莹
责任编辑 / 马续辉

出　　版 / 社会科学文献出版社 · 人文分社（010）59367215
地址：北京市北三环中路甲 29 号院华龙大厦　邮编：100029
网址：www. ssap. com. cn
发　　行 / 市场营销中心（010）59367081　59367018
印　　装 / 北京季蜂印刷有限公司

规　　格 / 开　本：787mm × 1092mm　1/16
印　张：20. 75　字　数：346 千字
版　　次 / 2017 年 1 月第 1 版　2017 年 1 月第 1 次印刷
书　　号 / ISBN 978 - 7 - 5201 - 0314 - 5
定　　价 / 89. 00 元

本书如有印装质量问题，请与读者服务中心（010 - 59367028）联系